CW01628702

La cause de Sartre

Philippe PETIT

La cause de Sartre

Presses Universitaires de France

ISBN 2 13 050618 6

Dépôt légal — 1re édition : 2000, janvier

108, boulevard Saint-Germain, 75006 Paris

Plaidoyer

Est-il encore possible de raconter « philosophiquement » une histoire de l'après-guerre ? Je m'y essaye dans ce livre en plaidant la cause de Sartre. Ou plus exactement la cause du « sartrisme ». Non que je sois « sartrien » ou « sartrologue », mais par sentiment de justice et sens de la dette. Les dates ont leur importance. Vingt ans après la mort de Sartre, il est possible de faire retour sur sa trajectoire. Voir ce qu'il en reste. Constater sa cohérence. Défendre sa ligne de vie, revenir sur l'époque qui a accouché de *« l'intellectuel total »*, du philosophe-écrivain, engagé et dégagé. Est-il encore possible de parler de la guerre froide et du tiers-mondisme sans avoir à recycler l'Histoire et défigurer une pensée ? Je le crois, sous condition de ne pas tomber dans l'anathème ou l'ignorance. Vingt ans après sa mort, cinquante-cinq ans après la Libération, Sartre demeure une « conscience française » difficilement contournable.

Le bonhomme tient le coup. Il marche d'un bon pas, réfléchit, le corps légèrement penché, comme il se doit, tourne autour de lui-même. Il ressemble à un astéroïde en perdition, il paraît s'être égaré, mais il retrouve sa route. Il tente d'exister sans trop se perdre. Il louvoie, se ment parfois à lui-même, mais tient bon sur l'essentiel : il ne veut pas être une invention d'autrui. Ce volontarisme est le fruit d'une histoire, d'une psychanalyse manquée, d'une philosophie. C'est à elle, surtout, que nous nous attelons. C'est de « philosophie sartrienne » dont nous traiterons, mais aussi de machine métaphysique, c'est-à-dire de l'absolu, en tout cas de sa mise en scène. C'est pourquoi nous appliquerons la méthode progressivo-régressive en remontant la pente d'un des grands livres du siècle, *L'Idiot de la famille*.

Nous le traitons comme un pan de l'Histoire de France. Un pan immense. Ce serait un peu l'histoire de Rosannette faisant ses courses au supermarché du coin. Ce serait une salle d'audience ouverte à tous les vents. Ce serait des libertés déchaînées où les bourgeois eux-mêmes se mettraient à exister. Ce serait comme une bourrasque qui emporterait l'affreux « vrrang-vrrang » de *Un Château l'autre*. Ce serait le cri du peuple en 1848 ; New York en 1945 ; de Gaulle en 1968. Ce serait un signe d'adieu à la littérature, à ses mensonges, à son culte du jugement, à son intérêt pour la mort, un au-revoir à la piété artistique, à la consommation culturelle. Un clin d'œil à Faulkner.

Et puisque ce livre est à sa manière un « vingt ans après », il parle aussi de médecine littéraire, de philosophie médicale, de Bichat et des Goncourt sur fond de finitude humaine et historique. Il parle peu de politique, ou alors de politique de la main perdue. De ce que signifie une séquence historique qui s'achève lorsqu'une autre n'est pas encore née. Histoire d'évoquer, en cette période d'essentialisme aigu, les habits neufs de la philosophie sartrienne. Histoire de ne pas conclure sur « les erreurs de Sartre », mais de les resituer et de les mettre en perspective. Histoire de repenser le communisme, il faudrait plutôt dire l' « ouvriérisme » dans ce cas de figure, à l'aune du sartrisme et de ses vérités du moment. La tâche n'est pas impossible dès lors qu'on s'y applique à la manière d'un conte philosophique revu et corrigé par une intelligence artificielle. De la philo-fiction en somme, terme que nous explicitons en cours de route.

Une telle méthode ne peut être que prospective, elle prend sa source dans les années 30 et les années de guerre tout en étant orientée vers un ailleurs temporel indéterminé. Disons qu'elle s'appuie sur plusieurs époques tout en étant le dépassement de chacune d'elle, l'époque de *L'Espoir maintenant* comprise. Elle est interne à la problématique du Flaubert (quelle littérature après lui ?) et externe au devenir même de l'œuvre sartriennne. Non pas, après Sartre, mais avec lui, pour lui, au-delà de lui, sans lui, mais jamais contre lui. Les effets, rien que les effets. Un éloignement philosophique et une mise à distance de la philosophie. Pas toute, mais une fois son autorité contestée, une mise sur orbite de sa part d'ombre, mais également de sa part de vérité. Pour laisser la place aux hérésies et en tirer les conséquences. Pour ne pas enterrer le philosophe, une seconde fois, continuer le dialogue, transformer l'essai, et contrecarrer les lieux communs dont la légende l'affuble.

La cause de Sartre ? Elle est entendue. A quoi bon se satisfaire de la ritournelle cent fois chantonnée des erreurs du philosophe et des égarements de l'écrivain ? Il suffit d'ouvrir n'importe quel livre de Sartre, n'importe quel de ses articles, pour s'assurer de sa générosité et de la sincérité de ses engagements. Sartre s'est trompé, cela vaut pour n'importe quelle phrase qu'il a écrite. Mais Sartre a aussi vu juste, par-delà ses erreurs, et cela vaut pour tous les mots qu'il a prononcés. Chaque lecteur peut en faire l'expérience. La pensée de Sartre tient le coup en dépit de ses fourvoiements, elle résiste au temps qui passe et aux coups de semonce de ses critiques. Prenez n'importe quelle phrase dans *La Transcendance de l'ego* (1936), dans *Les communistes et la paix* (1952), dans *Les Mots* (1964), dans *L'Idiot de la famille* (1971), et vous aurez la berlue en la lisant. Il n'existe pas d'auteur plus dialectique que Sartre. Il peut plaider pour la psychologie française et s'en plaindre, penser avec les communistes et contre eux, justifier la culture et s'en méfier, admirer Flaubert et le détester, aimer Husserl, les polars, la conversation des femmes et le regard des homos. C'est un forcené de la plume qui a du mal à se contraindre et qui est prisonnier du moule scolaire. Mais c'est le contraire absolu d'un essentialiste qui croit en sa personne comme on croit en sa nature et en ses sentiments. Sartre est étranger à lui-même et à sa valeur. Il l'a écrit dans *Les Mots* en affirmant penser contre lui-même, et il n'a cessé de le répéter partout dans son œuvre. Il a voulu se sauver en devenant écrivain et militant. Il a voulu comprendre son pays et rompre avec la bonne conscience de sa classe. Il a rejoué la révolution de 1848 pour son propre compte. Il a digéré le XIXe siècle et accouché du XXe. A chaque étape de son existence, il fut un pilleur de concepts et d'affects, un disciple infidèle. Il a engrangé puis recraché tout ce qu'il a ingurgité sous une forme inédite, il a bâti un système philosophique dans les années 40, abattu 3 000 pages sur Flaubert dans les années 70, écrit des monceaux d'articles pendant un demi-siècle. Ni cartésien, ni hégélien, ni marxiste, ni freudien, mais à chaque fois un peu ceci et un peu cela. Un peu chevalier de la liberté cartésienne et un peu chantre du pessimisme pascalien, un peu communiste, un peu gauchiste, un peu humaniste. Jamais vous ne le coincerez en position de sujet souverain ou de conscience tranquille. Sartre n'est pas un auteur intempestif, mais un penseur réflexif en état d'urgence permanente. C'est un rationaliste inquiet et néanmoins spontané, capable de se ressaisir et de se laisser aller dans un même mouvement. Il n'est jamais là où on l'attend.

Vouloir l'opposer ou le comparer à Raymond Aron, son condisciple de l'École, est aussi stupide que de comparer Stendhal et Flaubert, Marlon Brando et Groucho Marx. Sartre a mené sa vie, parallèlement à celle de Aron, et comme toutes les vies parallèles, elles ont fini par se rencontrer sur le fronton de l'Élysée en des circonstances qu'aucun de ces deux petits camarades n'auraient pu prévoir avant les événements de mai 1968. L'accuser de couardise et de lâcheté au prétexte que, sous l'Occupation, il aurait préféré la pratique de la bicyclette à celle de la mitraillette est aussi injuste que de reprocher à Hubert Beuve-Méry de n'être pas entré en Résistance dès juin 1940. Sartre n'est pas Jean Cavaillès, mais il ne fut pas collaborateur pour autant. Loin s'en faut. Il est de bon ton aujourd'hui de préférer la lucidité de Malraux à la myopie de Sartre. Le philosophe Jean-François Lyotard participe de cette vulgate dans son *Signé Malraux*, livre exemplaire au demeurant, paru en 1996. Malraux, écrit-il, « avait compris que le temps n'était plus aux grandes luttes » et qu'il était inutile après guerre d'emprunter l'habit de l'intellectuel de gauche. Inutile ? Cela reste à prouver. Bien sûr, Malraux a eu raison de se battre en Espagne et Sartre tort de ne pas le faire. Mais avait-il tort de refuser Madagascar, l'Indochine, l'Algérie, et de ne pas rallier de Gaulle en 1958 ? Et puis, c'est oublier un peu vite que Sartre en 1941 fit partie des hommes qui ont cherché à résister, il rejoignit « Socialisme et liberté » avec son ami Merleau-Ponty, et parla de cette époque en des termes qui ne trompent pas. C'est oublier également que Malraux le 30 mai 1968 défilait à la tête d'une foule qui criait : « Sartre au poteau. »

Sartre n'est pas Jean Cavaillès, et pourtant « sa » résistance nous intéresse. Ce n'est pas la logique de la Résistance poussée jusqu'à la mort, ni le combat les armes à la main, mais c'est une envolée qui n'a rien de lyrique. Cavaillès a vécu pleinement le risque de la liberté, Sartre est un écrivain qui a résisté. Heureux et optimiste en 1938, soldat plongé dans le décorum guerrier en 1940, clandestin sous l'Occupation, il a chassé les belles âmes en écrivant *Les Mouches* et *L'Être et le Néant*. Il s'est battu, à sa manière, contre les Allemands et son ombre d'avant guerre. Ce qui nous intéresse aujourd'hui, ce n'est pas ce qu'il a fait alors, ni ce qu'il a omis de faire – qui pourrait le lui reprocher, hormis les résistants de l'époque ? –, mais comment il s'y est pris. Car la guerre de Sartre a eu lieu et c'est de cela qu'il s'agit encore. Le petit Sartre est mort en 1940, le grand Sartre est né en 1945. Cette coupure est artificielle, elle est en partie promue par le responsable. Elle fait partie de la légende et ne traduit pas la réalité. Jean-François Godeaux, dans une thèse qui paraîtra un jour, nous l'espérons, a montré avec brio que la théorie de l'engagement chez Sartre n'est pas réductible à sa seule dimension politique[1]. La philosophie n'est pas en retard sur la politique, elle la précède. Si Sartre n'avait été qu'un « intellectuel », le favori d'une époque, comme dit Proust, qui aurait changé les valeurs et classé autrement les partis, il ne serait plus pour nous un véritable enjeu et « sa » philosophie n'aurait pas plus d'incidences sur notre temps que les méditations de Ravaisson sur les monu-

1. *Engagements et marxismes chez Jean-Paul Sartre*, sous la direction de Hélène Védrine, Paris I, 2000.

ments passés de la pensée. Or « sa » philosophie, en ce qu'elle est injustement refusée ou déniée par la majorité de nos philosophes politiques, ou qu'elle soit caricaturée, voire ringardisée par les médias, non seulement continue à vivre et à être étudiée, mais n'a pas dit son dernier mot. La guerre de Sartre se poursuit, et avec elle la redistribution des cartes et le partage des territoires. Elle se poursuit là où Sartre l'avait déclarée, dans le sein de l'Université, et dans les décombres des édifices qui avaient fait sa grandeur et contribué à la survie de sa mission. On ne comprend rien à la « résistance » de Sartre, si on ne la rattache pas à son hostilité envers la philosophie officielle pendant la guerre et à son refus de devenir docteur. Commentant une lettre de Paulhan dans ses *Carnets de la drôle de guerre*, il écrit : « "Wahl songe à vous faire docteur malgré vous, d'accord avec Brunschwicg. Il s'agirait de transformer *L'Imaginaire* en thèse, vous n'auriez rien à faire pour cela qu'à retarder un peu sa publication". Parbleu, voilà comme j'aime qu'on me traite. Me conférer une dignité malgré moi, s'en excusant presque. J'en étais tout excité et, toujours pour éviter la reconnaissance, j'imaginais Wahl disant à Brunschvicg comme Fabre à Rochefort, le 4 septembre 1870 : "Mieux vaut l'avoir dedans que dehors". J'écrivis une lettre digne d'acceptation. Mais ce qui est comique, c'est qu'en fait *L'Imaginaire* avait paru entre-temps. Je soupçonne Paulhan, pour les besoins machiavéliques de sa politique, d'avoir attendu pour m'écrire d'être sûr que *L'Imaginaire* paraîtrait avant qu'il ait reçu ma réponse. »[1] Il n'y aura pas de thèse. Ni sur l'Imaginaire, ni sur le Néant, ni sur la Dialectique. « Sartre avait eu la peau de Léon Brunschvicg (...) le garçon de café de *L'Être et le Néant* jouant au garçon de café et assommant Brunschvicg avec son plateau. C'était plus qu'il ne pouvait en supporter l'idéalisme d'avant guerre, remis en selle après ses compromissions vichystes. »[2]

Brunschvicg (1869-1944) est avec Bergson, mort en 1941, et Alain, mort en 1951, l'un des trois « grands »

1. *Carnets de la drôle de guerre,* Gallimard, 1983, p. 593.

2. Bertrand Poirot-Delpech, Tout ennemi de Sartre est un chien, *Les Temps modernes,* n°s 531 à 533, 1990.

de la philosophie française d'avant guerre. Il est le moins connu des trois. Et hormis son testament philosophique *Descartes et Pascal lecteurs de Montaigne* republié en poche[1], on ne le lit plus guère. Sa maison fut pillée par les Allemands, il mourra en 1944 sans avoir vu son pays libéré. Juif et grand bourgeois, il avait tout à craindre d'une France à la dérive. Sa femme Cécile avait été ministre de Léon Blum, il avait été boursier. Son idéalisme, pour spiritualiste qu'il fût, n'en était pas moins le digne héritier de ce que la IIIe République avait de meilleur. Sa philosophie est essentiellement une réflexion sur l'esprit humain en tant qu'il s'exprime dans les mathématiques, la physique, et la morale. Bachelard lui est redevable de cette assise. Et l'on ne peut pas dire qu'elle soit des plus mauvaises. Mais Roquentin en avait décidé autrement. Pour un peu, il aurait fait de Léon un Versaillais ou un salaud briseur de grèves. Il l'aurait bien accroché au mur du musée de Bouville. On n'arrête pas la révolte. Il est inutile de se demander si Sartre a lu son testament ; l'aurait-il lu en 1942 qu'il aurait sans doute trouvé ridicule son patriotisme de l'universel qui se réclamait de Montaigne et alliait spontanément la « France » et « l'humanité » en réponse aux persécutions dont le cher professeur était lui-même la victime expiatoire.

La mort de Brunschvicg, c'est un peu la deuxième vie de Sartre, et c'est aussi le refoulement auquel il est soumis aujourd'hui. A la Libération, heureusement, il y avait Sartre. « C'était notre Dehors (...) et Sartre n'a jamais cessé d'être ça, non pas un modèle, une méthode ou un exemple, mais un peu d'air pur, un courant d'air même quand il venait du Flore, un intellectuel qui changeait singulièrement la situation de l'intellectuel. C'est stupide de se demander si Sartre est le début ou la fin de quelque chose. Comme toutes les choses et les gens créateurs, il est au milieu, il pousse par le milieu », raconte Gilles Deleuze dans ses *Dialogues*[2]. C'est stupide, mais courant. L'historicisme de notre fin de siècle est à la mesure de la téléologie qui l'enveloppe. On veut en finir

1. Pocket, Agora, « Les Classiques », 1995.
2. Gilles Deleuze et Claire Parnet, *Dialogues*, Flammarion, « Champs ».

avec Sartre, car on veut en finir tout court avec l'antidéterminisme, l'anti-économisme, l'anti-individualisme. On veut des sujets de droit et des hommes de chair, mais on ne veut pas d'une conscience vide comme source absolue d'existence. On veut croire au monde, mais à condition, d'abord, de croire en soi. On se dit « progressiste » parce qu'il ne faut pas désespérer le progrès et la culture. Or, si l'on cherche à se débarrasser de Sartre, c'est avant tout pour rendre raison de l'Histoire et ne plus rendre raison de l'Institution. On ne défend plus vraiment « la » philosophie, le Dehors, mais la sienne, le Dedans. Non pas que l'on défendît par-dessus tout son territoire, mais parce que l'on feint de le penser séparé de celui de son voisin, et qu'en un certain sens on ne joue plus le jeu. Le conflit nous effraie.

« On », dira-t-on, ne pense pas, et en quoi le Dehors sartrien serait-il plus probant que le Dedans de *x* ou *y* ? Il ne l'est pas, sauf à titre de plaque tournante et dans la mesure où il éclaire notre présent. Vingt ans après sa mort, Sartre n'est presque plus étudié dans l'Université française. Ce n'est pas un hasard, même si la persévérance de quelques-uns continue à le faire vivre en France et hors de France. Les libéraux ne l'apprécient guère, les antitotalitaristes se gaussent de lui, les néo- ou ex-marxistes structuralistes ou pas ne le prennent pas au sérieux. Les philosophes Jacques Derrida et Alain Badiou sont à peu près les seuls à le considérer avec le professeur de lettres Jean-François Louette, sans oublier les fidèles de toujours : Pierre Verstraeten, Michel Kail, Juliette Simon et les autres... Sartre serait à ce point dépassé qu'il ne vaudrait plus une heure de peine. Comment ne pas voir dans cet odieux raccourci le résultat d'un insidieux déni sur les liens subtils qu'entretiennent littérature, philosophie, politique ? Le communisme a rendu l'âme, Sartre qui a tenté de le sauver en voulant le soustraire de sa gangue dogmatique a ce qu'il mérite. Les bien-pensants font mine d'avoir réglé la facture ; ils se rassurent entre eux sur le dos de Sartre et s'en vont déguster un menu historique sur l'autoroute des adieux, « plus pétant rotant pour la paix du monde que tous les gens qui vont à pied » (Céline).

Et la guerre dans tout ça ? Elle rôde dans les couloirs refaits à neuf de nos modernes bâtiments scolaires. Sartre après la débâcle a découvert son historicité et a rompu avec l'Université. Il a senti venir quelque chose qui le dépassait. « Soudain, l'Histoire fondit sur moi, j'éclatai : je me retrouvais éparpillée aux quatre coins de la terre, liée par toutes mes fibres à chacun et à tous. »[1] Le philosophe-professeur étouffait parmi ses pairs, il était en mal d'universalité. Il lui fallait rompre la chaîne qui le reliait à la IIIe République défunte et préparer les lendemains de la République du silence. « Nous voici à présent au bord d'une autre République : ne peut-on souhaiter qu'elle conserve au grand jour les austères vertus de la République du Silence et de la Nuit », est-il écrit dans l'article des *Lettres françaises* qui porte ce titre en 1944[2]. Au grand jour. On voit tout de suite ce qui se profile. A l'armée de l'ombre, les austères préaux de la République, au fils rebelle la lumière de la célébrité. C'est le prix à payer pour avoir un bel enterrement. Canguilhem n'aura pas de mots assez durs à ce sujet. L'Histoire n'avoue jamais, et c'est pourquoi elle n'est jamais finie. Sartre après *L'Être et le Néant* (1943) est devenu une exception culturelle. Cela n'est pas un jugement *a posteriori*, mais un événement qui a eu lieu. Il faut donc tenir les deux bouts de la chaîne. Tenir ensemble la logique de la Résistance et le « jamais nous n'avons été plus libres que sous l'Occupation ». Et s'en souvenir lorsqu'il s'agira de mentionner le soutien de Georges Canguilhem à Michel Foucault au tournant des années 60.

Car ce n'est pas un hasard si les noms des résistants Boris Vildé, Albert Lautman, Yvonne Picard, Paul Petit se sont effacés des stèles de la mémoire nationale. Ils sont morts. Comme Brunschvicg est mort d'épuisement. Raymond Aron disait dans ses *Mémoires*, à propos de Cavaillès : « S'il avait vécu, j'aurais commis moins d'erreurs. » Ce n'est pas un débat. C'est une vérité. La France sera éternellement en état de dialogue. Il n'y a

1. Simone de Beauvoir, *La Force de l'âge*, Gallimard, 1960, p. 381-382.
2. *Situations III*, Gallimard, 1949.

pas à transiger. Voilà pourquoi, plus de cinquante ans après la « Libération », il est encore possible de défendre « le patriotisme de l'universel », de plaider pour une philosophie française une et diverse, et d'allier spontanément, comme le faisait Emmanuel Lévinas, un Français d'origine juive lituanienne, la France et l'Humanité. Non seulement, comme le pensait René Char, parce que nous ne sommes les héritiers d'aucun testament, mais parce que nous sommes aujourd'hui tenus comme en 1940 de dépasser le sentiment communautaire, qu'il soit national ou religieux, par une attention supérieure à la vie humaine et à la fragilité de l'Histoire. L'important n'est pas d'être contre, mais d'être pour, aimait à dire Gilles Deleuze.

Il faut donc non seulement être pour Sartre, mais aussi pour « la » philosophie, pour ce qui la conteste (la sociologie de Bourdieu, par exemple, ou la pensée non-philosophique de François Laruelle), il faut briser à chaque instant l'insupportable consensus des opinions et engager la confrontation partout où cela est possible. Nous vivons sous l'empire de l'idéologie culturaliste et de l'abstraction monétaire, nous opposons bêtement la morale du plaisir et le devoir de vigilance, nous passons notre temps à dénoncer les malheurs du monde, nous déplorons tout à la fois, tel Rhubarbe, dans *Ahmed philosophe* de Alain Badiou, « la famine, les dictatures, la montée de l'intégrisme, les femmes voilées de force, les guerres civiles, les massacres ethniques, la couche d'ozone, la disparition des baleines bleues, le Rwanda, la Bosnie, Tchernobyl, l'Algérie, l'exclusion, les sans-domicile fixe, le chômage des jeunes, le chômage des cadres, le chômage des femmes, les insecticides, les pesticides, l'effet de serre, l'excision, l'infibulation, la polygamie, la prostitution des enfants, les Tchétchènes, le Sida, les énergies non renouvelables, etc. », et nous demandons où est l'éthique ? Le Bien n'est plus que dans un camp et la négativité a disparu.

On s'est beaucoup interrogé sur la nature de la demande philosophique depuis dix ans, sur ce fameux besoin de sens qui est devenu la tarte à la crème de la pensée *ready made*, mais, mis à part Jacques Bouveresse, professeur au Collège de France, on n'en a tiré aucune conclusion. « Notre époque exige, comme toutes les autres, des conceptions du monde ; mais elle les utilise et les rejette avec le genre de précipitation, de légèreté, d'inconstance et d'incohérence qui est aujourd'hui la caractéristique de toutes les affaires humaines aujourd'hui »[1]. Il est temps de tirer les conclusions d'une telle précipitation et d'opposer, au monde comme il va, l'homme tel qu'il pourrait être. Il est temps de prêter attention à ce qui s'écrit de « philosophique » en France. La philosophie française, soit une « philosophie à la française » entendue ici au sens que donne Pierre Macherey à cet idiome, à savoir, « d'une part, la pratique du français comme langue nationale, et, d'autre part (...) la mise en place d'un système d'enseignement unifié public, telles qu'elles ont été l'une et l'autre codifiées dans la période qui a suivi la Révolution »[2]. La « philosophie à la française », donc, se nomme diversité, elle est, pour parler comme Braudel, une mosaïque de paysages, un assemblage de régions de l'âme. « Elle n'a pas de vocation nationaliste, elle a toujours bien rendu ses emprunts, en ne cessant jamais d'être l'expression d'une science rigoureuse de l'universel, mais au travers de l'individuel conscient »[3].

A l'heure où le respect du droit cède le pas à la passion justicière et où l'ancien préfet de police du général de Gaulle et ancien ministre du Budget de Valéry Giscard d'Estaing prend place en sa prison, il est bon de rappeler dans les foyers et les écoles ce que Georges Canguilhem, historien des sciences et philosophe récemment disparu, disait de Cavaillès : « L'opposition intellectuelle à l'idéologie national-socialiste, à une philosophie farouchement hostile à toute forme d'universalité, cela allait presque de soi pour un philosophe français, formé entre les deux guerres dans une tradition de rationalisme, revivifiée au début du XXe siècle par un renforcement d'attention aux difficultés et aux

1. *La demande philosophique*, L'Éclat, 1996.

2. *Histoires de dinosaure. Faire de la philosophie, 1965-1997*, PUF, « Pratiques théoriques », 1999.

3. André Robinet, *La philosophie française*, PUF, « Que sais-je ? ».

paradoxes de la philosophie mathématique. »[1] Ce propos mériterait à lui seul un long commentaire, tant le « allait presque de soi » ne va pas de soi au regard du temps qui s'est écoulé depuis l'Occupation. Et pourtant, il nous touche. Car si l'Histoire ne peut uniquement s'écrire du point de vue des vainqueurs ou des héros, si elle ne peut se lire qu'à condition de faire éclater la continuité d'une époque pour en extraire une vie individuelle, et si elle peut se transmettre qu'à condition de « faire éclater cette vie individuelle pour en dégager un fait ou une œuvre donnée »[2], alors dans toute vie tient une époque entière et dans toute époque tient l'ensemble de l'histoire humaine. Rédigée au printemps 1940, cette thèse de Walter Benjamin fait étrangement écho à celle de *« l'universel singulier »* que défendra Sartre dans deux de ses écrits majeurs, *Merleau-Ponty* (1961), et sa *Conférence sur Kierkegaard* (1966). Elle anticipe par bien des traits la transhumance à laquelle sera soumise la philosophie de l'Histoire de Sartre depuis les soubresauts de la guerre jusqu'à la fin des années 70 et même après avec la publication des écrits posthumes. Elle préfigure les entrecroisements, les reniements, les abandons, mais aussi les nouveaux départs qui émergeront au tournant des années 60 lorsque la philosophie de la conscience, d'un côté, et la philosophie de la mort de l'homme ainsi que celle du renouveau humaniste, de l'autre, donneront à « la philosophie à la française » un nouvel essor qui donnera naissance à son tour à une rupture générationnelle dont nous sommes encore tributaires. De la redécouverte de Benjamin au début des années 80 au renouveau de la philosophie politique à la même époque en passant par l'émergence ou le renouveau d'œuvres originales, les unes empruntant à l'Amérique, l'Angleterre ou l'Allemagne ce qui leur manquait, les autres persévérant dans leur être, force est de constater que cette trajectoire n'est compréhensible que si l'on tient compte du projet sartrien.

1. *Vie et mort de Jean Cavaillès*, Allia, 1996.
2. Walter Benjamin, *Écrits français*, Gallimard, 1991.

Car il ne suffit pas d'avoir raison avec Aron et tort avec Sartre pour être exempté d'un droit d'inventaire. Que l'universel soit aujourd'hui scindé entre un universel juridique auquel on adjoint une vision policière de l'Histoire et un universel singulier auquel on a cessé de se référer devrait nous inciter à plus de prudence et de modestie. La forteresse de la pensée officielle que Sartre prend d'assaut au moment de *L'Être et le Néant* est en passe de renaître de ses cendres sous un tout autre visage que celui du doux Brunschvicg. Elle n'a plus ce caractère monolithique qui pouvait faire encore impression dans les années 30, son rapport à l'institution n'a plus ce lien d'évidence qu'il avait alors, son autorité est affaiblie et les savoirs qu'elle promeut ne garantissent plus la mobilité sociale dont elle était l'accoucheuse émérite. La victoire de 81 a sonné le glas d'un certain progressisme et, avec lui, d'une certaine idée de la culture philosophique fondée sur la distension du sujet singulier et de l'universel autant que sur celle du sujet singulier et de l'histoire qui se fait. La distance qui séparait le politique de l'intellectuel-philosophe fut abolie par la gauche au pouvoir en même temps que se profilaient de nouveaux meneurs de jeux plus ardents à jouer les « journalistes culturels » qu'à protéger leur indépendance et leur liberté de pensée. « Faute des formes anciennes de la distance, il aurait à tout le moins fallu que les intellectuels eussent un poids matériel qui leur permît de soutenir un éventuel affrontement avec les politiques. Or ces derniers montaient en puissance, remarque Jean-Claude Milner, à cause de la victoire même. Il aurait donc fallu des intellectuels plus puissants qu'ils ne l'avaient jamais été. Plus que Sartre ne l'avait été naguère par son génie propre, ou l'université dreyfusienne jadis par la force de l'institution, ou Gide même, adossé à la NRF. Mais rien de tel n'existait plus ; les génies se faisaient rares ; les lieux institutionnels de l'autonomie intellectuelle étaient en décadence : écoles, universités, livres, revues, tout cela se défaisait à vue d'œil. Bref, le pouvoir devenait progressiste aux temps d'une dépossession des intellectuels. Que pouvait-il rester de la thèse qu'en politique les intellectuels ont juridiction sur les élus ? Rien, sans doute, or elle avait été constituante du progressisme. »[1]

Cette dépossession n'est cependant pas si simple que l'illusion chronologique dont elle procède. Le magistère sartrien peut bien relever du génie, il n'en est pas moins le produit d'une époque qui a eu maille à partir avec la guerre froide et le développement de la culture de masse. Ce n'est pas parce que Sartre a tenu tête à de Gaulle et en un certain sens aux communistes qu'il est devenu Sartre. C'est parce qu'il a vécu, à l'instar de Kierkegaard, comme un penseur qui refusait le savoir tout en en acceptant la rigueur, c'est-à-dire en affirmant contre lui et malgré lui la singularité irréductible de tout homme à l'Histoire qui pourtant le conditionne rigoureusement. Sartre, à l'instar du sombre Danois, a manifesté, contre Hegel et toutes les pensées déterministes ou téléologiques de l'Histoire, « la temporalisation comme dimension transhistorique de l'Histoire »[2]. Il a recommencé l'Histoire et fait résonner la contemporanéité des morts et des vivants (son *Flaubert* est un cas d'école) dans une époque qui, tant à l'Ouest qu'à l'Est, rêvait d'une science de l'avenir et d'un futur balisé par une prospective mal comprise et une standardisation accrue des mœurs et des comportements. En marge de l'École de Francfort et de ses conclusions pessimistes sur les industries culturelles, il s'est inventé un public et a contribué, lui et *Les Temps modernes*, ainsi que Simone de Beauvoir, à l'ouverture de la France sur l'extérieur ; il a promu sa force de travail au rang d'honneur, en réaffirmant la transhistoricité de l'homme et la liberté de l'intellectuel.

Qu'une telle posture ait vu le jour pendant les années noires ne laisse pas de surprendre. Elle ne serait toutefois pas arrivée à terme sans la fiévreuse et décevante histoire de l'après-guerre[3]. Ne rien manquer de notre temps ? Le premier numéro des *Temps modernes*

1. *Archéologie d'un échec*, Le Seuil, 1993.
2. *Situations philosophiques*, Gallimard, « Tel », 1990.
3. Voir Simone de Beauvoir, *La Force des choses*, *op. cit.*

place la barre si haut qu'elle fléchira plus d'une fois devant l'adversité et les déchirures intellectuelles. « Il n'est pas sûr que la philosophie trouve grâce à leurs yeux », écrit-il dans *Matérialisme et révolution* en 1946 à propos des philosophes communistes. Sartre avait espéré que la lutte concrète dans la Résistance aurait fait évoluer le PCF et qu'il pourrait convertir les « matérialistes » obtus à la dialectique historique, qu'il vengerait Nizan de s'être fait bouffer par le Parti et qu'il arracherait les staliniens à leur torpeur théorique. C'était compter sans leur religion que Sartre définissait comme « la subjectivité de ceux qui ont honte de leur subjectivité »[1], c'était compter sans les toussotements de la République nouvelle, la reprise des habitudes parlementaires, et les reculades du « parti des fusillés », alors premier parti de France. La fulguration de l'existence que célébrait Merleau-Ponty dans « La guerre a eu lieu », son article de l'année précédente, prenait l'allure d'un sourire déçu par la vie. La rigueur de la reconstruction imposait sa loi tandis que la victoire politique de Thorez s'affichait avec l'insolence d'un enfant prodigue de retour au pays où les masses disciplinées l'attendaient.

Le dépôt de bilan de la philosophie révolutionnaire inaugure pour Sartre une longue histoire faite de reculades et de passion contrariée avec les communistes. Elle culmine au moment des *Communistes et la paix* en 1952 et 1954 et s'achèvera en 1956. Les intellectuels anticommunistes se sont réunis à Berlin en 1950. François Bondy les accueille dans *Preuves*, sa revue qui vit le jour la même année. A cette date, tout paraît clair, les communistes sont des conservateurs, Garaudy et Joseph de Maistre se tiennent la main, et « la politique du communisme stalinien est incompatible avec l'exercice honnête de métier littéraire »[2]. Sartre a rencontré le succès, il a été reçu comme un prince un New York en 1946, il a déjeuné avec Hannah Arendt et a fait la Une du *Time Magazine* ; il s'est expliqué dans *Qu'est-ce que la littérature ?* sur le nouveau marché littéraire, il s'est essayé à la politique

1. *Matérialisme et révolution, Situations, op. cit.*, p. 163.
2. *Qu'est-ce que la littérature ?, Situations II*, p. 280.

active en participant au RDR, il a écrit *L'engrenage et Les Mains sales*, entrepris son *Genet*. En même temps qu'il élargissait son public et approuvait l'édito de Merleau contre les camps soviétiques, il se préservait contre le dogmatisme militant, prenait du recul et se plaisait à sympathiser avec les communistes italiens. L'année suivante, il se mit même à rêver, le temps d'un automne en Italie, d'une littérature dégagée : il écrivit *La reine Albemarle* dans un moment de « grande tentation touristique »[1]. Puis, soudain, victime et complice de la lutte des classes, sans doute aguerri par l'affaire Henri Martin, ce marin communiste qui avait été condamné pour son action contre la guerre d'Indochine, il a pris ce fameux virage à 180° que tous ses amis de l'époque lui reprochèrent et que ses ennemis d'aujourd'hui ne lui pardonnent guère. Sartre aurait-il pris du recul pour mieux sauter et atterrir sur les genoux de Duclos qu'il ne s'y serait pas pris autrement. Le même qui affirmait quatre ans auparavant la gratuité de l'œuvre d'art et condamnait la littérature de propagande se réveillait de son sommeil idéaliste et rejoignait le cortège funèbre des bureaucrates patentés. Annie Cohen-Solal raconte cet épisode fidèlement dans sa biographie de Sartre et elle n'a pas de mots assez fermes pour en souligner l'incongruité : « Effacées les injures de Kanapa au beau temps de l'existentialisme, effacées les ordures de Leclerc au moment des *Mains sales,* oubliés les sifflets des militants communistes quand la pièce fut, plus tard, présentée au cinéma, balayées les insultes du Congrès de Wroclaw proclamées par Fadaïev à l'époque du RDR : l'ex-chacal, l'ex-putois, l'ex-hyène, l'ex-vipère, l'ex-rat devenait en quelques minutes et pour quatre années un compagnon de route. »[2] Le mot est lâché. La conversion de Sartre fut en effet immédiate. C'est en apprenant à Rome que la manifestation organisée par le PC pour protester contre la venue à Paris du général américain Ridgway avait été interdite par le préfet Baylot qu'il a pris sa décision. Le PC ayant transgressé l'interdit, il vit dans ce geste et dans l'arrestation de

1. *La reine Albemarle ou le dernier touriste*, Gallimard, 1991.
2. *Sartre 1905-1980,* nouvelle édition « Folio », p. 558, 1999.

Duclos qui s'ensuivit le signe d'une coupure irréversible entre l'ordre bourgeois et le parti des travailleurs : « Ma vision fut transformée : un anticommuniste est un chien, je ne sors pas de là, je n'en sortirais plus jamais. »[1] Le « jamais » était de trop, mais il reflète assez bien la situation. Sartre, au prétexte que la guerre bactériologique sévissait en Corée, et que le préfet avait déclaré que tout communiste est un soldat russe en puissance, prit un nouvel élan et s'engouffra dans le compagnonnage.

Il est de bon ton aujourd'hui de préférer le Sartre de la Libération à ce curieux personnage vitupérant. De préférer le Sartre « libre » au vice-président de l'association France-URSS. Il est certain que Sartre en cette histoire n'eut pas la largesse d'un Hugo en 1848. Il préféra, toute proportion gardée, le peuple sans la civilisation à la civilisation avec le peuple. L'ordre républicain dont on ne dira jamais assez qu'il est une fiction d'État repose sur une conception positive de l'intégration sociale et ne perdure que grâce à la volonté participative des citoyens. Il aide dans le meilleur des cas, pensait Arendt, à supporter le poids de la vie et dans le pire à isoler les spécialistes de la politique du reste de la population. Les 20 000 à 30 000 personnes qui manifestèrent illégalement le 28 mai 1952 avaient agi comme un détonateur dans la tête de l'auteur du *Saint-Genet*. Faut-il pour autant en rester là ? La pulsion antibourgeoise suffit-elle à justifier ce coup d'État intérieur ? Nous ne le pensons pas. En dehors du fait que « le peuple » manquait à l'appel du PC et que Sartre nous donne l'impression *a posteriori* d'avoir subi un coup de grisou, il est impossible de ne pas raccorder ce volte-face à l'écriture du *Genet* (1952). Roquentin nous avait prévenu : « Je ne veux pas qu'on m'intègre, ni que mon beau sang rouge aille engraisser cette bête lymphatique : je ne commettrai pas la sottise de me dire "anti-humaniste". Je ne suis pas humaniste, voilà tout » *(La Nausée)*. Après l'échec de la troisième force, Sartre redistribue les cartes et change les règles du jeu.

1. *Situations IV*, Gallimard, p. 248-249.

C'est un non-réconcilié qui plonge dans l'abîme sans fond de la polémique active. Son mariage forcé avec le PC, est en fait un coup de force ouvriériste, une plongée dans le monde ouvrier des années 50. Une coupe sombre dans la conscience ouvrière quarante ans avant « l'effritement de la société salariale » chère à Robert Castel.

Pourquoi ce choix ? Faut-il défendre, à l'instar de Michel Contat, Sartre contre lui-même ? « Pour la vie de l'esprit démocratique, il faut défendre le Sartre occulté de 1947-1949 contre le Sartre des années 50-60 qui a cherché à se lester d'un réalisme politique qui lui est étranger. Ce qu'il était au plus profond, c'est un démocrate insurgé, c'est-à-dire solidaire. »[1] Soit, mais c'est ne pas voir, au-delà de l'anticommunisme refusé, celui de Bondy, Koestler, Aron, etc., l'analyse qu'il propose de l'atomisation sociale et de l'aliénation ouvrière. C'est ne pas vouloir prendre en compte le « travail enchaîné » et contraint. Aujourd'hui où « les ouvriers ont quitté l'horizon mental des faiseurs d'opinion (intellectuels, journalistes, hommes politiques, etc.), et cela au moment où, en raison même de l'affaiblissement des formes de résistance collective, le travail s'est intensifié dans les ateliers, où les relations sociales au travail se sont détériorées, où les ouvriers ont été pour ainsi dire transformés en simple variable d'ajustement, réduits à une composante de la masse salariale qu'il faut comprimer toujours plus. Au cours de ces quinze dernières années, la "question ouvrière" a été véritablement refoulée »[2]. Elle ne l'était pas en 1952 et 1954. L'humanisme du besoin que défendait Sartre dans son texte de 1954, l'année de Diên Biên Phû, des sans-logis, et de l'arrivée de Mendès France à la présidence du Conseil, préfigure les développements de La *Critique de la raison dialectique* (1960). Sartre cherchait des causes à la démobilisation populaire et en trouve dans l'histoire du mouvement

1. Sartre en sa maturité, *Études sartriennes VI*, Université de Paris X, 1995.

2. Stéphane Beaud et Michel Pialoux, *Retour sur la condition ouvrière*, Fayard, 1999.

ouvrier. Il remonte le cours de l'Histoire, de la Révolution française aux grèves de 1947 en passant par les crimes de 1848. Ce n'est pas le lieu ici de juger de la pertinence de ses analyses économiques et de sa critique du malthusianisme. Ce qui frappe *a posteriori*, dans ce réquisitoire fiévreux, c'est la compassion. « Il y a une tristesse ouvrière dont on ne guérit que par la participation politique », disait l'écrivain Georges Navel. Tandis que se mettait en place le « minimum vital » et que la division syndicale battait son plein, il y avait, au début des années 50, la tristesse des nouveaux OS, des paysans déracinés, des banlieues naissantes. Qu'est-ce qui a poussé Sartre à renouer avec la longue histoire du syndicalisme révolutionnaire, de la nouvelle CGT ? Les masses, la mort annoncée de l'élite ouvrière et des petits patrons, la dégradation du travail ouvrier. C'est déjà l'idée d'un marxisme introuvable remis sur ses pieds par une leçon d'histoire sociale. Mais c'est aussi la tentative de résister au divorce entre « le radicalisme d'un mouvement social teinté d'ouvriérisme (dont l'héritage passe du syndicalisme révolutionnaire au PC des années 30), et des intellectuels universitaires fortement imprégnés de tradition positiviste, obstinément réfractaires à la philosophie allemande et à la dialectique »[1]. C'est l'idée d'un « marxisme militant », non scientiste et de ce fait non communiste remis en selle par un faire-valoir pétitionnaire au service de la « cause soviétique ». Il est donc normal que ce paradoxe ait été mal compris. Car c'est au moment même où Sartre plonge dans le PC pour tenter de « faire l'Histoire » avec lui, qu'il décide de démontrer, preuve à l'appui, après son *Genet*, que la praxis ouvrière est impossible et que l'économie dépressive mise en œuvre par les classes dirigeantes oblige l'ouvrier à se battre pour maintenir le statu quo. L'arme de ce statu quo s'appelle le Parti communiste français qui protège avant tout les ouvriers professionnels. C'est donc à partir du syndrome de l'organisation politique défaillante, sur une Absence, que Sartre s'engage.

1. Daniel Bensaïd, Visages et mirages du marxisme français, IVe *Internationale, La Brèche,* n° 46, septembre-novembre 1993.

Mais il y a encore plus derrière ce désir de remonter aux causes du marasme ouvrier. Il y a le traumatisme vécu par des milliers d'hommes, l'exploitation passée qui perdure dans l'aliénation présente. La fêlure du temps et les résignations intériorisées. Une cause absente qui ne se trouve ni dans le Parti (dont Sartre relativise le rôle) ni chez les OS à proprement parler, mais chez Sartre qui « incorpore le communisme à son univers, et le pense sans égard à ce qu'il pense de lui-même », dira Merleau-Ponty dans les *Aventures de la dialectique*. Ce qui fait dire à François George que « Sartre s'éloigne du parti du même mouvement qu'il s'en approche ». Il est à la fois dedans et dehors, il pleure l'inertie des ouvriers et tente de justifier leur fatigue. Il n'y a pas d'OS heureux. Sartre anticipe la misère du monde et son cortège de domination symbolique. Il dit la souffrance et les contradictions déchirantes de l'existence sociale telles que le sociologue Abdelmalek Sayad les a dévoilées chez les immigrés dans *La Double Absence*[1]. Il congédie d'un geste rageur l'économisme que Claude Lefort incarnait à l'époque selon Sartre dans la réponse qu'il lui fit en avril 1953.

Quand on sait que Sartre entreprit *Les Mots*, la *Critique de la raison dialectique*, *L'Idiot de la famille*, cette même année et qu'il avouera, dans son *Autoportrait à soixante-dix ans*, avoir menti sur sa visite en URSS, on est en droit de revisiter ce compagnonnage avec distance. Le marxisme de Sartre, tombé en disgrâce avec la raison dialectique, préfigure sa brouille future avec les sciences humaines et le « scientisme althussérien ». Son coup de dés des années 50 pourrait laisser croire à un *acting out*, car le tournant anthropologique qu'il négocie à grand-peine est pour une part incontrôlé. Sartre n'a pas balisé son terrain et ne délimite pas son « champ ». Il a foncé, tel un forcené, « en vrai néant » qu'il était, « ivre d'orgueil et translucide », mais cette fois-ci en connaissance de cause. « On n'arrive pas à tout, mais il faut vouloir tout. »[2] Pour

1. Le Seuil, 1999.
2. *Sartre 1905-1980*, cité par Annie Cohen-Solal, Gallimard, 1985, p. 819.

la plupart de nos contemporains, la totalité est totalitaire et la philosophie moderne se définit comme critique, soupçon, déconstruction, détotalisation. L'esprit du temps célèbre l'éclat, la différence, le singulier, le détour, le fragment, la proximité, le particulier, le local dans le global, il craint par-dessus tout le système et la synthèse. « C'est au moment même où, de par la mondialisation des phénomènes historiques, la totalité domine concrètement nos existences, où, de par les extraordinaires avancées de la science, elle est arrachée à son champ métaphysique et devient un concept opératoire, où, de par les innovations technologiques (transports, informatique, etc.), elle nous est pour ainsi dire offerte à portée d'œil ou de main, c'est dans ce moment inouï qui est le nôtre à présent que nous risquons de perdre le sens de la totalité, c'est-à-dire le sens du réel en train de se faire », écrit Christian Godin[1]. Tout se passe en effet aujourd'hui comme si la ruine de l'idée de totalité (entendons sa ruine historique au regard de la raison totalitaire) était corrélative de celle d'universalité.

Or, que l'on prenne l'universel par les cheveux de la loi éthique, de la norme, de la valeur, de la règle, ou par ceux de la Raison, il n'est pas de philosophie qui échappe à la dimension du général (attribut-prédicat) ou du total (substance-totalité). Que, d'un point de vue extraphilosophique (Bourdieu), il soit reproché à Sartre d'avoir « la prétention à tout dépasser et à tout conserver, à commencer par l'objet des systèmes de pensée concurrents, comme la psychanalyse ou les sciences sociales » afin d' « instituer la philosophie en instance fondatrice »[2] ou bien, que d'un point de vue intraphilosophique, voire éthique, on lui reproche d'autonomiser la Raison (ou la pensée) en faisant barrage à l'Autre, il est injuste de réduire la philosophie de Sartre à un « totalisme » mal dégrossi. Qu'il y ait chez Sartre un fantasme de la totalisation ne fait pas de doute – la *Cri-*

1. Introduction à *La totalité*, Champ Vallon, 1998, et notre article, Quelques propositions pour rénover la République, *Une certaine idée*, n° 4, 1999.

2. *L'intellectuel total et l'illusion de la toute-puissance de la pensée*, repris dans *Les règles de l'art*, Le Seuil, 1992, p. 293.

tique de 1960 fonde expressément une anthropologie totale qui soit à la fois historique et structurelle –, mais rien ne prouve que ce « fantasme » dont on connaît les mille et une retombées polygraphiques puisse être considéré comme « le mot de la fin ». L'anthropologie synthétique est peut-être une illusion – et l'oubli de la science, une carence –, elle n'en est pas moins un « événement écrit » dans le *Saint-Genet, L'Idiot,* et nombre de passages de la *Critique.* Ce n'est pas parce que Sartre a déclaré un jour qu'il voulait être à la fois Spinoza et Stendhal qu'il faut le croire. Mais ce n'est pas parce qu'il fut Sartre qu'il faut ne pas le croire. Sartre a lui-même dénoncé l'illusion d'être tout mais il n'a jamais renoncé au projet de fonder le tout. L'inachèvement de ses travaux parle tout seul. Mais que de malentendus sur ce « tout » ! Sartre dit dans *Questions de méthode* avoir longtemps confondu le total et l'individuel. C'est dire qu'il ne fut pas toujours au clair sur la question. Du temps de *L'Être et le Néant,* on trouvait dans le panier de la « totalité » de quoi nourrir un régiment : le concret, l'homme dans le monde, le soi, la temporalité, le corps, la liberté, etc. Du temps de la *Critique*, on ne trouve plus que la « totalisation ». La totalité s'est figée : « Elle n'est plus que le reste, le vestige, le fossile de la totalisation : elle est inerte. » Ontologie oblige, la totalisation est reine en son royaume, et c'est Sartre, après Proudhon dans *De la création de l'ordre dans l'humanité* (1843), qui lui a donné une promotion philosophique sans pareille. C'est pourquoi, plutôt que de parler d'une totalisation tout court, il préféra parler d'une totalisation « en cours »[1].

« Raymond Aron reprochait à son ancien condisciple d'avoir confondu sous le même concept de totalisation deux phénomènes hétérogènes : la perception du pour-soi et la formation des ensembles historiques. Or, une bonne partie de la tâche que s'est justement assignée Sartre dans sa *Critique*, a consisté à dépasser la vieille opposition classique du sujet et de l'objet, de l'idéalisme et du réalisme. Le sujet s'objective en même temps que

1. *La totalité, op. cit.,* Troisième section, à paraître.

l'objet est subjectivement assumé. Aussi la totalisation, dans la *Critique*, désigne-t-elle à la fois l'acte qui consiste à totaliser le champ du donné et le champ qui est totalisé ; elle est en même temps synthèse et intégration. »[1] Il n'y a pas de « praxis » sans totalisation. La praxis totalise à la fois la matière et les relations humaines. Mais que l'Histoire soit le seul champ de la totalisation ne veut pas dire qu'elle soit maîtresse du jeu, la totalisation est individuée ou n'est pas. C'est ce croisement du singulier et de l'universel qui est le nerf de la pensée de Sartre. Et l'homme n'est pas totalisable avec un autre.

« Un homme c'est toute l'époque comme une vague est toute la mer »[2] ; cette phrase vaut bien la mer et le visage de sable de Michel Foucault[3]. Les années 50 de Sartre ne furent pas de tout repos. Les *Situations* en font foi. On a du mal à imaginer ce que pouvait être sa vie. Les cachets de corydrane, les sautes de tension, les coups de fatigue et les inquiétudes de Simone de Beauvoir nous en donnent une idée, les voyages à Dakar, à Cuba ou en Pologne nous en donnent une autre, mais s'il y a bien quelqu'un qui s'est évertué à bousculer les normes et à donner sa chance à la jeunesse, ces fameux « jeunes gens » dont il prédira en 1964 le réveil, c'est lui. Sartre a parcouru le monde, il a soutenu la « négritude », il a dénoncé le colonialisme, il a sermonné la gauche respectueuse pendant la guerre d'Algérie, il a mouillé sa chemise à tel point qu'on a fini par penser qu'il en faisait trop. Il serait tombé dans le panneau du siècle, comme Walter Benjamin serait tombé dans celui de la marchandise pour sauver tout ce qui est mort. En fait, il avait seulement la passion du réel, de l'authenticité, et, comme tous les maîtres de ce siècle, il ne voyait partout que du semblant et suspectait le monde de mentir. Ce qui est réel n'est-il pas suspect de ne pas l'être ?, se disait-il à chaque fois qu'il se brûlait les doigts au chaudron de l' « incarnation » dont il tenta une seule fois dans le tome II de la *Critique* de parler au sujet de la vio-

1. Christian Godin, *op. cit.* (à paraître).
2. *Situations IX*, Gallimard, p. 36.
3. « Alors on peut bien parier que l'homme s'effacerait, comme à la limite de la mer un visage de sable » (in *Les Mots et les Choses*).

lence sourde qui régit les rapports humains. *Hic et nunc.* Y a-t-il d'autre peur que celle de l'absolu ? Pourquoi cette violence ? Y a-t-il des témoins dans la salle ? Il y a seulement des participants, répondait Sartre[1]. On comprend pourquoi l'anthropologie interdit chez lui « une morale dialectique tout en préservant une intelligibilité du social-historique, c'est-à-dire un sens des rapports humains mais un sens sans ambition normative »[2]. Interdiction de survol, la réconciliation se fera demain, toujours demain. Dans la première *Critique*, la description de l'intellectuel en vacances, regardant par la fenêtre de sa pension un jardinier et un cantonnier au travail, mais séparés l'un des autres par le mur de ladite pension en bordure de route, cette scène de genre, et celle des habitants du quartier Saint-Antoine à la veille de la Révolution française, c'est le maximum que pouvait donner Sartre. Activité passive et groupe en fusion. Regard oblique ou Apocalypse fusionnelle, voilà le combat, tout le reste n'est que littérature. Sinon, c'est la situation qui décide, et qu'on n'aille pas nous faire croire que la communication universelle résoudra le problème. Hier, c'était les masses ; aujourd'hui, c'est la technologie futurisée. Hier, c'était l'idéalisme humaniste et le matérialisme positiviste ; aujourd'hui, c'est l'éthico-politique revu et corrigé par Habermas. La belle affaire !, aurait dit Poulou. La vérité, c'est qu'aucune norme (en dehors de la sphère juridique) ne peut s'extraire de la relationalité (social-historique) « sous l'affabulation d'une communication universelle à vocation réconciliatrice »[3].

Sartre n'a pas fini sa morale. Il faudrait donc continuer à « détotaliser ». Il faudrait remonter la pente du Temps, encore et toujours. Être sur tous les fronts. Pas la peine. Il faudrait simplement ne pas conclure. Éviter de segmenter le Temps à l'aune du temps social-historique. Car la cause de Sartre ne s'épuise pas dans ses effets. C'est ainsi que Sartre demeure. Il suffit d'en prendre acte. Combien de ruptures et de bifurcations sont apparues

1. *Critique de la raison dialectique,* II, Gallimard, 1985, p. 39.

2. Pierre Verstraeten, *Études sartriennes IV*, Université de Paris X, 1990.

3. *Ibid.*

dans son sillage ? On ne les compte plus. Lévi-Srauss, Althusser, Foucault, Derrida, Benny Lévy, Bourdieu, Baudrillard, la liste serait longue. Que de décrets et de reniements furent prononcés en son nom ! Benny Lévy, qui se fit un temps son secrétaire, ira jusqu'à prononcer « le mot de la fin » : « Nous ne sommes pas maîtres de nos actes. Je dois cesser de croire que l'acte est l'œuvre de mes mains. Il faudrait se défaire de cette croyance pour pouvoir espérer se défaire du poids de l'acte, sans pour autant qu'il s'efface. A ce prix, la liberté peut recommencer. »[1] Combien se sont défaits de Sartre ? Nous en croiserons pas mal dans cet ouvrage. « C'est Sartre qui m'a ouvert à presque tout ce que j'ai lu en Algérie quand j'avais dix-sept ans (...) si j'avais continué je serais devenu un sartrien pur, or il fallait survivre », a déclaré Jacques Derrida lors des journées sartriennes de juin 1999. Il n'est pas le seul. Sartre savait parler aux jeunes gens, il a cela de commun avec Deleuze. Ses interviews des années 60 témoignent de son écoute envers la jeunesse et de son souci de la transmission. Son *Flaubert* que nous étudierons dans le détail atteste son désir de transmettre malgré lui, de se laisser déposséder.

Après avoir poussé son grand cri nègre à la face de l'Homme blanc et rameuté *Les Damnés de la terre* (1961), après avoir rompu avec les communistes, Sartre maintiendra le cap jusqu'au bout. Les *Situations VIII* (1972), un livre essentiellement composé d'entretiens avec la presse couvrant les années 60 et le début des années 70, les démêlés avec Althusser – « et si c'était Sartre, ou Lefebvre ou Della Volpe, ou même Sereni ou ceux du *Contre Althusser* qui avaient raison ? C'est bien possible. Mais toi tu n'avais pas tort »[2] –, le passage de l'intellectuel classique à l'intellectuel nouveau ami du peuple, la transmutation de l'écrivain solitaire en penseur « collectif » dialoguant avec les gauchistes, toutes ces années qui s'étirent et se prolongent comme une « vague » d'oubli, il n'est pas possible de dire qu'elles furent « le mot de la

1. *L'espoir maintenant*, Verdier, 1991, p. 100.

2. Georges Labica, Philosophe communiste, *Les Lettres françaises*, n° 4, décembre 1990, 29.

fin ». Ou alors la fin désigne un recommencement, et celui-ci « le point de vue de la mort sur la vie ». Quelle différence y a-t-il en effet entre la volonté d'affirmer que Sartre fut un « prémarxiste », un « préscientifique » (Althusser dans sa *Réponse à John Lewis*) et celle d'affirmer que l'engagement sartrien se soutient d'un « noyau mythique » (Benny Lévy) ? Aucune, si ce n'est que l'une et l'autre de ces affirmations subsument le présent passé pour le contraindre à accoucher, l'une de la Science et l'autre du Prophétisme afin de gommer (ou en tout cas d'ignorer) ce qui dans le présent actuel transit la pensée de Sartre dans la glaise *post-mortem* de son œuvre achevée. Une chose est de prolonger, voire renier, un penseur, une autre est de mesurer les effets de sa pensée. Sartre a eu des disciples (Pierre Verstraeten et Juliette Simon en sont), il a eu des ennemis (Foucault et Althusser, par exemple), des amis fidèles et infidèles (Benny Lévy), des amis fidèles, mais il manqué de « passeurs ». On le cite, on s'y réfère, sa biographie est en poche, on en parle, mais « comme le dernier philosophe d'un certain style » (Alain Renaut), celui que de Gaulle appelait « Cher maître » et que les archives de l'INA conservent dans un panier à salade. Le dernier quoi ? Cette vulgate arrange tout le monde : les libéraux, les ex-gauchistes, les néo-talmudistes, les bourdivins, les ex-althussériens convertis, que sais-je encore ? Il n'y a guère plus que Jean d'Ormesson pour oser le citer à la télévision.

C'est ce qu'on appelle la victoire du cliché sur la vérité. Tout se passe comme si l'on acceptait les conséquences d'un événement sans l'événement, la suite sans le commencement, la République sans la révolution, l'amour sans la rencontre, le sartrisme sans Sartre. C'est comme si l'on prenait les effets pour la cause et mesurait les effets à l'aune de leur effectuation sans jamais se demander si ce qui est effectivement advenu était le seul passé possible. Non pas pour « réécrire l'histoire avec des *si* », mais afin « de recueillir les possibles défaits pour leur donner une nouvelle chance »[1]. Force est de le

1. Daniel Bensaïd, *Qui est le juge ? Pour en finir avec le tribunal de l'Histoire*, Fayard, 1999, p. 248.

reconnaître, Sartre n'aura pas eu cette chance-là. De son vivant, à l'époque de ses démêlés avec Althusser, et avec les étudiants de la rue d'Ulm, il ne fut pas gâté. Tandis que Foucault renvoyait poliment Marx au placard du XIXe siècle (1966) et que, de sa tanière, Althusser mettait bas son épistémologie générale, ses disciples préparaient leur pétard. De tous côtés, on malmenait « l'Intouchable » (de Gaulle). « On me reproche mon "historicisme" se défendit Sartre. A croire certains, je plongerais l'homme, le sujet, sans intermédiaire, dans le vaste mouvement indistinct de l'Histoire. Je n'ai jamais dit cela. L'homme est pour moi le produit de la structure, mais pour autant qu'il la dépasse. Si vous voulez, il y a des stases de l'Histoire qui sont les structures. L'homme reçoit les structures – et en ce sens on peut dire qu'elles le font. Mais il les reçoit en tant qu'il est engagé de telle sorte qu'il ne peut pas ne pas les détruire pour en constituer de nouvelles qui à leur tout le conditionneront (...). Althusser soutient que l'homme fait l'Histoire sans le savoir. Ce n'est pas l'Histoire qui le réclame, mais l'ensemble structural dans lequel il est situé qui le conditionne (...). Chaque génération prend, par rapport à ces structures, une autre distance, et c'est cette distance qui permet le changement des structures elles-mêmes. Althusser, comme Foucault, s'en tient à l'analyse des structures. Du point de vue épistémologique, cela revient à prendre parti pour le concept contre la notion. Le concept est a-temporel. »[1] L'Histoire pas plus que le Temps ne sont des concepts. Aucune science ne peut remplacer la totalisation. Le compagnon de route phénoméno-existentiel (Aron) a senti que derrière le prestige de la théorie se cachait la misère de la politique. « Ce que j'ai fait il y a quinze ans, ç'a été de fabriquer une petite justification bien française (...) à la prétention du marxisme à se donner comme science », dira plus tard Althusser[2]. Ses derniers écrits infléchiront ce théoricisme, mais il ne changera pas de position sur celui qu'il

1. « J.-P. Sartre répond », entretien avec B. Pingaud, revue *L'Arc*, n° 30, 1966, p. 93.

2. Louis Althusser, *L'avenir dure longtemps*, Stock, IMEC, 1992.

désigna dans *L'avenir dure longtemps* du doux nom de « romancier-philosophe ».

« Penser c'est invoquer, agir c'est provoquer le monde. Sartre a possédé très tôt ce principe d'induction existentielle. »[1] Réintroduire la totalisation, c'est réintroduire l'homme, car ce qui est totalisé, ce sont des singularités. Rien à voir avec une scolastique de la totalité. Et tant pis si cette totalité reste limitée à l'Histoire. Il n'y a pour Sartre de totalité que par l'homme. L'évolution biologique et l'évolution culturelle ne font pas cause commune. Sans doute Sartre projette-t-il sur l'histoire humaine l'entropie de la thermodynamique et la lutte pour la vie du darwinisme, les 800 millions d'affamés de par le monde en font foi, mais il les projette sous l'angle de l'économie de la « rareté ». Et c'est parce que le collectif la supporte, cette rareté, que l'individu, avec ou sans son consentement, en subit le poids. Tel est l'universel concret : il engloutit la totalité, car c'est l'individu qui retotalise la totalisation du groupe.

Il est curieux de constater, vingt ans après sa mort, que cette dimension subjective est ce qui permet justement à Sartre d'échapper à l'humanitarisme et ne pas tomber dans le piège de « l'universalité sélective »[2]. « Soyons plus humains et moins politiques », déclarait Daniel Cohn-Bendit dans le journal *Libération* du 6 avril 1999. Sartre, qui fut l'un des initiateurs du Tribunal Russel (1967) et défendit à cette occasion le droit des droits issu des commandements de Nuremberg, aurait dit exactement le contraire. Mais la « politique » qu'il préconisait n'était pas de celle qui se soumettait aux impératifs de l'État-éthique ; sa morale, car il en ébaucha quand même une, ne se confondait pas avec une quelconque quête d'absolu mâtinée de bonne conscience et de moralisme. La recherche d'un radicalisme éthique (le dernier Sartre) ne se sépare pas chez lui d'une critique des illusions de l'imaginaire moral dont la tentation première est de gommer les relations concrètes

1. Christian Godin, *op. cit.* (à paraître).

2. Daniel Bensaïd, *Contes et légendes de la guerre éthique*, La Discorde, « Textuel », 1999.

des hommes au profit d'une improbable réconciliation du genre humain. Que l'on puisse déceler chez lui, dans les années 70, lorsqu'il troquera l'habit de l'intellectuel classique contre celui de l'ami du peuple, une morale du « nous » remettant en cause la séparation des consciences et le solipsisme individuel, et que ses dialogues avec Benny Lévy (*alias* Pierre Victor) l'aient amené à creuser la notion de réciprocité et à découvrir « la pensée des maîtres d'Israël », ne fait aucun doute. Les six entretiens inédits qui paraîtront peut-être un jour ne feront que confirmer ce qui déjà dans *L'Espoir maintenant* (1980) peut se lire entre les lignes et se devinait dans *On a raison de se révolter* (1974). Entretiens qui « font figure de transition entre l'interview traditionnelle et le dialogue », note Jean-Pierre Boulé[1], et qui donnèrent lieu à l'époque, surtout le premier, à de chauds commentaires de la part de la famille sartrienne. Détournement de vieillard, dira Olivier Todd (1981). Soyons direct. Sartre, après les événements de 68, a vécu pleinement sa contradiction d'intellectuel écrivant sur Flaubert et militant avec les gauchistes. Dès le début des années 60, la jeunesse intellectuelle a exercé une certaine pression sur lui. Georges Canguilhem parle de « la perfidie des questions posées par les normaliens althussériens » lors d'une conférence de Sartre à Normale Sup au début des années 60[2].

Benny Lévy remarque que, « après un certain seuil de pugilat, quelque chose de neuf s'est produit : il me précédait dans mes démolitions »[3]. Il n'est pas question ici de reprocher à Sartre de ne pas s'être mis au yiddish comme le lui reproche son interlocuteur dans *L'Espoir maintenant* et de jouer le Flaubert contre quelque chose qui n'existe pas. La question est de principe. On n'épuise pas la cause d'un conflit ou d'une entente. On est en droit de « faire resurgir les conflits et les confrontations des premiers commencements, et, du même coup, les possibles écartés », c'est-à-dire de réactualiser

1. Jean-Pierre Boulé, *Sartre médiatique,* Minard, 1992.
2. Cité dans Annie Cohen-Solal, *op. cit.,* p. 566.
3. Cité par Jean-Pierre Boulé, *op. cit.*

« la possibilité qu'il en ait été (qu'il en soit) autrement, et, à travers cette utopie pratique, remet en question le possible qui, entre tous les autres, s'est trouvé réalisé »[1]. Cela, à condition de s'entendre sur le point de départ de la régression. Et de se demander : « Le point de départ de la régression doit-il être toujours un élément du présent ? (...) Quel état final faut-il prendre pour base au titre d'effet provoqué par le développement historique à décrire ? »[2] Quel est le bon point de vue sur Sartre ? *Les Mots, Flaubert, L'Espoir maintenant* ? Quel est le bon point de départ ? Celui de Merleau-Ponty, Pierre Verstraeten, Aron, Lévinas, Benny Lévy ? « L'histoire s'écrit et se réécrit à partir des intérêts axiologiques du temps présent. »[3] En effet. Mais l'histoire de la philosophie n'épuise pas l'Histoire. Pas plus que l'équation éthique de Lévinas n'épuise l'éthique. « La transcendance du Visage ou d'Autrui ne signifie qu'apparemment la priorité de l'éthique sur l'ontologie, la singularité judaïque n'étant singularité que d'exception », « l'inversion judaïque (la Raison ou le Moi volontaire comme objet d'une élection par l'Autre qui lui imprime une involontaire responsabilité) ne suffit pas davantage pour poser l'éthique comme première sans confusion avec un résidu de primauté et comme simplement humaine », écrit François Laruelle dans un livre qui fera date[4]. Que des algébristes fatigués ou repus de la Révolution se soient convertis au judaïsme ou d'autres au catholicisme ou au marketing n'a que peu d'intérêt au regard de la pensée. Benny Lévy fait une œuvre. Avec d'autres. Mais le point de vue qu'il adopte sur celle de Sartre, pour crédible et justifié qu'il soit – « la philosophie de l'histoire n'est pas la même s'il y a une histoire juive ou s'il n'y en a pas. Or il y a une histoire juive, c'est évident », disait Sartre[5] –, ses déclarations récentes – « je m'éloigne du groupe en fusion », « j'ai voulu

1. Daniel Bensaïd, *Qui est le juge ?*, *op. cit.*

2. Max Weber, cité dans *ibid.*

3. *Ibid.*

4. François Laruelle, *Éthique de l'étranger. Du crime contre l'humanité*, Kimé, (à paraître).

5. Benny Lévy, *Jean-Paul Sartre, « L'espoir maintenant »*, Verdier, 1990.

sortir de la vision politique du monde », « on ne peut pas manger du cochon et feindre d'être au cœur du judaïsme »[1] –, son intimité intellectuelle avec Lévinas, tout cela ne fait pas de Sartre un disciple de l'auteur de *Totalité et infini*.

En définitive la cause de Sartre n'est pas réductible au jugement que l'on porte sur lui. C'est seulement à partir de son action et à partir de l'événement de sa pensée que l'on peut le rencontrer. Sartre ne fut pas uniquement un penseur politique, ni uniquement une vedette médiatique, ni « un grand fétiche maniable et terrible » *(Les Mots),* ni un janséniste de la liberté, etc. Chacun de nous est X ou Y, comme aventure. Sartre, dira-t-on en parodiant ce qu'il a lui-même écrit à propos de Kierkegaard, « vit parce que, refusant le savoir, il révèle la contemporanéité transhistorique des morts et des vivants, c'est-à-dire qu'il dévoile que tout homme est tout l'homme en tant qu'universel singulier ou, si l'on préfère, parce qu'il manifeste (...) la temporalisation comme dimension transhistorique de l'Histoire ; l'humanité perd ses morts et les recommence absolument par ses vivants »[2]. Inutile de recommencer. On est certes en droit de s'embarquer sur les terres d'Israël et de se satisfaire « qu'un penseur de l'Occident qui voulait faire l'homme ouvre à nouveau au témoin oublieux le chemin de l'Avant », on est en droit de s'étonner que « la voix de Sartre résonne de telle manière qu'elle me permet de dire en français ce qui se révèle à moi (Benny Lévy) dans l'horizon de l'hébreu »[3], mais ce droit est purement factuel et s'inscrit dans la pure contingence dès lors qu'il se rapporte au « dernier » Sartre et prétend résoudre les apories de la totalité de son œuvre.

Vouloir réduire le corpus sartrien à la philosophie de l'engagement ou au point de vue de la fin s'apparente en fait à une négation de ses effets sur notre réalité présente. L'homme sartrien, dont on sait qu'il fut tenté par la Révolution, ne se découpe pas en tranches : « On peut

1. *L'Événement du jeudi,* du 6 au 12 mai 1999.
2. *Situations philosophiques*, *op. cit.*.
3. Benny Lévy, *Le nom de l'homme,* Verdier, 1984.

étudier comment les concepts s'engendrent les uns les autres à l'intérieur de catégories déterminées. Mais le temps lui-même, ni par conséquent l'histoire ne peuvent faire l'objet d'un concept (...). Si l'on admet, comme moi, que le mouvement historique est une totalisation perpétuelle, que chaque homme est à tout moment totalisateur et totalisé, la philosophie représente l'effort de l'homme totalisé pour ressaisir le sens de la totalisation. Aucune science ne peut le remplacer, car toute science s'applique à un domaine de l'homme déjà découpé. »[1] Adversaire résolu du scientisme, de l'économisme, de l'Art pour l'Art, Sartre fut peut être séduit par le prophétisme, mais il ne le fut jamais par la Religion : « En 1975, j'étais encore celui qui avait été remué par Mai 68 et qui, dans le fond, essayait d'associer ses idées aux idées soixante-huitardes sans trop de contradictions. Et puis la situation internationale est devenue ce qu'elle est maintenant (1980), c'est-à-dire un triomphe des idées de droite, chez les gouvernants du moins, dans presque toutes les nations »[2], URSS et Suède comprises ! Il n'a jamais renoncé à être un intellectuel « total ». Avec les défauts inhérents à l'entreprise et avec ses qualités. Il est un peu grossier de les effacer. « L'engagement a permis aux âmes bien intentionnées de simplifier tout un projet d'écrivain qui explore aussi, dans le sillage sans doute de Flaubert et Mallarmé, “l'impossibilité de l'écriture, qui ne vient que du silence et qui va vers son propre silence”. »[3]

Il a de surcroît permis de faire le silence dans les rangs.

Quand il n'est pas traité de cynique ou d'idéaliste incurable par les antitotalitaires, minimisé devant la figure altière de Merleau-Ponty, ridiculisé par les tenants de la critique artiste (Angelo Rinaldi), il est tout simplement ignoré. Sartre, l'ultrabolchevique, continuerait de parler le langage de 1917 et se fourvoierait dans le monde social ; activiste, il serait un véritable *has been*.

1. Entretien avec Bernard Pingaud, *op. cit.*
2. *L'Espoir maintenant*, *op. cit.*, p. 80.
3. Jean-François Louette, Silences de Sartre, *Cribles*, n° 7, 1995.

Notre intention n'est pas de le sauver malgré lui. Nul ne peut faire l'économie d'une réflexion sur le totalitarisme. Et les oublieux de Sartre ne peuvent faire l'économie d'une réflexion sur le marxisme. Soit à la manière d'une faute dont on hérite, ou d'un fantôme qui reviendrait (Derrida), soit d'une manière encore plus hérétique. « Si Marx et Freud ont une pratique commune, ce n'est certainement pas celle, désolante, du soupçon, ni celle de l'héroïsme philosophique – Nietzsche cumule les deux – mais celle de la découverte qui excède et la philosophie et la science et qui les met dans des rapports inconnus de l'une à l'autre. »[1] La découverte de l'inconscient et celle de la détermination en dernière instance (« Aucune société ne peut vivre du catholicisme... ou de la politique », disait Marx) ne se réduisent pas à la philosophie et aux sciences humaines, mais elles les font travailler toutes deux ; il n'est guère possible de les considérer comme de simples apports venant enrichir la tradition philosophique. Ce sont toutes deux des causalités « réelles » qui limitent la philosophie et trahissent une part de son ambition rédemptrice. Sans revenir sur la querelle Sartre-Althusser – on ne peut se contenter de la résumer par l'opposition de la Science (le continent Histoire) et de l'homme concret (la praxis), – il convient toutefois de distinguer le marxisme en tant que doctrine d'État (Lénine) et le noyau réel de la découverte marxienne avant de revenir à Sartre.

Car il n'y a pas de lois économiques et de tendances inévitables du capitalisme, si l'on entend « lois » et « tendances » au sens de Marx. Mais il existe néanmoins « des logiques économiques d'acteurs capitalistes, qui se combinent en dynamiques économiques dont certaines d'ailleurs ont été fort bien analysées par Marx. Mais, puisqu'elles s'articulent entre elles et se déploient au sein et entre des territoires, les États peuvent en infléchir les effets. Non pas dans n'importe quel sens, sinon il n'y aurait même pas de dynamiques économiques, mais

1. François Laruelle, *ibid.*

dans des directions non déterminables à l'avance et qui vont dépendre d'un certain nombre de décisions et d'événements »[1]. Que l'État soit incapable d'intervenir sur l' « infernale » dynamique du capitalisme est donc une idée fausse de Marx ; il n'y a pas de lois tendancielles du capitalisme. Que peut-il alors ? Il peut d'une part accroître la richesse (en assurant les conditions d'efficacité du marché) et d'autre part suppléer par des réglementations aux défaillances du marché. Au vu de la grande Histoire et de la longue durée, « il n'y a pas de lois économiques de l'inégalité », pas de lois générales des capitalismes, mais seulement des « fenêtres de lisibilité » (la Méditerranée au XVIe siècle, le Japon en 1929, par exemple) qui permettent à l'économiste de dire : « Cela aurait pu se passer autrement si tel événement n'avait pas eu lieu ou si telle décision étatique n'avait pas été prise (...) ainsi l'économie, comme la politique selon Sylvain Lazarus, mais, contrairement à l'histoire selon Marc Bloch, admet-elle que la catégorie de possible puisse s'appliquer au passé », et au présent[2]. Il n'y a pas plus de lois du capitalisme qu'il n'y a de lois de l'Histoire.

N'y a-t-il pas de leçons, au moins ? Il y en a. Mais les leçons historiques du totalitarisme qui nous imposent « l'épreuve de la réalité des phénomènes totalitaires qui, au XXe siècle, ont consacré l'effondrement de la communauté politique et qui n'ont été ni une digression de l'histoire ni une invention de l'idéologie, encore moins un cauchemar dont nous nous serions éveillés »[3], ne doivent pas être confondues avec les leçons de la politique, si l'on ne veut pas que les premières que l'on a chassées par la porte ne reviennent suturer les secondes par la fenêtre. « Cette tendance s'inscrit, en fait, dans un *topos* actuel qui utilise la comparaison – nazisme/communisme – non pas sur un plan historique mais sur un plan

1. Pierre-Noël Giraud, *L'inégalité du monde*, Gallimard, « Folio/Actuel », 1996.

2. *Ibid.*, p. 78.

3. Myriam Revault d'Allones, *Le dépérissement de la politique. Généalogie d'un lieu commun*, Aubier, 1999, p. 306.

politico-mémoriel, qui met en avant, à des fins essentiellement idéologiques, non pas la réalité et la profondeur des similitudes et des différences entre les régimes totalitaires, mais la manière d'en parler aujourd'hui dans certains milieux, et le degré de conscience qu'a l'opinion publique du bilan respectif de ces deux régimes, ce qui est très différent. »[1]

Le totalitarisme ne saurait donc gommer l'humanisme du besoin. Nous ne pouvons pas organiser à notre guise le monde qui nous entoure. Entre l'obligation (travailler, se nourrir) et la valeur (la liberté), entre la contrainte et l'autonomie, entre le pratico-inerte et la fin, entre l'intérêt particulier et l'intérêt général, il n'y a pas à choisir, seulement à se situer, afin de donner un sens aux rapports humains. « Que l'homme se projette vers cette ambition de "synthèse" qu'est l'en-soi-pour-soi, ce n'est plus, comme dans *L'Être et le Néant*, le résultat d'un mystérieux choix originel – d'un choix pré-natal, dit la *Critique* –, mais celui de la simple structuration matérielle du rapport de l'organisme à l'environnement »[2]. On peut trouver dépassée cette rhétorique de l'aliénation, considérer qu'en réalisant « la liberté, nous l'avons perdue » et qu'elle n'est plus à nos yeux qu'un supplément d'âme (Baudrillard). On peut juger insuffisante cette équation « réaliste » qui fait de nécessité vertu et porte uniquement sur la validité d'un savoir et non sur la valeur d'une pratique. On peut critiquer cette « sorte d'épistémologie formelle » qui ne débouche pas sur « une politique de la liberté »[3]. Il est également possible non de s'en satisfaire, mais de trouver dans cette absence de finalité négociatrice des raisons de douter des rhétoriques de la libération que l'on nous propose en cette fin de siècle.

« Nous ne sommes pas des pasteurs », disait Sartre en 1965. La simple lucidité ne guérit pas de la déception. Nous vivons l'époque des *rolling jobs* et des élites

1. Henry Rousso, *Nazisme et communisme*, Complexe, 1999.

2. Juliette Simont, Jean-Paul Sartre, *Un demi-siècle de liberté*, De Boeck, 1998.

3. Robert Misrahi, L'inachèvement pratique de la philosophie de Sartre, *Études sartriennes IV*, 1990.

volatiles : « Il y a d'un côté des gens qui se sentent bien, qui peuvent aller où ils veulent pour faire ce qui leur plaît ; et de l'autre, ceux qui doivent vivre là où on les autorise à vivre. Le travail est devenu une affaire de court terme, une activité temporaire, dérégulée. Il ne permet plus d'asseoir son existence. L'emploi, qui était gage de confiance en l'avenir, devient une source d'incertitude. »[1] L'humanisme du savoir qui permettait aux capables de s'élever dans l'échelle sociale pendant les Trente Glorieuses n'est plus à l'ordre du jour. La majorité des moins de 30 ans n'ont pas connu l'identité par le travail et la sécurité de l'emploi. Dans les années 60, Sartre donnait de la voix pour que les OS puissent accéder à un début de reconnaissance sociale, il cherchait « comment donner à l'homme à la fois son autonomie et sa réalité parmi les objets réels, en évitant l'idéalisme et sans tomber dans un matérialisme mécaniste »[2]. Il serait souhaitable de chercher maintenant comment échapper aux faux-semblants de l'optimisme néolibéral. De chercher à nous défier du « pluralisme » démocratique, à nous « libérer » de ses promesses, des illusions historiques et des impératifs normatifs dont il est porteur. Il serait nécessaire de nous libérer de la « libération ». Comment ? C'est toute la question. Car la libération demeure notre horizon commun et nous ne savons pas comment nous en débarrasser. « Je sais ce à quoi je dois m'arracher, mais je ne sais pas tout à fait en vue de quoi (...) ce qui est le moins fondé chez moi, c'est l'optimisme : la réalité de l'avenir », disait Sartre. Cette réalité demeure difficile à fonder. Mais nous avons du mal à nous l'avouer. C'est pourquoi nous aimons tant débattre. Notre société est en pleine mutation. Elle devient selon les uns moins hiérarchique, plus souple, plus ouverte, moins contraignante. Le chômage, disent-ils, est seulement une catastrophe pour celles et pour ceux qui ont tout misé sur le travail-emploi[3]. Non,

1. Sigmunt Bauman, *Marianne,* 22 novembre 1999.
2. *Situations IX*, Gallimard, 1972, p. 104.
3. André Gorz, dans son Introduction à *La vie quotidienne des jeunes chômeurs* de Sébastien Schehr, PUF, 1999, écrit, à leur propos : « Ils vivent l'interruption de leur vie de salariés comme une chute dans le néant social,

disent les autres, il faut continuer à penser ensemble le travail, la production, et l'intégration sociale. Il en va de l'avenir de la jeunesse. Il y a ceux qui parient sur les chances de la transmission électronique, sur la société en réseaux, et ceux qui misent sur la fermeté d'âme des citoyens (« ce n'est pas l'État qui fait les citoyens ; ce sont les citoyens qui instituent l'État », dit Nicolas Baverez), sur plus de régulation, moins d'État, etc. Or, quoi que l'on parie, on retombe inévitablement sur la « rareté ». Elle joue tout autant dans les sociétés d'abondance que dans les sociétés de pénuries dans la mesure où elle « impose à chaque société de choisir ses morts (politique de santé, guerres, organisation des risques, etc.). C'est elle qui délimite le champ de nos actions et réflexions, beaucoup plus que nos rebonds, débats, et forums[1].

Cela est tellement vrai, qu'il n'est pas de relations sociales qui ne soient réintériorisées par l'homme à partir de la négation inerte et matérielle de son environnement. Cela pourrait même servir de base à la définition des notions d'intérêt et de participation. Albert Hirschman a écrit des pages mémorables à ce sujet. La déception vis-à-vis de la consommation ou de la participation à la chose publique est une catégorie incontournable de la vie démocratique. On dirait aujourd'hui la : « dépression ». Tant il est impossible d'opposer le fait d'œuvrer au bonheur public et celui d'en jouir. « On ne peut pas prendre tous les jours la Bastille », disait Raymond Aron. En effet, mais on ne peut pas non plus se satisfaire, sauf à retomber dans un réalisme de la nature humaine, d'une vie collective où les individus ne font que discuter entre eux des solutions à adopter et des

un temps insupportablement vide. S'ils sont et se sentent victimes et exclus, c'est toutefois moins en raison du chômage lui-même qu'en raison d'une socialisation et d'un discours social qui les poussent à considérer l'emploi comme la seule source possible de dignité, d'identité et de socialité. Et c'est cela précisément qu'une forte proportion des moins de 30 ans se refusent. Ce refus conduit la plupart à refuser également une société qui développe systématiquement l'aptitude à l'emploi au détriment de l'aptitude à tirer parti du temps disponible, alors qu'il y a de moins en moins d'emplois réguliers et de plus en plus de temps disponible ».

1. *Les philosophies de l'histoire*, Payot, 1975, p. 107.

choix à opérer pour que ça aille mieux. La société n'est pas un forum. Et les individus ne sont pas des pasteurs. Il n'est pas suffisant de « critiquer » le capitalisme, de s'en prendre à la massification, à la marchandisation, à la standardisation, au tout-culturel, comme cela se faisait dans les années 60. Cela, le capitalisme en question est tout à fait capable de l'intégrer. « La façon dont le capitalisme a incorporé la demande d'authenticité en la marchandisant a entraîné une redéfinition de l'authenticité. »[1] Le système, comme diraient les fonctionnalistes, se mord la queue et se régénère de lui-même. Il recycle tout ce qu'il peut. De l'humanitaire faute de mieux à stop la violence en passant par vaincre le chômage et les inégalités, que n'a-t-on pas entendu ces dernières années en guise de remèdes ? Que ce soit dans le domaine culturel ou social, nous restons tributaires de la critique sociale dominante des années 60-70. C'est que nous ne sommes pas sortis des raisonnements binaires que dénonçaient Sartre dans sa *Critique* qui fut pourtant écrite à l'aube de ces décennies. L'individu et la société ne s'opposent pas comme le loup et l'agneau. La société n'est pas plus un immense organisme qu'un immense cerveau (Tarde) ; elle n'est pas ce homard géant remuant ses pinces que décrit Balzac dans son Avant-propos à la *Comédie humaine,* pas plus qu'un immense réseau. L'organicisme révolutionnaire et le libéralisme bourgeois sont peut-être des doctrines satisfaisantes pour l'esprit, elles ne le sont pas pour les relations humaines. Car en vérité, « s'il y a bien réellement intersubjectivité, sans que pour autant il y ait d'autre réalité substantielle ou ontologique que la subjectivité individuelle, c'est dans la mesure où chaque subjectivité se fait le "tiers" des autres (au sens évoqué dans l'anecdote de l'intellectuel, du cantonnier et du jardinier), c'est-à-dire totalise leur lien, et les lie par le fait même qu'elle les totalise, et que chaque "tiers" est lui-même retotalisé par les autres subjectivités érigées en tiers ; c'est là la réciprocité "médiée", et non plus la réciprocité simple

1. Luc Boltanski et Ève Chiapello, *Le nouvel esprit du capitalisme,* Gallimard, 1999.

telle qu'elle s'exprime, par exemple dans un couple en situation de conflit ou de séduction ; entre moi et chaque tiers, il y a le groupe, qui naît de la circularité des totalisations, et à partir duquel je reconnais le tiers ; et entre le groupe et moi, il y a chaque tiers, en tant que nous sommes nombreux à exercer la totalisation par laquelle naît le groupe »[1]. Que je le veuille ou non, je me soumets aux exigences de la matérialité ouvrée. J'intériorise à la fois la rareté et l'inertie sociale. « C'est le moment de l'homme dominé, non pas seulement le devenir autre de chacun comme en danger à travers tous les autres (survivre ?), donc devenir hostile et guerrier, mais son devenir conditionné et contre-finalisé par l'inertie matérielle d'une part et les multiplicités divergentes des fins humaines d'autre part, non plus l'altération de la praxis, mais l'aliénation à des fins elles-mêmes en tant qu'elles sont visées comme des valeurs, c'est-à-dire comme le sens même de la liberté qui tente de les réaliser, bref comme le bien ou le vrai eux-mêmes de la praxis ou la praxis croyant se prendre elle-même comme fin. »[2] Hegel disait que le vivant ne laisse jamais venir la cause à son effet en tant que le vivant s'interpose toujours comme interprète ou médiateur de ce qui dans la cause le concerne, souligne Pierre Verstraeten. Telle est la réalité de l'homme social : il médie et souvent médit. Il s'interpose dans la mesure où il intériorise l'inertie de la rareté et celle du groupe, les fins de l'homme et les siennes propres sans qu'il sache véritablement s'il œuvre ou pour l'une ou pour l'autre.

Ainsi du cruel destin que l'on réserve aujourd'hui aux générations futures, ainsi de l'injustice générationnelle qui pénalise aujourd'hui en France, selon Louis Chauvel, les jeunes gens nés après 1950, ainsi du minimum social, de la dévalorisation des diplômes, de la précarité rampante, de la sélection des étudiants étrangers, des banlieues ghettos, que nous avons fini par admettre et somme toute accepter, tout en défendant des valeurs contraires et en continuant à ne pas déses-

1. Juliette Simont, *op. cit.*, p. 154.
2. Pierre Verstraeten, *Études sartriennes V*, 1993.

pérer Billancourt. Comme si le fait de l'aliénation et le droit à l'indignation étaient séparables du droit à la révolte et à celui de l'action. Comme si les impératifs normatifs d'une société et son degré d'exigence forcément intériorisé par ses acteurs pouvaient se suffire à eux seuls. Est-ce là vouloir réanchanter le monde ? Réintroduire des repères messianiques ? C'est tout le contraire. C'est cesser de « téléologiser » l'Histoire et ne pas oublier qu'il n'existe que des histoires déterminées, des lucarnes par lesquelles nous saisissons le sens de nos actions passées ou présentes. Ce que Sartre résumait par la formule : « Chacun est toujours responsable de ce qu'on a fait de lui. » Une chose, par exemple, est de déclarer une guerre juridiquement criminelle (ce que déclara Sartre au moment du Tribunal Russel en 1967), une autre est de faire la guerre au nom du droit en prétendant tirer les leçons du totalitarisme. On ne peut à la fois prescrire à l'État ce qu'il serait souhaitable qu'il fît et en même temps se substituer à lui. Avant « la » démocratie, il y a « les gens ». Avant « la » propagande de l'OTAN, il y a les paroles et les actes des Européens. L'*information warfare* mise en œuvre au Kosovo (pour quels résultats ?), après l'*electronic warfare* mise en œuvre contre l'Irak, n'est pas le dernier mot de la guerre propre. C'est le début de l'ingérence médiatique dans notre monde unipolaire et la fin de la liberté de conscience[1].

Pour toutes ces raisons que nous venons d'exposer, l'actualité de Sartre se justifie. On ne comprend rien à la vie de Sartre et à ses engagements si on ne les réfère pas à son lien particulier à la France, à la République, à sa Classe, à l'Histoire. Comme Flaubert auquel il a consacré dix ans de sa vie, Sartre pense que la « réaction de 1848 avait creusé un abîme entre les deux France » et que la bourgeoisie française ne se remettrait jamais des crimes qu'elle avait commis. Sartre ne s'est pas contenté de le suivre sur ce point, il l'a pris à la lettre ; il a écouté son terrible verdict par-delà les crimes de la seconde guerre mondiale et l'honneur inventé du

1. Paul Virilio, *Stratégie de la déception*, Galilée, 1999.

général de Gaulle en 1945 et au début de l'orgueilleuse Ve République. Il a épousé la cause des prolétaires pour se guérir d'être né bourgeois. Il a tenté de comprendre de l'intérieur l'hypocrisie de sa classe et la passivité des opprimés. Cet abîme s'était recreusé pour lui sous le feu des barricades de 1944, il est devenu au début des années 50 sa mauvaise conscience, puis il est très vite redevenu un abîme sans fond. Sartre n'était pas un exalté, encore moins un doux rêveur ou un marxiste primaire. L'analyse qu'il fait de l'humanisme scientifique de la bourgeoisie des années 1840 peut être discutée, sa conception de la justice dans les années 70, contestée, mais on ne peut pas faire fi de sa vision de l'idéologie dans *L'Idiot de la famille.* « Par idéologie, disait-il, il ne faut pas entendre un système philosophique (...) mais un modèle abstrait de pensées (...). Il s'agit en somme d'un dispositif construit et intériorisé de telle manière qu'il soit impossible, du moins très malaisé, de former une pensée qui ne soit pas une spécification du modèle, et plus difficile encore de passer d'une idée structurée par ces schèmes à des idées qui n'appartiendraient pas au système : l'essentiel, en effet, c'est que les relations différentielles, n'ayant de sens que les unes par rapport aux autres, renvoient sans cesse d'un schème à l'autre et de chacun d'eux à l'ensemble totalisé, en sorte que la pensée, si, une fois, elle s'est prise à travers ces grilles – bien que les dépassant chaque fois vers une création concrète –, n'a, pour ainsi dire, aucun moyen d'en sortir[1]. Dès lors, les individus sociaux peuvent produire autant de systèmes concrets qu'ils le désirent (c'est le propre du pluralisme), il n'en sortira pas forcément une utopie concrète – la politique se contentant de gérer ces systèmes et de les faire cohabiter. C'est parce que Sartre avait pressenti les vices de la société néolibérale qu'il s'est mis à son *Flaubert* et à l'école de la personnalisation, cette totalisation sans totalité, qui est la preuve que l'Histoire n'est jamais à jour. C'est à trop l'oublier qu'on a fini par le refouler et reléguer au grenier la séquence historique qu'il a

1. *L'Idiot de la famille*, t. III, *op. cit.*, p. 222.

ouverte, et en un sens refermée. Dix ans après la chute du mur de Berlin, nous célébrons béatement l'avènement de la démocratie. Comment ne pas être écœurés par tant de simplifications historiques, de mépris, parfois, pour les peuples de l'ex-bloc ou ex-empire soviétique ? Notre bonne conscience anti-totalitaire fait figure de faire-valoir devant la réalité dramatique que traversent ces peuples, à l'exception de quelques-uns, dont les Polonais. « A Prague comme à Varsovie ou à Budapest, on a le sentiment que l'Union Europénne a continué à gérer ses affaires sans comprendre l'importance historique de l'effondrement du communisme et cette chance d'une réunification du Vieux Continent. Aux yeux des élites de l'ex-Est, les dirigeants occidentaux font une Europe d'épiciers », déclarait Jacques Rupnik dans *Libération* du 7 novembre 1999. C'est ce dispositif abstrait, faussement intégrateur, qui fonctionne comme un miroir aux alouettes en faisant feu de tout bois, avec lequel il faut rompre pour s'extraire de la gangue néolibérale. Les morales abstraites finissent toujours par déboucher sur des révolutions.

Sartre, par bien des côtés, est un écrivain du XIXe siècle qui croyait au progrès social et à la praxis historique, qui croit à la nation et à l'engagement politique, mais il fut aussi un écrivain du XXe qui a pensé la fragilité des consensus sociaux, critiqué les idéologies générales reposant sur des valeurs idéalistes, dénoncé les mensonges hystériques des oppresseurs et l'aliénation des opprimés. Peu importe qu'il ait voulu pisser sur la tombe de Chateaubriand, ignorer Proust et méconnu la physique contemporaine, il a compris Flaubert, Mallarmé, Faulkner, Genet et bien d'autres encore. Il a donné une architecture au XXe siècle en reliant son héritage à celui du siècle précédent. Il a tiré les conséquences de l'échec des révolutions et du fourvoiement des communistes en ne cédant jamais sur son désir de fraternité et son amour de la justice. Il fut un marxiste à contre-courant et en un sens le dernier grand penseur français de l'action historique. « On se répète sans cesse, on ne recommence jamais », disait-il à propos de Merleau-Ponty qui ne s'était jamais remis de la mort de sa mère en 1953. La formule s'applique à Sartre, mais dans un autre sens. Sartre s'est souvent répété, mais il a toujours dit ce qu'il a cru comprendre de sa vie, de celle des autres, des événements, et de l'Histoire. Il nous reste à le redécouvrir en relisant son *Flaubert* et à tabler sur sa survie.

PREMIÈRE PARTIE

Les miracles de l'égologie

Chapitre I

L'œil était dans la tombe : la conscience

On ne comprend rien à Sartre et à Flaubert si l'on ne se rapporte pas à la définition de la conscience chez le premier et à l'absolutisation du style chez le second. Entrer dans *L'Idiot de la famille,* c'est d'abord pénétrer dans un monde surgi de part en part d'une décision première, d'un choix philosophique. Il est impossible de déterminer à l'avance d'où vient ce choix, de l'originer. Tout au plus, pouvons-nous le décrire, et ensuite se demander ce qui l'a motivé. Il n'y a rien de plus mystérieux qu'une décision philosophique. Mais c'est un matériau dont on ne peut ignorer ni la force d'attraction, ni l'indistinction qui l'anime. Il faut donc admettre l'élémentarité de la description première si l'on veut par la suite transformer ladite décision ou en tout cas la mettre à distance. Il faut accepter ce protocole de lecture, quitte à le répudier *in fine*, pour pénétrer dans la cathédrale sartrienne. Il faut s'accorder sur l'idée que la synthèse des choses et du monde est une illusion philosophique nécessaire à laquelle nul ne peut se soustraire sous peine de ne pas entrer dans le Système. Il en va du statut de la croyance en philosophie et de la croyance en général. Car c'est seulement en fin de parcours et au bout du travail accompli que l'on dira pourquoi être et penser ne sont pas forcément réciprocables, pourquoi être et devenir ne sont pas identiques. Mais avant de passer à l'acte, avant de trancher dans la forêt du langage d'autrui, de se démarquer de son dispositif de pensée, il est impératif de ne pas attenter à son intégrité. Il est inutile de céder aux exercices d'admiration pour apprécier ou refuser la qualité d'un homme. Avant de considérer Sartre et Flaubert comme des « cas », il est nécessaire de saisir le discours par lequel ils appréhendent le monde. Quand bien même ce discours serait pour l'un et l'autre quasi ressemblant du fait de son étroite imbrication dans la trame de *L'Idiot de la famille*. Il s'agit au fond de se détacher d'une forme symbolique au sens de Cassirer pour accéder à un nouvel usage de la philosophie sartrienne qui ne soit ni dans le déni, ni dans l'imitation critique de son aura présumée. Il s'agit de donner à Sartre plus qu'il ne donne afin de retrouver et sa force subversive et sa part aveugle. Ce qui devrait être fait en l'occurrence pour n'importe quel auteur dès lors qu'on s'intéresse à lui.

Cette posture implique au moins deux règles. Elle suppose d'une part de considérer la technique philosophique de Sartre de manière quasi indépendante de ses effets, et d'autre part de tenir ces effets pour des événements à part entière. Il s'agit en somme de prendre au sérieux le montage sartrien de la conscience en acte – donc de l'égologie – afin de rendre possible la construction du personnage de *L'Idiot* autant que celle du narrateur des *Mots*. Cette méthode ne vise pas l'adéquation impossible d'un régime de discours à sa visée, mais traduit tout simplement l'écart forcément repérable entre l'intention et la visée, elle donne à voir, comme nous le montrerons, le résidu transcendantal qui échappe aux propriétés imaginarisantes de la conscience. Elle donne à voir tout l'engagement sartrien.

Contentons-nous, pour l'instant, d'exposer le dispositif et de prendre le *Flaubert* à revers. Commençons par exposer brièvement le théâtre de la conscience et relisons *La Transcendance de l'ego* (1934). Ce texte est pour nous le coup de génie de Sartre, son coup d'envoi, son coup de force, son coup de sonde, il est la base névrotique de son programme de vie. « La réalité humaine est ce par quoi la valeur arrive dans le monde », « la valeur dans son surgissement originel n'est point posée par le pour soi : elle lui est consubstantielle », écrira Sartre dans *L'Être et le Néant*.

Cela signifie que pour la conscience sartrienne, surgir au monde, c'est derechef viser un monde dont les valeurs sont ni plus ni moins celles-là mêmes que la conscience se donne. On a d'un côté la conscience de soi comme spontanéité absolue, surgissement, néant, et de l'autre, mais il faudrait dire en même temps, la conscience d'objet. « La conscience de soi (...) prend conscience de soi en tant qu'elle est conscience d'un objet transcendant. »[1] Comment régler ce paradoxe ? Comment régler le douloureux problème de l'unité de la conscience chez Sartre ?

Commençons par régler la question de la synthèse et nous aurons déjà un petit aperçu de ce que Sartre entend par la notion de « vécu ». Si la liberté comme mode d'être est une spontanéité absolue, si on n'y échappe pas, c'est que la conscience sartrienne n'est pas seulement synthèse des choses, mais aussi synthèse d'elle-même, elle est révélante/révélée, synthétisante/synthétisée, comme on voudra. La conscience est immédiate, absolue, spontanée, translucide. Elle est un « Néant » qui se rapporte immédiatement à soi, tout en étant « éclatée vers ». Comme si, non contente d'être affectée par elle-même, elle ne pouvait s'empêcher, en simultané, d'être conscience d'un objet transcendant. Il n'est pas aisé de concevoir ce qu'il faut entendre par l'immédiateté d'un tel surgissement, par définition sans écart. Sauf à préciser ce qu'un tel dévoilement d'existence tente de stipuler : la manifestation d'un étant comme vérité d'existence. C'est pourquoi, dans *La Transcendance de l'Ego*, Sartre écrit ceci : « Son objet (celui de la conscience) est hors d'elle par nature et c'est pour cela que d'un même acte elle le pose et le saisit. »[2] Chez Sartre, et ce, dès 1934, les caractéristiques de la conscience transcendantale dérivent de l'essence même de l'objet, c'est-à-dire, en fait, de la conscience qui est inséparable de l'objet qu'elle vise, ou en tout cas coappartient à celui-ci. Et c'est ce qui explique pourquoi elle ne peut être bornée que par elle-même. Bornée par son ouverture, par son degré d'ouverture.

1. *La Transcendance de l'Ego*, p. 24.
2. *Ibid.*

La conscience vise le monde. Que pourrait-elle faire d'autre ? Un « personnage » n'est jamais que ce qui agence un trajet, une identité, un bavardage cruel[1]. Une passion inutile ? A ceci près que « ma » conscience selon Sartre n'est pas limitée par les choses. Tout dépend du mot sur lequel on insiste. Passion ? Inutile ? Ce qui intéresse Sartre en 1934, c'est l'essence même de la conscience visant les choses. Cela ne dépend que de soi. La conscience constitue « une totalité synthétique et individuelle entièrement isolée des autres totalités »[2]. Mettons en suspens la question du solipsisme. Concentrons-nous sur le problème de la synthèse. Nul doute qu'à cette époque Sartre ne saurait le résoudre à l'aide d'un « je », jouant le rôle de pôle unifiant. « C'est la conscience qui s'unifie elle-même. »[3] Cela ne fait aucun doute. Sartre refuse la pseudo-résolution d'un « je » unifiant... Il faut prendre en compte ici l'influence décisive de Hume et de la psychologie expérimentale. Il y a chez Hume une critique radicale du sujet substantiel, tel qu'il est conceptualisé par Descartes (à vrai dire, une autre lecture de Descartes est possible, à laquelle Sartre procède lui-même). Non seulement Hume démontre que le « je pense » est une fiction métaphysique et nullement une expérience immédiate, mais qu'il n'est pas possible d'assigner une localisation à la subjectivité (celle-ci, dit-il, ne peut pas même être comparée à une scène de théâtre). C'est le pas décisif dans le sens de la dénaturalisation. Sartre se situe au-delà de cette avancée qu'il considère comme une acquisition définitive. D'où son passage d'une théorie du sujet à une théorie de la conscience : la première privilégie la conscience réfléchie car le sujet est pourvu d'un être, d'une nature, alors que la conscience est de n'être pas, elle est un vide translucide.

A partir de là, la question de la synthèse ou de l'unité de la conscience est résolue par le mouvement de la conscience que Sartre est contraint de décrire dans des termes substantialistes, en affirmant qu'elle est propriété

1. Alain Badiou, *Beckett, L'increvable désir*, Hachette, 1995.
2. *La Transcendance de l'Ego*, p. 23.
3. *Ibid.*, p. 22.

hors *d'elle-même* ; formule qui suppose un chez-soi de la conscience que la théorie sartrienne récuse. Piège du langage dont on sait bien qu'il substantialise.

Sartre, en fait, ne se demande pas comment le sujet transcendantal est unifié ? Comment la synthèse unifiante est-elle déjà unifiée ? Bien sûr, la conscience renvoie perpétuellement à elle-même, et on admet qu'il puisse ne pas avoir recours au « je » transcendantal. Mais il nous manque une explication. Car, si la conscience est à la fois synthèse des choses et synthèse d'elle-même, si elle est la synthèse autoconstituante qui promeut l'identité de la diversité des choses, ramenant le flux de ses extases à sa propre unité qu'elle découvre, il faut bien admettre une instance transcendantale qui serait le garant de l'unité de toute expérience possible et ne se réduirait pas à telle ou telle visée de la conscience. C'est un problème de constitution ou plutôt d'universalité de la constitution au sens où chez Kant la relativité de la raison (l'absolu est exclu du champ du savoir) est malgré tout universelle dans la mesure où c'est pour tous les hommes que les conditions de possibilité de la connaissance sont ce qu'elles sont : déterminées par le temps et l'espace. Problème central qui est au cœur du travail de Guy Lardreau et dont nous trouvons un écho chez le jeune Sartre dans son insistance à retrouver l'absolu dont Kant nous avait privé. En effet, si on porte attention au Tout de l'expérience (à ses conditions de possibilité), on ne trouvera guère de place où mettre ce Tout, on ne pourra guère le placer « dans » l'expérience. Le même conçu comme la différence originaire qui unifie, ce même en l'Être toujours à distance de lui-même, cet écart, renvoient à une unité transcendantale qu'il est impossible d'objectiver.

Or que dit Sartre ? Il dit que « l'unité des mille consciences actives par lesquelles j'ai ajouté, j'ajoute et j'ajouterai deux à deux pour faire quatre, c'est l'objet transcendant "deux et deux font quatre" »[1]. L'unité de la conscience, des consciences, viendrait de ce que deux et deux font quatre a une unité en soi. Que vaut

1. *Ibid.*, p. 21.

cette explication ? Peut-on expliquer pourquoi il y a de l'unité dans le monde en commençant par dire qu'elle existe ? D'une manière générale, le but de la philosophie transcendantale, c'est d'expliquer pourquoi il y a de l'unité. Sartre ne se pose pas, ici, le problème de la constitution des choses, il ne remet pas en cause les identités des choses. *A contrario* de Husserl qui fait la genèse de cette identité. Sartre pose la conscience (et le monde ?) comme conscience de ses identités toutes faites. Cela explique sans doute qu'elle soit un « Néant », mais ne nous renseigne pas sur la réalité de la chose. La chose est déjà là. Être là des choses, disait-il. Et la conscience se contente d'être conscience « de ». La réalité, c'est le « de ». La conscience s'unifie en s'échappant, écrit Sartre dans son petit opuscule. Le fait de la conscience (j'existe !) ne peut donc être ni une réalité empirique, ni une loi scientifique, c'est un résidu transcendantal ; c'est pourquoi il est possible de dire, puisque la réduction va jusqu'au néant, « qu'il n'y a pas de déjà là » et que « l'intention vise le pas encore »[1].

L'effort de Sartre consiste à se débarrasser de l'Ego transcendantal afin que le champ transcendantal soit rigoureusement impersonnel, il faut que l'Ego soit transcendant à la conscience. Pourtant, si celle-ci est translucide, si elle n'est « rien », sinon l'immédiat révélé et irréfléchi d'une conscience de soi en même temps conscience d'objet, il faut bien que la conscience de soi fusse un rapport à soi, il faut bien qu'elle ne soit pas immédiate. Il est nécessaire d'éclaircir ce point avant de conclure sur la conscience. Pourquoi Sartre se démarque-t-il du kantisme ? Pourquoi donne-t-il raison à Kant sur la question de droit et non celle de fait ? Sartre reproche au néo-kantisme d'avoir transformé le « je pense » en une structure universelle, c'est pourquoi il s'en démarque en cherchant une véritable conception du Réel. En écrivant que Kant n'a pas résolu la question de fait, Sartre s'en tient à la déduction transcendantale, à la logique de la science, et il ne tient pas compte de

1. Pierre Thévenaz, *De Husserl à Merleau-Ponty*, p. 94.

l'idéalité transcendantale. Il fait mine d'ignorer la réalité de l'idéalité qui se distingue de la *Realität* de la science. Car l'idéalité transcendantale a son mode propre de réalité, lequel diffère du mode scientifique. La Raison se limite elle-même, de telle sorte que la chose en soi posée de manière extérieure est finalement intériorisée comme un moment de la raison sous forme de noumène. Pourtant, la différence entre Kant et Sartre est notable. Kant s'interroge sur les conditions de possibilités de la connaissance, ainsi ne maintient-il, parmi ces conditions, que celles dont il a besoin. Kant n'interroge pas la « réalité même », il la présuppose. En l'occurrence, la connaissance de type newtonien. En revanche, Sartre part de la réalité même, en quoi il est husserlien. Or, la réalité même est que nous sommes conscients à tout moment. C'est la réalité même en dépit de l'inconscient, par exemple. D'ailleurs, Freud affirme sur ce point la même chose.

Être conscient à *tout* moment ne signifie pas être conscient de tout. Être conscient à tout moment implique, en revanche, une conscience irréfléchie. C'est la réalité même qui signifie que la caractéristique de la conscience est la transparence ou la translucidité. Un « je » réintroduirait une opacité contradictoire avec la réalité même. Car ne serait alors possible qu'une conscience réfléchie, donc à *certains* moments.

C'est pourquoi la question de l'unité est résolue par le mouvement même de la conscience, car celle-ci est toujours en acte, sous peine d'aboutir à une conscience inconsciente. Il y a bien un absolutisme de la conscience reconnu par Sartre.

Donc, si Sartre ne retient de Kant que la question de droit vu sous l'angle du « je pense » en ne s'attardant que sur la partie logique de la *Critique de la raison pure*, c'est qu'il lui faut se débarrasser du « je » et insister sur le fait absolu de la conscience, il lui faut se prononcer pour un champ transcendantal sans « je ». Cette conscience n'est plus un ensemble de conditions logiques, c'est un fait absolu. Cela le conduit parfois à simplifier Kant. Car, si le « je pense » kantien est limité par la Raison, c'est d'abord parce qu'il ne présume en rien de la Réalité de la possibilité de l'Être en général. La connaissance est relative, mais ce qui préside à la constitution de la raison ne l'est pas. Or, chez Sartre, c'est la possibilité de fait, la réalité même, qui préside à la constitution de l'existence en tant que telle. Celle-ci est un plein que l'homme ne peut quitter, dira-t-il. Tout nous est donné. Tout. Y compris le fait que cela nous soit donné de cette façon-là. Le noumène, c'est ce qui n'est pas constitué, ce qui « en droit » choit de l'activité constituante, mais qui est inséparable du projet constitutif : signifier à tous la relativité de la connaissance. Tandis que chez Sartre le Tout de l'expérience se ramène à l'expérience de la conscience. Pas plus que l'être en général ou position d'être, on ne trouvera chez Sartre d'expérience en général, l'Un ne se laisse pas penser.

Sartre sait gré à Kant d'avoir fait fi de la question de fait à propos du « je », au profit de la question de fait à propos du « je » au profit de la question du droit. Il peut alors déclarer que même la question du droit ne mérite pas d'être posée. C'est là, nous semble-t-il, le sens de l'argumentation de Sartre : le questionnement du « je » appartient définitivement à la philosophie du sujet que Sartre est précisément en train d'abandonner. Le sujet est renvoyé à lui-même, tandis que la conscience n'est renvoyée à elle-même que comme « conscience de quelque chose ».

Nous pouvons résumer ce premier pas comme suit : chez Sartre le rapport à soi, l'affection primaire d'un être en tant qu'il est affecté de lui-même inclut le rapport à l'objet, c'est pourquoi il parle d'absolu non substantiel, absolu d'existence et non de connaissance. Cet absolu d'existence forme le réseau primaire de la conscience, son absolu transcendantal. La conscience est fondement de toutes les valeurs. Arrachée vers ce qui la constitue en une unité synthétique, elle s'interdit de tirer une parcelle de l'homme hors du monde. De cela, nous devons garder le souvenir pour la lecture de Flaubert, car l'Art de ce dernier n'est pas loin de trancher en faveur d'une telle sensibilité.

Chapitre II
« L'eau claire comme le sel des larmes d'enfance... » (Rimbaud)

Il ne suffit pas d'avoir rappelé l'autonomie de la conscience irréfléchie pour entrer dans le *Flaubert.* Il nous faut entrevoir maintenant ce qu'il en est de l'égologie : pièce maîtresse de l'analyse du vécu chez Sartre. L'égologie, on le sait, revient en force dans *L'Idiot de la famille,* elle est le support d'une minutieuse description phénoménologique qui nous conduit au cœur des conduites enfantines du jeune Gustave. Description que Sartre tente de rattacher, autant que faire se peut, au processus imaginaire qui accouchera du pénible et sourd labeur de l'ouvrier en Art. L'enfance de Flaubert est alors le cadre magique qui permet à Sartre d'indiquer et de proposer les voies d'une approche égologique. Avant d'en préciser les contours, nous devons nous demander ce qui rend possible, dans *L'Idiot,* une telle délimitation de la *personne.* Quel est le cadre conceptuel à l'intérieur duquel Sartre opère ? Qu'est-ce qui fait qu'un sujet donné, en l'occurrence Flaubert, puisse faire l'objet d'une description philosophique ? Tentons de saisir l'évolution de Sartre sur cette question.

Le problème est de savoir comment il lui est possible de concilier la spontanéité pure de la conscience comme libre rapport à soi avec la particularisation toute relative d'un Ego qualifiant la personne. Par quelle méthode Sartre arrive-t-il à relier un universel individuant (le champ transcendantal vide) avec un être valeur individué ayant les traits de l'Ego-objet pour le regard réflexif. Cela peut se faire à condition de poser d'emblée la conscience comme individuelle. La caractéristique de tout geste transcendantal est d'être inséparable de la méthode philosophique, d'être coextensif à la vérité elle-même. Il n'existe pas, en effet, de vérité transcendantale qui ne soit une voie d'accès au Réel ; que celle-ci se nomme Conscience, Langage ou Désir importe peu. L'instance transcendantale est toujours déjà dans la vérité, elle est l'accès à la vérité ou, si l'on préfère : elle est l'accès aux procédures de vérités engendrées par la décision philosophique. C'est évidemment l'*effet* de la décision qui nous intéresse ici, son autoposition, en tant qu'elle s'inscrit dans l'ordre des possibilités offertes par la philosophie en général et celle de Sartre en particulier, considérée comme un événement de pensée parmi d'autres. Étant entendu que les invariants propres à chaque auteur (ce qu'on appelle communément sa singularité philosophique) ne sont guère séparables des structures transcendantales invariantes, qui traversent « la » philosophie.

Sartre semblait tenir à la continuité de son œuvre, il revenait souvent dans ses entretiens sur cette idée. Que pouvons-nous déceler de cette continuité ? Et puisque nous avons parlé d'une conscience immédiate et translucide, que signifie cette intuition rapportée à l'Ego ? En quoi celle-ci se retrouve dans le *Flaubert* ?

Par *principe*, écrit Sartre dans *L'Être et le Néant,* le soi ne peut habiter la conscience, il est « la raison du mouvement infini... il est un idéal, une limite »[1]. Cela signifie donc que la structure de la conscience de soi ne se laisse pas épuiser par le fait de penser, d'imaginer, de rêver, etc. Il faut admettre l'invariance subsumante d'une présence à soi qui a à être ce qu'elle est. Car, ici, la conscience n'est bornée que par elle-même, telle la substance spinoziste.

Bien qu'impersonnel, le champ transcendantal garde une structure qui n'est pas *ma* conscience, mais une conscience qui est une, bref un soi. L'être pour autrui dessinant la seule limite concevable de ma liberté[2]. D'où cette idée que « ce qui confère à un être l'existence per-

1. *L'Être et le Néant,* p. 148.
2. Cf. J. Hyppolite, *Figures de la pensée philosophique,* PUF.

sonnelle, ce n'est pas la possession d'un Ego qui n'est que le signe de la personnalité – mais c'est le fait d'exister pour soi comme *présence à soi* »[1]. On comprend alors pourquoi l'*ipséité* (dont nous verrons l'importance chez Flaubert) s'annonce comme *Mon* lointain, mes possibles sous la forme d'un « libre *rapport* à soi », pourquoi elle « constitue... le second aspect essentiel de la personne »[2] et pourquoi il faut la concevoir comme étant la vie du *pour soi* : rapport à soi par-delà le monde.

L'ipséité annonce, en effet, le soi, mais le soi comme distance idéale dans l'immanence du sujet qui ne peut être saisi comme un existant réel, elle indique la séparation comme « néantisation de l'identique »[3], *obligation* pour le soi « de n'exister que sous la forme d'un ailleurs ». Le néant, défini comme « chute de l'en-soi vers le soi par quoi se constitue le pour-soi »[4], promeut (mais il faudrait plutôt dire : fait que cela soit, que cela est, « est été ») abrite, protège un soi dont il est le *négatif pur*.

Merleau-Ponty a fermement critiqué cette conception du Néant, donc du soi, dans son livre *Le Visible et l'Invisible*. Il y voyait la marque d'un positivisme ontologique : « Un négativisme absolu – c'est-à-dire qui pense le négatif dans son originalité – et un positivisme absolu – c'est-à-dire qui pense l'être dans sa plénitude et sa suffisance – sont exactement synonymes, il n'y a pas le plus petit écart entre eux », disait-il[5]. Merleau-Ponty cherchait à souligner, derrière cette adéquation indiscernable de l'Être et du Néant, un surcroît de nominalisme. Car il faut bien une *différence,* remarquait-il, entre « l'Être au sens restreint, par lequel on commence, qui est sur toute son étendue absolument exclusif du Néant, et dont le néant a besoin, s'il doit pouvoir être nommé, et l'Être au sens large auquel on aboutit, qui l'appelle pour devenir... être... "être tel qu'il est" ». Mais Merleau-Ponty s'arrêtait en chemin. Il ne faisait que pointer le radicalisme sartrien, sans en tirer les conséquences. Car

1. *L'Être et le Néant,* p. 148.
2. *Ibid.*
3. *Ibid.*, p. 120.
4. *Ibid.,* p. 121.
5. Merleau-Ponty, *Le Visible et l'Invisible.*

l'ontologie sartrienne ne *dévoile* pas le néant (par définition inconnaissable), excepté sous la forme d'*obligation* pour le soi. Sartre n'introduit pas le négatif « dans » la conscience, ni dans « ma » conscience, mais dans *le soi* du pour-soi.

A ce titre, seule une telle conception radicale du néant peut ouvrir les portes de l'Égologie. Le corps étant conscience de part en part, seul l'Ego, comme objet transcendant, se propose à la réflexion comme programme aveugle de reprise de soi par soi. Introspection distanciée dont je me détache sous l'œil sidéré d'un moi tenu à l'écart et qui me regarde, me surprend dans mes gestes les plus quotidiens pour m'installer, encore, dans le jeu infini d'une unique possibilité d'être[1]. L'Ego est bien « l'unité d'unités transcendantes et transcendant lui-même »[2], l'unité des états et des actions, dit Sartre, mais il est du côté de l'en-soi parce qu'il « apparaît à la conscience comme un en-soi transcendant »[3], ce qui veut dire que c'est *la conscience* dans son ipséité fondamentale qui permet l'apparition de l'Ego et non l'inverse ; l'Ego vient se loger en elle, mais comme objet douteux, fuyant : « Il n'est jamais vu que du coin de l'œil. »

Il appartient donc au pour-soi de le faire exister par une réflexion forcément impure ; celle-ci ne faisant que reprendre ce que l'ipséité annonce. D'où l'équivalence inévitable entre penser et exister que nous avons déjà notée. Nous voilà parvenus à l'Ego ; s'il est à chacun cet objet douteux et fuyant il n'y a aucune raison de lui faire confiance. S'agissant de l'Autre[4] encore moins ! Et si Flaubert écrit : « J'ai la supériorité d'un fameux imbécile »[5], il n'y a aucune raison de le croire, *L'Idiot de la famille* naît de ce soupçon indiscret.

1. « Nous ne nous arrêtons pas au monde, nous le traversons pour aller vers ce soi que nous ne pouvons atteindre et qui recule au fur et à mesure que nous avançons » (cf. J. Hyppolite, *Figures de la pensée philosophique,* II).

2. *La Transcendance de l'Ego*, p. 44.

3. *Ibid.*

4. Nous étudierons ultérieurement le problème d'autrui.

5. *Correspondance,* 26 décembre 1838, « La Pléiade », t. I, p. 35.

« Mon *moi* m'assomme... j'étais plus sec et plus âpre il y a vingt ans qu'aujourd'hui. Je me suis Féminisé et attendri par l'usure, comme d'autres se racornissent. Et cela m'indigne. Je sens que je deviens *Vache*. Il ne faut rien pour m'émouvoir. Tout me trouble et m'agite. »[1] Que pouvons-nous entendre d'une telle phrase, lointaine, fade et néanmoins ferme dans le ton, abrupte et péremptoire comme le sont souvent les lettres de Flaubert ; que dit-elle de plus que nous ne trouvions dans l'œuvre, cette correspondance si profondément marquée par l'esprit du temps, mots déchets jetés à la République par simple accolade d'une impossible morale, défi lancé à la Commune pour ne plus avoir à y revenir : « A quoi faut-il donc croire ? A rien ! », Croisset, 30 avril 1871.

Le problème qui se pose à Sartre est le suivant : comment intégrer la correspondance au projet biographique sans faire de celle-ci l'unique reflet de l'œuvre à venir. « Si le fait psychique est coextensif à la conscience »[2], nul n'est besoin de jouer de l'inconscient. Dans *L'Être et le Néant*, Sartre parlait de ce qu'il faudrait faire pour établir une biographie complète de Flaubert : il faudrait, disait-il, « renoncer aux irréductibles de détail », les petits faits de la vie, et rendre probante « l'unification d'un *projet originel,* unification qui doit se révéler à nous comme un absolu non substantiel »[3].

Le biographe doit vider l'auteur de toutes ses qualités (Flaubert est orgueilleux, par exemple) pour ne laisser poindre que la libre unification de la personne, ce qui, pour Sartre, est le contraire de la juxtaposition de tendances psychologiques qui se contenteraient de formuler « une combinaison de désirs typiques »[4], sans découvrir en chaque tendance, en chaque conduite du sujet, « *une signification* qui la transcende »[5]. Cette signification n'est autre que le « rapport au monde par quoi le

1. Flaubert à George Sand, Croisset, le 24 janvier 1867, *Correspondance Sand-Flaubert*, p. 121.
2. *L'Être et le Néant,* p. 658.
3. *Ibid.*, p. 648.
4. *Ibid.*, p. 650.
5. *Ibid.*

sujet se constitue comme un soi-même »[1]. Il faudrait ajouter que cette démarche n'a de sens que si on la considère comme une totalisation (celle du vécu), ce mot chez Sartre renvoyant à sa conception de la finitude[2] qui renvoie à ce qu'il nomme l'échec relatif de toute entreprise humaine. Nous avons parlé de description minutieuse, on voit dans quelle direction elle s'oriente, elle est en fait aux antipodes d'une minutie anthropologique puisque le « sens » est d'emblée postulé, l'analyse se devant de le dévoiler une seconde fois tout en ayant comme terme de sa démarche et condition de sa propre avancée une série d'évidences sans arrêt référé à ce sens ultime[3]. Toutefois, rien ne prouve que l'analyse soit possible au départ[4], mais la tâche du biographe est de montrer que rien n'est irréductible et que chaque réalité doit se comprendre comme faisant partie d'un tout, « en tant qu'elle nie ce tout, en tant que ce tout la comprend, la conditionne et la nie »[5]. Tel est, selon Sartre, l'individu conçu comme un universel singulier[6]. On se demandera comment une totalité (l'œuvre inerte) peut-elle faire l'objet d'une totalisation, d'un mouvement, d'une saisie interne non contemplative et faire apparaître ce que dit telle ou telle phrase de Flaubert ? Il faut que le langage (nous analyserons ultérieurement l'être du langage chez Sartre) soit une relation pratique, présent en chacun comme une totalisation perpétuellement en cours, conçu « comme l'épreuve qu'un pour-soi peut faire de son être pour autrui »[7].

Lire Flaubert conduit Sartre à rechercher cette épreuve comme il le fit pour Genet, *l'époque* en plus.

Les œuvres de jeunesse servent de point d'appui à cette tâche. Ces textes boursouflés, inquiets, faussement baroques, sont un peu comme le papier verni de la

1. *Ibid.*, p. 653.
2. Nous reviendrons ultérieurement sur cette question de la finitude.
3. D'où la méthode analytico-progressive-régressive dans *L'Idiot de la famille*.
4. Cf. préface de ce même ouvrage.
5. *Situations* IX, p. 76.
6. *L'Idiot de la famille*, p. 7. « Totalisé et, par là même, universalisé par son époque, il la retotalise en se reproduisant en elle comme singularité. »
7. *L'Être et le Néant*, p. 441.

pension Vauquer représentant les principales scènes de *Télémaque* ; ils excitent « les plaisanteries des jeunes pensionnaires », mais leur fiévreuse élaboration exalte une sourde plaie dont il est souvent gênant de lire l'évocation. Passons. Il est néanmoins important d'invoquer ce climat d'exaspération et de malaise. Sartre y voit l'image même du *ressentiment* flaubertien. Flaubert dit qu'il écrit pour « se comprendre et pour se venger »[1], il use « d'une réflexion qui imagine », s'invente en écrivant ou, plus précisément, parvient à s'inventer en écrivant. La révolte envers l'ordre familial lui est interdite. L'ipséité est truquée, le libre rapport à soi comme pouvoir d'affirmation est purement formel, il est coupé, séparé de ce qu'il peut, absorbé par la communauté domestique au point de confondre son propre destin avec le destin de la famille Flaubert. En toute rigueur, la structure de l'Ego qui est affirmation spontanée au cœur de l'intuition concrète permet la reprise réflexive par l'idée (pure transcendance) de mon désir d'affirmation, de réciprocité, de refus. Mais, dans le cas de Flaubert, cela ne peut être tenté. Il joue à sentir plus qu'il ne sent. Il est coupé des données immédiates de sa sensibilité. Mais cette faiblesse est le creuset de son génie. Il suffit alors d'y avoir accès pour que son devenir imaginaire (son imaginarité) nous soit compréhensible.

Car, si l'Ego est réduit et le champ transcendantal impersonnel, la conscience (de) soi, quant à elle, ne peut contenir de singularités pré-personnelles, pré-individuelles. Elle est sans distance à soi. La conscience *de* soi ne permet pas que la conscience d'objet soit prise dans un réseau inconscient. A ce niveau, le solipsisme est entier. Et Flaubert est plus seul que jamais. Plus tard, en 1978, Sartre dira que cette séparation des consciences est non avenue, il parlera d'une morale du NOUS qui ne devrait plus « laisser debout » le solipsisme[2]. Mais, dans

1. *L'Idiot de la famille*, t. I, p. 219.

2. « Ontologiquement, les consciences ne sont pas isolées, il y a des plans où elles entrent les unes dans les autres : il y a des plans communs à deux ou à *n* consciences différentes. Alors, ça change tout » (Sartre, *Obliques* I, p. 15).

L'Idiot de la famille, la question n'est guère tranchée. Ce qui l'est, par contre, c'est l'idée d'une préfabrication originelle, d'une constellation originelle qui vient de l'Autre et se rapproche de ce que Lacan appelait le mythe individuel du névrosé : « Tout se passe comme si les impasses propres à la situation originelle, à savoir ce qui n'est pas résolu quelque part, se déplaçait dans un autre point schémal du réseau mythique, se reproduisant toujours en quelque point. »[1]

Le mythe devient chez Sartre l'inassimilable de la petite enfance. Cette situation mythique, Sartre la trouve dans ce qu'il nomme la protohistoire de Flaubert, à la remarque près que, chez lui, une intentionnalité autre, déplacée, reste toujours pensable, au sein des déterminations vécues, même si elles sont subies ou anonymes : « Dans toute vie, un grand ordonnateur a travaillé d'avance l'*Umwelt...* »[2] La privation originelle (chez Flaubert : absence de projet primaire) devient un trait d'essence. Le fini devient principe d'être, tandis que l'infini n'est que l'ingrédient nécessaire, secondaire, un désir, imaginaire de devenir infini (dont *La Tentation de saint Antoine* sera le réceptacle). C'est pourquoi l'infini ne saurait *« bouleverser »* l'intentionnalité primordiale au sens d'E. Lévinas[3] et qu'il demeure un artefact.

Que signifie cette unité préformée de la conscience ? Que veut dire absence de projet primaire ? Cela renvoie à l'*absence d'amour* vécue comme donnée fondamentale et immédiate du corps (conscience) de l'enfant. « Au premier âge, dit Sartre, l'organique et l'intentionnel sont confondus », au premier âge, c'est-à-dire avant le langage (car les mots seront également cette inscription de l'Autre en lui, sa stupeur devant l'abécédaire, « il ne parle pas, il est *parlé* »). Nous y reviendrons. Pour l'instant, et puisque nous allons de la conscience à l'Ego, il nous faut poser l'ouverture de cet être-dans-le-monde, or elle ne peut que se dérober à la description (à l'inverse de l'Ego parlant) mais elle

1. *Le Mythe individuel du névrosé,* Lacan, Éditions des Grandes-Têtes-Molles de notre époque.

2. *L'Idiot de la famille*, t. I, p. 391.

3. *Humanisme de l'autre homme*, Fata Morgana, 1972, p. 50.

est, commente Sartre, le « dur noyau sombre » du sens à venir, le précurseur sombre de ce sens ; la petite enfance et ce qui la précède sont la preuve de cette apathie reçue chez Flaubert, apathie intériorisée et qui se présente comme « la vérité restrictive et plénitude condensée de la mémoire »[1]. En clair, la conscience libre se retranche face à l'inassimilable des premières années. Dans le cas de Gustave, cette enfance : « elle nous saute aux yeux mais nous ne la voyons pas »[2], toute la question se résume en ces quelques mots, « Gustave n'est jamais sorti de l'enfance ». Ci-gît le nourrisson pénétré de son être-là passif : « les soins reçus *sont* l'amour », dit Sartre. Que l'amour vienne à manquer, et l'on verra poindre un *pathos* languissant voué aux arrière-mondes de l'activité passive. Rien ne peut relever ce hasard malchanceux, aucune activité désirante, aucune volonté. La seule issue sera de « prendre la contingence originelle pour but final de la rigueur constructive »[3] s'imprégner de cette défiance au point d'en être la secrète palpitation, battement sans lendemain d'une vie promise à la redondance[4]. Il y a donc une détermination originelle conçue comme vérité prophétique. Sartre va jusqu'à dire que, avant même d'être conçu, Flaubert ne pouvait être qu'un cadet, comme si le sujet existait dans l'objectivité avant que d'être à soi même son propre désir, comme s'il ne pouvait ne pas être autre que celui-là, celui qui du hasard ne pourra jamais que le redoubler, *sans le jouer* tout entier. C'est dire clairement que le désir qui pose le monde n'est jamais en totalité réversible, il conserve en lui le verdict d'un *Fiat* que le sujet ne peut ni refuser, ni accepter. La contingence prénatale et la petite enfance rongent l'ipséité en son surgissement même, au point d'annihiler les frayages d'une libre et future activité idéelle. Pour Flaubert, tout lui vient du

1. *L'Idiot de la famille*, t. I, p. 55.
2. *Ibid.*, p. 56.
3. *Ibid.*, p. 60.
4. Cf. Flaubert à Louise Collet, 26 août 1846 : « Quelque uniforme que soit ta vie, tu as au moins quelque chose à m'en dire. Mais la mienne est un lac, une mare stagnante que rien ne remue et où rien n'apparaît. »

dehors : « Par là, j'entends que, dès sa première année, les circonstances le conduisent à *s'enfermer en soi* : il n'a ni les moyens ni l'occasion d'extérioriser ses actions par des éclats. »[1] Cette fable, celle du corps et de l'amour, est le « fondement de la valeur et de la mission en chacun ». Si l'on garde à l'esprit le rapport de la conscience (de) soi au monde, il faudra dire que le mal-aimé ne pouvant s'arracher à l'immanence que par des affections subies absolument interchangeables – tout se vaut – n'aura pas à exister ce qu'il sent mais à le pâtir. Le pathétique devient alors le fondement de l'activité passive, écoulement du vécu qui est une façon de « laisser se développer en soi l'entreprise de l'Autre », moindre être qui demeure au creux de l'ipséité[2]. Les malheureux doivent être discrets, l'enfant surprotégé, « faute d'avoir été initié dès le berceau aux innombrables figures de l'échange »[3], se sépare à jamais de ses futurs interlocuteurs, la parole coupée de l'idée[4] sera l'emblème d'un *pathos* incommunicable qui, au lieu d'être « l'absolue présence à soi, devient le moyen de s'offrir – ému-au-regard-instituant »[5].

Nous retrouvons ici un modèle qu'affectionne Sartre : l'autre agit dans la conscience, l'autre structure ma conscience en lui assurant ses marges, ses possibles, entre moi et l'autre s'établit une circularité qui institue « mon » Ego. Cette fable est celle des *Mots,* elle est le devenir-légende de Sartre, son programme de vie. Je reçois l'autre, de même que j'échoue de ma conscience, mais, dans les deux cas, je rétablis l'ordre de cette affection en vertu de la visibilité suprême que je me donne de pouvoir assigner un statut à Autrui.

1. *L'Idiot de la famille*, t. I, p. 138.

2. *Ibid.*, p. 153 : « Quand la passivité est la seule forme concevable de l'action, il faut subir l'ipséité comme un être autre. »

3. *Ibid.,* p. 668.

4. « Pas d'idées, surtout, jamais d'idées – Alfred en avait ; moi je n'en avais pas – l'idée est la forme la plus évidente et la plus simple de notre transcendance, elle est projet. Chez Gustave, elle viendra la dernière, le petit fait l'expérience de la pesanteur *d'abord*, *à la fin* viendra le dépassement quand l'habitude est prise de s'enfoncer en soi. »

5. *Ibid.,* p. 670.

Miracle du conflit ou de l'amour, l'Autre, par définition, est une catégorie intelligible de l'Être. Lutte ou douceur, autrui est toujours déjà pensable. C'est pourquoi la famille Flaubert est ontologique, le père est un pour Autrui parmi d'autres, le sacré en plus. Croyance impotente pour Flaubert, aliénation pour Sartre. C'est ce qui nous reste à découvrir.

Chapitre III

« Où circule le sang de l'exil et d'un père... »

> « Un discours dont la tension maintiendrait séparés l'empirique et le transcendantal, en permettant pourtant de viser l'un et l'autre en même temps... il a été tenu dans la pensée moderne par l'analyse du vécu. »
>
> M. Foucault, *Les Mots et les Choses*, p. 331, 332.

> « Autrefois, j'aurais eu besoin d'encouragements en toutes circonstances. Car j'étais déjà écrasé par la simple existence de ton corps. »
>
> F. Kafka, *Lettre au Père*.

M. Foucault, de toute évidence, dans cette phrase citée en exergue, s'adresse à Sartre, il reproche au *vécu* sartrien de jouer le rôle d'un passeur. Comme si l'expérience originaire de la conscience pouvait s'articuler avec l'histoire concrète du sujet et que le tout réuni pouvait se laisser prendre dans les mailles du discours philosophique : « Que faut-il que je sois, moi qui pense et qui suis ma pensée, pour que je sois ce que je ne pense pas. »[1]

L'erreur de Sartre, selon Foucault, serait de rendre adéquate l'instance transcendantale à la possibilité de son discours sur elle, il ferait de celle-ci le régulateur de celui-là. Or, le langage renvoie à sa possibilité infinie de reconductibilité avant de renvoyer au sujet, il n'est pas

1. *Les Mots et les Choses*, M. Foucault, p. 335.

donné une fois pour toutes dans la pensée mais se maintient en elle comme une limite, une frontière mobile qui se déplace sur un fond d'impensé radical. D'où l'impossibilité d'établir une circularité entre l'expérience et le transcendantal autre que celles des contenus de savoir qui ne renvoient pas à un sujet donné mais se trouvent devant la pensée comme mirage, mer sans rivages. Tandis que, chez Sartre, le *vécu* est un intercesseur incontournable, il est ce par quoi le cogito existe dans le monde, et le langage traduit autant que faire se peut cette vie de la conscience devenant à elle-même sa propre saisie. Pour être plus clair, nous dirons que, chez Foucault, la possibilité que j'ai de penser l'empirique est à la fois dedans et hors de la totalité du savoir, donc modelée par la culture (travail, vie, langage) tout en étant positivement inscrite vers un ailleurs dont le « sujet » ne mesure pas l'expérience puisque celle-ci le porte à l'inconnu de lui-même (ni soi, ni présence à soi) en une dimension qu'il ignore (impensé), et cela sous la forme d'un éternel retour toujours recommencé. Alors que chez Sartre l'expérience originaire de la conscience est exclusive et rend illégitime le retour du même sous peine de terrasser l'absoluité du soi dans sa liberté essentielle.

Le désaccord de Sartre était profond au sortir du livre de Foucault[1] : « Le problème, disait-il, n'est pas de savoir si le sujet est décentré ou non. En un sens, il est toujours décentré... Il y a sujet, ou subjectivité si vous préférez, dès l'instant où il y a effort pour dépasser en la conservant la situation donnée... On ne peut donc pas dire que le langage, par exemple, est ce qui se *parle* dans le sujet. Car le linguiste lui-même définit le langage comme totalité de ses actes... »[2] Ces options divergentes ne nous intéressent ici que dans la mesure où elles révèlent des approches différentes de la littérature. Pour Sartre, il paraît certain qu'elles s'inscrivent dans son rapport privilégié aux écrivains français du XIXe siècle et à

1. *L'Arc*, numéro du 30 octobre 1996. Il est vrai que, dans cet entretien, Sartre vise tout autant J. Lacan que M. Foucault.

2. *Ibid.*

l'Histoire nationale. Pour Foucault, qui parle plus volontiers du romantisme allemand et de Nietzsche (Mallarmé excepté !), elles sont significatives d'un certain rapport à la métaphysique occidentale qui dépasse la vérité supposée – défendue – par l'écrivain français. Notons, toutefois, en quelle direction s'oriente la promesse de Foucault, elle vise une autre sorte de réconciliation, celle des sciences humaines et de la littérature, dont on peut lire les prémisses dès le XIXe siècle : « D'une manière qui peut paraître étrange au premier regard, le mouvement qui soutient le lyrisme au XIXe siècle ne fait qu'un avec celui par lequel l'homme a pris une connaissance positive de lui-même, mais faut-il s'étonner que les figures du savoir et celles du langage obéissent à la même loi profonde et que *l'irruption de la finitude surplombe,* de la même façon, ce rapport de l'homme à la mort qui ici autorise un discours scientifique sous une forme rationnelle, et là ouvre la source d'un langage qui se déploie infiniment dans le vide laissé par l'absence des dieux ? »[1]

La réconciliation dont rêve Sartre est d'une tout autre nature. Il se place à l'entremise de l'écrivain – bourgeois – français et de la philosophie, ce qu'il vise obstinément, c'est l'analyse de l'œuvre comme pouvoir d'exorcisme du quant-à-soi bourgeois avec « les garanties nécessaires pour le logement et la nourriture, les frais spéciaux et les maladies »[2].

Il lui faut appréhender l'écrivain avec son terrain, sa maison, son héritage, sa propriété, etc. Traquer Flaubert chez le notaire et dans ses murs. S'immiscer au cœur de la hantise qui le ronge : perdre ce qui lui appartient de droit et le constitue dans son être familial.

Le 10 mai 1875, Flaubert écrit à G. Sand une lettre désespérée ; les inquiétudes d'argent et ce qui deviendra la faillite des Commanville sont directement rattachées à des « retours mélancoliques sur le passé »[3] : « L'horreur de toute sa vie, les affaires, sont maintenant sa préoccu-

1. M. Foucault, *Naissance de la clinique,* p. 202.
2. Pasolini, dans *La Divine Mimesis*, p. 51.
3. *Correspondance Flaubert-Sand,* Flammarion, 1981, p. 498.

pation quotidienne », souligne A. Jacobs. Le soi, littéralement hors de soi, réalise son rapport avec les activités *extérieures* en entérinant ce dont elles procèdent : l'horreur d'appartenir à une communauté périssable. « Depuis ma jeunesse, j'ai tout sacrifié à ma tranquillité d'esprit. Elle est maintenant perdue à tout jamais... car je suis fini, vidé et plus vieux que si j'avais 100 ans », écrit Flaubert. La prévision, l'assurance d'un abri pour écrire. « A moins de bouleversements extraordinaires, j'aurai toujours de quoi manger et me chauffer jusqu'à la fin de mes jours. Mes héritiers sont ou seront riches, car c'est moi le pauvre de la famille. »[1] Ces mots permettent d'approcher de l'Art absolu et justifient les illusions du métier d'écrire (l'écrivain artisan qui réclame sa place). Illusions que la plupart des Romantiques allemands refusèrent, pour ne pas avoir à trancher[2], mais que Flaubert réclamait à cor et à cri.

On le voit, Sartre analyse la relation de Flaubert à sa famille comme une incapacité à distinguer la propriété du *don*. Chez Flaubert, c'est à moi signifie c'est à mon père. La présence du corps paternel dans la détermination de son Ego est de l'ordre de l'inéluctable. L'inertie constituée comme non-valorisation ressentie incarne le non-amour de Caroline Flaubert pour l'infortuné cadet ; l'aliénation à la communauté domestique incarne le pouvoir du père. Comment s'insinuer au cœur du scénario paternel ? Qu'est-ce qu'hériter d'une soumis-

1. *Ibid.*, 18 août 1875, Croisset, 6 février 1867.

2. C'est dans ses lettres à Sand que Flaubert s'exprime le plus clairement sur son Art. En mettant celui-ci au-dessus de l'humanité, ce n'est pas le Roman qu'il objective mais lui-même. Flaubert pense par génération interposée. Il se pense comme redevable d'une époque et de sa famille, son effort pour maintenir ses deux pôles est évidemment tragique, il puise tout bonnement sa confiance sur ce qui l'affligera ultérieurement : l'écriture, le style introduisent la fixation d'un état de choses inchangeables, Flaubert a pensé le XIXe siècle une fois pour toutes. La littérature ne révèle rien, ne produit rien, n'invente rien, elle confirme génialement ce que l'on sait déjà : « Ainsi, je viens de lire de mon Du Camp son nouveau roman : *Les Forces perdues*. Cela ressemble, par bien des côtés, à celui que je fais. C'est un livre – le sien – très naïf et qui donne une idée juste des hommes de notre génération, devenus de vrais fossiles pour les jeunes gens d'aujourd'hui. La réaction de 48 a creusé un abîme entre les deux France. »

sion à la famille et au père féodal ? Que signifie prophétiser sa vie sous les traits d'un précoce vieillissement ?

Sartre s'appuie sur la correspondance : « Qu'est-ce donc qui m'a fait si vieux au sortir de ce berceau, et si dégoûté du bonheur avant même d'y avoir bu ? Tout ce qui est de la vie me répugne, tout ce qui m'entraîne et m'y replonge m'épouvante. Je ne voudrais être jamais né ou mourir. J'ai en moi, au fond de moi, un embêtement radical, intime, âcre et incessant qui m'empêche de rien goûter et qui me remplit l'âme à la faire crever » (Rouen, le 20 décembre 1846, à Louise Colet, Pléiade I, p. 420)[1].

Toute phrase est sentence, présence précaire qui s'éprouve dans l'anticipation d'un retrait ; douceur inconnue de l'adresse entravée par ce qui s'écrit ; soit celle-ci : « Je ne voudrais être jamais né », implique-t-elle une prestation particulière, datée, voulue ? Implique-t-elle un savoir sur celui qui l'énonce ? Une intention ? Ou bien n'est-elle qu'une phrase parmi d'autres, un énoncé attestant la présence des morts par-delà leur mort ? Nous donnera-t-elle jamais le récit complet de son illocution, la trame diaphane de ce qui l'accompagnait, l'entourait ? Est-elle un assouvissement personnel pensable en termes de satisfaction, épreuve, gratuité, non-sens ? Vise-t-elle des qualités sensibles que l'on puisse traduire ? Le sentir est-il réductible à ce qui s'en laisse approcher ? Ces questions tiennent en une : le continuum-d'énonciation inclut-il l'ensemble des discontinuités performantes comme les parties d'un tout constitué pour un même sujet-mort ? Autrement dit, tout ce que le sujet ressent, renvoie-t-il à une position due à ce sujet même

La réponse chez Sartre tient dans l'interprétation qu'il donne de la *souveraineté* comme possibilité de s'affirmer par la *praxis*. Si cette possibilité est rongée dans son ipséité comme c'est le cas chez Flaubert, elle n'en garde pas moins une intentionnalité sous-jacente.

1. « Je ne voudrais être jamais né » (Flaubert). « Ma vie est une longue hésitation devant ma naissance » (Kafka).

Avoir à être sa passivité devient le lot de la constitution passive. Le langage épistolaire est ce qui laisse entrevoir le pathétique d'une confession forcément impure. La correspondance ne renvoie pas à l'œuvre qui s'invente, elle n'est pas, comme Blanchot le suggère à propos du Journal, « un garde-fou contre le danger de l'écriture... une heureuse compensation où celui qui ne fait rien de sa vie, écrit qu'il ne fait rien, et voilà tout de même quelque chose de fait »[1]. La correspondance de Flaubert, telle que Sartre la lit, n'est pas une quête pour l'œuvre, une ligne virtuelle pour dépasser le quotidien ; elle est le vécu lui-même, son intendance, pourrait-on dire.

Cela implique au moins deux conséquences :

1 / Ontologiquement, le vécu supprime toute compréhension originaire du rapport de l'homme à l'être ; il n'y a rien dans l'arrière-fond de soi-même car l'homme est au milieu des choses, il est, comme nous l'avons vu, la raison de l'unité des consciences et des objets. La *praxis*, autre nom de cette synthèse, dispose d'une matière ouvrée qu'elle utilise comme médiation : le langage.

2 / Bien qu'étant simultanément « présent à soi et absent de soi », le vécu absorbe la totalité de la personne dans son rapport à l'époque puisqu'il est le dépassement de celle-ci par celle-là (compréhension dialectique). Soit le passage de la correspondance au roman ; Sartre peut les considérer ensemble car ils sont à égale distance du projet originel. Le roman n'est pas une pensée libérée de ses attaches quotidiennes, il est bien au contraire le moyen d'y revenir (Sartre interprète les amours d'Emma et de Léon en liaison avec celles de Louise Colet et Gustave Flaubert), la fiction ne présage pas d'un éloignement de la banalité vécue laissant entrevoir une probable délivrance, elle confirme la haine de soi et des autres au milieu d'un exemplaire *fatum* : le pressentiment complet de la vie.

1. M. Blanchot, *Le Livre à venir*, p. 227.

Fiat maternel et *fatum* paternel se conjuguent. « Il y a la maison Flaubert et puis rien, et puis les foules. » La famille s'installe en Flaubert, comme sa substance, son orgueil. Le médecin prépotent formé à l'école de Bichat est un mixte de scientisme et d'utilitarisme, il sait d'avance qu'Achille, le frère aîné, prendra sa suite : la famille, c'est toujours la longue durée et puis c'est sa manière à elle de prophétiser l'avenir dans les cadres qu'elle s'est fixés. Nous reviendrons sur Bichat mais, pour l'instant, il nous suffit de pointer que la structure de celle-ci est semi-domestique, son destin suit celui de la bourgeoisie libérale sous la Restauration. Flaubert se veut un partisan de l'utilitarisme orienté pour la reconduction des charges et des domaines. Il n'envisagera jamais de faire fortune ; comme cadet, il devra se satisfaire du Droit puis, ne pouvant prendre un état, il s'installera à Croisset. Cela s'appelle le destin.

Tout commence avec une sénilité précoce, le sentiment d'un impénétrable ennui, d'un « stress indisable ». Autant de présages de *La Chute de Pont-l'Évêque* de 1844, de la crise hystérique dont nous reparlerons. Car, anticiper cette chute, l'appeler, c'est vouloir anéantir l'obscur *fatum*, être une pure densité matérielle qui se laisse prendre par les forces qui la conditionnent, vouloir (aussi !) les forces invisibles qui aspirent le corps et n'être plus que les forces qui le captent. Réclamer cette catastrophe, son pouvoir d'attraction, bref vouloir cette chute, c'est vouloir se confondre avec sa propre consistance charnelle, son être de viande, assumer le mensonge hystérique, s'engager en un saut dont on ignore la retombée : disparaître pour renaître. Une chose est sûre, tout y prépare : « Gustave a la certitude subjective d'avoir vécu, de 7 à 23 ans, la vie la plus atroce et la plus inflexible »[1], un père irascible s'est déposé en lui sous les traits d'une paradoxale « croyance ». Il croit, c'est-à-dire qu'il se convainc, que l'avenir « sera toujours conforme à la prédiction originelle », au *fatum*[2]. Ce que Sartre appelle le syncrétisme originel de Flaubert sert aussi bien

1. *L'Idiot de la famille*, p. 191.
2. Nous reviendrons sur ce point.

de fondement à la prophétie née du ressentiment qu'au style tel qu'il le définira. Le propre de la prophétie est « de croire à ce qu'elle augure », ce qui signifie que Flaubert se persuade que « les postulations de sa rancune lui dévoilent l'avenir et tout à la fois... le créent »[1].

Il faut, de cette rancune, retenir l'aspect mortifère, le pressentiment d'une vie qui se connaît *a priori*, préfabriquée par le non-sens de la prévision bourgeoise qu'elle adopte passivement.

Éprouver dans son corps cette fin de non-recevoir, ce trébuchement du jeu social dans son infâme parodie de sérieux, c'est se tenir en suspens, tel ce personnage d'Andréas : « un sourire mourant et presque angoissé qui semblait héler, appeler un baiser » ; garder cette pose, faire l'idiot au besoin, être à soi-même son propre cliché, viser l'hébétude ou l'abandon, bref s'hystériser, cela Flaubert ne l'oubliera pas : « On se lève de table, on passe dans la salon, et l'on demande à Flaubert de danser "L'Idiot des Salons". Il emprunte un habit à Gautier, il relève son faux col, de ses cheveux, de sa figure, de sa physionomie, je ne sais ce qu'il fait, mais le voici soudain transformé en une formidable caricature de l'hébètement » (*Journal des Goncourt,* 29 mars 1862).

La croyance répugne à l'évidence, elle est peuplée d'un savoir étranger à soi-même, elle incarne le savoir de l'image que l'on cherche à atteindre, elle est le savoir et rien d'autre : « Sent-il le rôle qu'il joue ? Non, il croit le sentir. »

La croyance qui est une affirmation importée ne connaît pas la décision, hésitation manœuvrée par la présence des autres, elle est une conviction aveugle. Là où Kleist prônait la décision bienfaitrice d'un *plan de vie* : « Je ne comprends pas qu'un homme puisse vivre sans plan de vie »[2], Flaubert aspire à l'ébranlement ravageur du rôle qu'il s'attribue, à la disparition conjointe de son corps et du sol qui le soutient, pour fuir ce corps et pour confirmer son engagement au sein d'un savoir-croyance, *fatum*-prophétie, etc.

1. *L'Idiot de la famille, op. cit.,* p. 448.
2. Kleist, *Correspondance complète*, Gallimard, p. 36.

Ainsi, cette vie vouée à la pesanteur anticipe son mal en se faisant absente, étrangère, irréelle à la société dont elle est la rancœur. Ce que Flaubert imitera dans les salons de la princesse Mathilde ou ce qu'il mimera dans son cabinet, c'est la répétition de ce qui fait figure de non-sens et qui aboutit à la mise en posture de la société tout entière. Autrement dit, le temps mort-né qui habite ses personnages sera le fruit du ressentiment porté à sa pointe ultime.

Pour transir la société bourgeoise et ceux qui la hantent, il faut se défaire de toute référence abstraite au Temps pour ne garder que la contingence ramassée des destins de chacun. C'est en cela que le style flaubertien, avant d'être un point de vue sur la vie (complication initiale du temps comme chez Proust), est un point de vue sur la société conçue comme point de vue de la mort sur la vie – nous y reviendrons. C'est pourquoi il y a absence et non retrait, car si l'absent, lorsqu'il sort de sa tour d'ivoire, invective, vitupère ou parodie, c'est qu'en fait il ne résiste qu'à condition de garder le monde en état. Au fond, rien de plus conservateur que de se mettre dans tous ses états ! C'est dire que, tout en niant l'Histoire de son temps, Flaubert s'en nourrit et la vampirise mollement. Sa résistance à l'Histoire n'est pas une démarche ontologique, le résultat d'une évidence par-dessus l'Histoire, l'absoluité d'une pitié précédant toute relation à autrui, sa résistance au contraire est ce par quoi l'Histoire se projette irrémédiablement comme le théâtre de vies – synthèses – finies, réduites, ramassées dans le fleuve du style et de la phrase ; stase repliée sur elle-même pour en cautériser la fuite, l'excès.

Le *fatum*, né du père, rejaillit dans l'imaginaire comme réalité saturée ; le détail organique, le regard médical, le tissu analytique qui fondaient l'objet du savoir du père reviennent comme savoir subjugué sous l'effet d'une croyance autre : celle de l'Art pour l'Art.

Voyons comment Sartre perçoit ce *fatum* chez le jeune écrivain, bien avant que *La Chute* n'obtienne une conversion de celui-ci. Dans de courts récits précédant le cycle autobiographique (*Mémoires d'un fou,* 1838 - novembre 1840-1842), Flaubert dévisage son entourage et s'exerce à de prolixes discours qui ont pour but de lui dévoiler fort maladroitement son option passive.

Ne nous laissons pas abuser toutefois ; le risque est grand en effet de nous empresser de traduire ce passé confus à la lumière de l'avenir. Dire que Flaubert s'invente en écrivant – ce depuis son adolescence – n'est-il pas une tentation de méthode assurant à Sartre le succès de son investigation ? Le travail littéraire de Flaubert (celui des années 1835-1838) ne serait-il que l'invention prospective de ses futures trouvailles ? Aurait-il suffi que la parole découvre, comme Flaubert le dira plus tard, que « nous avons trop de choses et pas assez de formes » (1869) pour que l'idée de faire des phrases – et rien que cela – devienne l'exigence première de l'œuvre ? Il est clair que nous ne pouvons répondre à ces questions ; tout au plus, pouvons-nous constater chez Flaubert la hantise de la forme comme étant son énigme essentielle, qu'il tente d'ailleurs de justifier après coup, comme sa méthode, par un travail dont il ne sait lui-même de quoi il relève. En revanche, il n'est pas hasardeux de souligner que Flaubert ne fut jamais en but à une impossibilité de parler dont il aurait senti la possibilité lui-même de la littérature (Blanchot) ; il y a chez Flaubert le désir inavoué de faire coïncider l'essence du langage (son absence perpétuée, son dehors) à une carence de la forme (de la langue) par quoi le langage, au lieu d'être le lieu de son insuffisance réitérée, ne serait qu'un défaut de la phrase ne pouvant trancher devant la plénitude mondaine. Cette intuition, qui ne cessera de se confirmer, tient certainement à ce que la littérature chez Flaubert n'est jamais envisagée comme salut mais comme « torture des consciencieux » (1869) dont nulle force se dégage autre que celle d'une rigueur impénétrable dont le seul souci est d'aller plus avant dans la « plastique du style »[1].

1. L'espoir, le répit que connaîtra par moments Kafka, Flaubert ne peut l'entrevoir : « La fermeté que m'apporte la moindre écriture est indubitable et merveilleuse. Le regard avec lequel, hier pendant la promenade, j'embrassais tout d'une seule vue ! » (27 novembre 1913).

Or précisément, dans les récits de jeunesse (la mièvrerie des « images romantiques » aidant), c'est l'inverse qui se produit : Flaubert est envahi de nébuleuses métaphores, d'allégories désastreuses qui rendent impossible la traduction d'un malheur authentique et font d'un excès d'images la possibilité formelle par excellence. La phrase est incapable de solliciter une quelconque voyance sur soi du fait de sa prolifération imageante qui n'est pas ici un vice du langage mais un défaut de la pensée.

En reliant ces remarques à ce que suggère Sartre, on peut dire avec lui que c'est précisément cette absence d'idée que le style viendra combler. Ou plutôt, c'est la certitude de détenir une seule idée qui empêche toute autre lumière de jaillir : « J'ai beaucoup vécu, Louise, beaucoup » (21 octobre 1848).

Cette sombre assertion, Flaubert la faisait sienne dix ans auparavant et ne la démentira jamais. Sa vie est jouée d'avance ; reste à transférer cette vision sur des personnages, voire à une génération (Henry et Jules en 1845) pour qu'elle s'incarne en un style qui, comme l'écrit Proust à propos de l'imparfait, chez Flaubert « sert à rapporter non seulement les paroles mais *toute* la vie des gens »[1].

Or, le Temps n'est pas un tout, aucune signification idéale ne vient l'ordonner, les personnages ne sont pas le Temps, voilà ce que Proust suggère et reproche à Flaubert, tout en saluant son génie grammatical ; ce que Proust retient du style, ce n'est pas la phrase mais le blanc, la césure : « A mon avis, la chose la plus belle de *L'Éducation sentimentale,* ce n'est pas une phrase mais un blanc... un énorme blanc et, sans l'ombre d'une transition, soudain la mesure du temps... »[2]

Ce qui rend possible Flaubert tiendrait alors d'une énorme bonne volonté artistique (scientifique et impersonnelle selon ses propres termes) qu'aucune mémoire involontaire ne viendrait troubler. C'est pourquoi le tra-

1. M. Proust, *A propos du style de Flaubert,* p. 590 ; *Contre Sainte-Beuve,* Gallimard, « La Pléiade ».

2. *Ibid.,* p. 595. A propos de : « Et Frédéric, béant », reconnut Sénécal.

vail littéraire est sans valeur (Flaubert ne découvre rien qu'il ne sache déjà) et que l'Art pour l'Art n'est pas une évaluation de la vie, mais une systématisation de celle-ci née du *fatum*.

Ces considérations que nous développerons dans notre chapitre sur le style, Sartre, nous l'avons vu, les ramène à l'irrésistible conversion de Flaubert pour la littérature, car *La Chute de Pont-l'Évêque*, en dépit de son thème négatif, est la finalité positive de Flaubert, son mode d'être ; seulement, l'instinct qui la soutient ne vaut, chez Sartre, qu'en fonction d'une *prima causa* qui accompagne chacune des voies d'accès au Réel, si bien que le Réel n'est jamais totalement dépourvu ou vidé des qualités qui le font être ce réel-ci ou ce réel-là, il est toujours rémanent à lui-même et, en cela, toujours lisible. Le *fatum* est ce qui assure cette lisibilité en même temps que le ressentiment en produit la logique. Sartre, à propos d'*Un Parfum à sentir*[1], parle de pensée du ressentiment qu'il décrit, comme une *activité passive*[2], qu'il nomme ailleurs manipulation du *pathos*[3], dont la vocation témoigne d'une sournoise tactique appelée *vol à voile*[4]. Métaphore que d'aucuns jugeront douteuse, mais qui nous suggère l'idée d'une négation du vouloir vivre, du vouloir sentir que Sartre attribue à l'absence permanente de projet primaire chez Flaubert. Le ressentiment vient donc dédoubler l'activité passive initiale, lui donner vie, par des rôles qui trahissent les affects tout en les soumettant à l'unité supérieure d'un temps subi, cyclique et irréversible, qui fait de l'Ego un objet de croyance pour cette âme préfabriquée qui n'aura plus qu'à intérioriser son apparence et sentir ce qu'elle croit sentir avant de sentir ce qu'elle sent. Mais en tant qu'il provient d'une identifi-

1. Notons que les écrits de jeunesse sont déjà pour Sartre le résultat d'une conversion : l'acteur refusé. Il s'agit de la déception de 1832 qui précède celle des années 1838-1840 et qui déboucheront sur une nouvelle conception de la littérature analysée dans le tome II, p. 1469. Entre ces deux dates se situent les écrits de jeunesse que Sartre analyse régressivement dans le tome I, soit les années 1838-1835. *Un Parfum à sentir* est d'avril-septembre 1836.

2. *L'Idiot de la famille*, t. I, p. 421.

3. *Ibid.*, p. 422.

4. *Ibid.*, p. 416.

cation fielleuse et non réussie, le ressentiment est ce qui transforme le mécanisme paternel en *volonté du pire*[1], ce qui veut dire que, non contente de souffrir de sa soumission aux idéaux paternels, la pensée de ressentiment force la soumission dont elle dépend en jouant de sa misère pour une victoire future.

De ce fait, Sartre est amené à trouver la liaison irrationnelle mais réelle entre le *fatum* (il ne fallait pas me faire cadet) et la manière dont l'enfant intériorise le regard médical du père (son mécanisme). Or, Achille Cleophas Flaubert est un disciple de Bichat qui, comme l'indique M. Foucault, ne conçoit l'analyse de la maladie que du point de vue de la mort[2], comme si la mort était « la maladie rendue possible dans la vie »[3], car Bichat est le premier à établir une correspondance – qui se retrouve dans l'analyse du symptôme – entre la maladie et la mort. Correspondance qui nous laisse entendre le mot de *décomposition* jusqu'à le laisser « trébucher dans la lourdeur de son sens »[4]. Alors, le temps cadavérique et le temps pathologique se superposent, et la mort, détrônée de son privilège au moment du passage imparable vers la non-vie, devient « multiple et dispersée dans le temps : elle n'est pas ce point absolu... à partir duquel les temps s'arrêtent pour se renverser, elle a comme la maladie elle-même une présence fourmillante que l'analyse peut répartir dans le temps et dans l'espace »[5].

Démuni, le jeune Flaubert rejoint par d'autres voies cette configuration conceptuelle, il ne s'approprie que la vérité documentaire de l'analyse, mais n'en oublie pas pour autant le ressentiment émotif d'un savoir rendu possible sur fonds de finitude. Le sentiment de son vieillissement précoce, d'une vie jouée d'avance, est pour Sartre la preuve que la pensée de ressentiment relie synthétiquement « le vieillissement et la mort par la

1. *Ibid.*, p. 416.
2. M. Foucault, *Naissance de la clinique*, p. 147.
3. *Ibid.*, p. 158.
4. *Ibid.*, p. 147.
5. *Ibid.*, p. 144.

pensée » comme étant la secrète motivation et *la vraie cause* de son désir. Ce que le père analyse scientifiquement, avec son regard plus tranchant que des bistouris qui « vous descendait droit dans l'âme et désarticulait tout mensonge à travers les allégations et les pudeurs », avec sa « majesté débonnaire »[1], le fils le ressent dans l'horreur et la peur d'un destin irrévocable. L'expérience médicale, avec son cortège de souffrances et ses constats rédhibitoires, devient malgré tout, pour le fils, un « jugement de valeur sur le monde »[2] qui, au lieu de se maintenir au strict niveau de l'organisme, se propage sur toute chose et amende l'humanité d'une faiblesse coupable. Le positivisme médical passe du corps au monde, voire à l'univers, et la dissolution, la décomposition des organes, accompagne chacune de nos représentations. La nécrose, au lieu de se maintenir au regard de surface (l'œil clinicien), devient un principe synthétique, en l'homme et hors de l'homme, révélant l'unité temporelle d'un *Destin supérieur.*

« Ravagé par un regard étranger, il ne se protège contre lui qu'en évoquant la cohésion d'un *acte autre,* c'est-à-dire l'unité préméditée de sa création et sa condamnation. »[3] Tandis que la maladie, avec Bichat, se détache lentement de la métaphysique[4], Sartre montre que Flaubert, au contraire, réintroduit une vérité qui, au lieu de se baser sur le Savoir et ses évidences datées, réside en une *croyance* qui abolit la vérité relative de la science pour ne retenir qu'un point de vue absolu sur le monde (voir à ce propos le portrait de la science dans la première *Tentation de saint Antoine*). La Science, substance d'un Mal radical, ainsi dévoilée par la pensée du ressentiment, est contrainte de se soumettre aux exigences de cette dernière qui la métamorphose en maladie de l'humanité.

1. *Madame Bovary*, Gallimard, « Folio », p. 142.
2. *L'Idiot de la famille*, t. I, p. 500.
3. *Ibid.*
4. « C'est lorsque la mort s'est intégrée épistologiquement à l'expérience médicale que la maladie a pu se détacher de la contre-nature et prendre corps dans le corps vivant des individus » (M. Foucault, *Naissance de la clinique*, PUF, 1963, p. 200).

Le malade – parasite de la société, disait Nietzsche[1] – n'est qu'un cas singulier dans la vaste maladie parasitaire de l'humanité. Le médecin, trop débonnaire, ne ressent pas ce qu'il prescrit, deux langages s'opposent et, de lui au profane, la transposition est complète. Mais, comme dira V. Segalen, l'artiste a beau rêver de son impassibilité, il a beau la vouloir, il n'empêche que Flaubert « qui voulait que l'émotion et la pitié sortent, s'il y a lieu, des choses mêmes et faire du roman un miroir de l'âme humaine, s'est laissé illogiquement et doucement gagner à une technique plus émue »[2]. L'émotion n'est pas la sensation, toujours est-il que, du médecin au profane, « c'est une véritable transmutation des valeurs »[3] qui s'opère et que Segalen réalise pour son compte une sortie plus audacieuse, hors de la saisie scientifique du monde, pour la simple raison qu'il ne cherche pas à assouvir une vengeance, mais à donner un sens à l'Art encore plus réel que le réel[4].

Or, pour Sartre, la pensée du ressentiment se nourrit inévitablement de ce qui la condamne. C'est sa force et son paradoxe, elle n'en est pas moins à la source du style flaubertien. Une chose est sûre, la littérature sera une vengeance car, dès les premiers écrits (*Un Parfum à sentir, La Peste à Florence,* 1836), Flaubert anticipe la chute de la maison Flaubert : « Elle aura lieu par la faute du cadet... Les Flaubert vont disparaître et l'ambition paternelle sera bafouée. Par ses résultats, cette famille est une machine à *feedback.* On voit que l'homme de ressentiment aspire à tirer vengeance de l'Autre par le mal même que l'autre lui a fait. Encore faut-il que cette aspiration se cache : proclamée, ce serait une révolte, c'est-à-dire une opposition. »[5]

On le voit, rien ne sert d'opposer la révolte à la passivité si l'on ne dégage de celle-ci le triomphe secret qu'elle abrite. Triomphe, névrose exemplaire ou tout

1. *Crépuscule des idoles, Divagations d'un Inactuel*, Gallimard, « Idées », p. 117.
2. Victor Segalen, *Les Cliniciens ès lettres*, Fata Morgana, 1980.
3. *Ibid.*
4. Voir à ce sujet la belle introduction de Jean Starobinsky.
5. *L'Idiot de la famille*, t. I, p. 420.

bonnement faiblesse sachant tirer profit de sa nature, le refus de la gloire chez Flaubert saura tirer parti de cette ubiquité. Sartre rendant son crédit à sa remarque sur le public – être soi-même son propre public – relie étroitement le refus de la gloire et la pensée de ressentiment.

« Tant mieux, écrit Flaubert en 1846 : si je n'ai pas de postérité, mon nom obscur s'éteindra avec moi. » Reste que la gloire fut rêvée *pour le père* et qu'hors de lui elle ressortit du consensus bourgeois. L'aristocratie chassée, personne ne viendra qualifier les grands hommes ; le roi citoyen incarne à sa manière la rancune de Flaubert contre sa classe[1] et, pour Sartre, il ne fait aucun doute que Flaubert, plus tard lu par la bourgeoisie, ne lui demande pas la gloire mais cherche à la lui « faire subir comme un affront » ; ces bourgeois « demeureront passifs et la renommée de Gustave entrera en eux »[2].

C'est d'ailleurs ce qui se passera lors du procès de *Madame Bovary,* le discours indirect de l'auteur y aidant, on ne saura quelle phrase retenir pour persuader la justice de l'immoralité des personnages. A la question : « Qui parle ? », il eût fallu répondre : le style.

Le désir de gloire, d'abord pressenti pour disqualifier l'image du père, s'en remet lentement à une vengeance plus durable. Plus tard, Flaubert « conservera le tourniquet de l'enfance »[3]. Là encore, nous le constatons, Sartre relie expressément la pensée du ressentiment (sa vengeance) à la mémoire des traces de l'enfance. Non pas au sens nietzschéen d'une digestion qui n'en finit pas, ou d'une *morale* qui veut « des fautifs, des responsables » s'il est vrai que l'esclave a d'abord besoin « de poser que l'autre est méchant »[4], mais au sens d'une fatalité inscrite pour toujours par de véritables options conditionnées[5], au cœur de l'individu.

1. Sartre s'appuie sur l'*Éloge de Corneille* qu'écrivait Flaubert en 1831, p. 800 ; *L'Idiot de la famille,* t. I.
2. *Ibid.,* p. 804.
3. *L'Idiot de la famille,* t. I, p. 806.
4. G. Deleuze, *Nietzsche et la philosophie,* PUF, 1962, p. 136.
5. Cf. *Situations* X, NRF, 1976, p. 99.

Défaut d'Être, la volonté est ce qu'il reste une fois le *fatum* intégré, soit la « soumission destructrice du fils au père dont le fils sait et ne veut pas savoir que celui-ci n'en demande pas tant »[1].

— Résumons : d'une part, Flaubert anticipe *La Chute de Pont-L'Évêque,* d'autre part, il invente son enfance comme une vieillesse constituée.

Rêve d'enfer, écrit en mars 1837, *La Peste à Florence,* en septembre 1836, rendent compte de cette ambivalence : cadet, il vit sa préfabrication comme son option ; dans ce dernier conte, Garcia-Gustave doit subir l'affront d'un aîné promis Cardinal, pas besoin d'aller chercher bien loin : « Il était faible et maladif... laid, gauche, il était mou, sans énergie, François était un beau Cavalier... C'était donc l'Aîné. »[2]

Relégué au rang d'une sous-humanité, Garcia se vit autre que l'homme au-dessous de l'espèce, écrit Sartre ; *Rêve d'enfer* raconte l'ardeur inutile de Julietta pour un Duc insensible, vidé de tous ressorts : « Il fallait voir cette femme... prodiguant tout ce qu'elle avait de passion, d'amour, de poésie... pour vivifier le corps léthargique d'Arthur. »[3] L'absence de corps, ici, corrobore la totale soumission de l'enfant au destin familial. La thèse de Sartre est alors la suivante : « Cadet Gustave est inférieur dans la famille Flaubert : il faut être digne du père glorieux qui régit. »[4]

Cette dépendance quasi féodale n'a qu'une seule issue, il faut forcer sur la soumission, telle est la croyance de Flaubert et son mode *l'ambition soufferte.* Celle-ci, bien entendu, se rapporte à l'utilitarisme familial que « Gustave ne cessera de combattre en lui-même et, par conséquent, d'accepter... »[5] Mais la passivité originelle

1. *L'Idiot de la famille,* t. I, p. 421.
2. *La Peste à Florence, Œuvres complètes* de Flaubert, t. I, Le Seuil, p. 75.
3. *L'Idiot de la famille,* t. I, p. 276. « Ce qui manque à *Rêve d'enfer* : la théorie du grand désir que Flaubert forgera par la suite. »
4. *Ibid.,* p. 317.
5. *Ibid.,* p. 349.

(la mère) sera constituée par et dans la famille régie par le père :

« Gustave est *un* fils, le frère cadet d'Achille, le frère aîné de Caroline : il est toute la famille, toute la famille est en lui... »[1]

Que signifie il *est* toute la famille ? Au moins deux choses :

1 / Pour le jeune Flaubert, « l'amour et la propriété ne sont pas séparables »[2], c'est-à-dire qu'il retrouve, sans le savoir, les structures de l'Ancien Régime, et, vassal, il s'incorpore cette féalité en une unité indissoluble de pulsions organiques et de revendications juridiques. Certes, le père est ce qui assure l'unité de ces deux composantes (l'ambition Flaubert), mais il n'est pas besoin de l'isoler (comme image du père) pour penser l'accès à une normativité culturelle. Car l'amour du père étant amour de la famille tout entière, le remaniement identificatoire de l'enfant, s'il existe, portera sur la maison Flaubert autant que sur les idéaux paternels

2 / L'amour qui assure l'intégration de chacun au projet familial est un devoir pour le père, « c'est le milieu même du devoir-être »[3]. C'est pourquoi « Gustave donne une assise juridique à l'affection que le père lui dispense en la réclamant aussi pour son frère »[4] et c'est ce qui distingue, selon Sartre, les familles domestiques de la bourgeoisie libérale qui, au contraire, dissout tout rapport organique, « celui par exemple qui détermine l'être du cadet par celui de l'aîné »[5]. Mais si la maison Flaubert « nommait amour l'aliénation du père à l'entreprise tout entière... il n'était pas nécessaire que le *Pater familias* aimât »[6].

Autrement dit, « Gustave, dans la mesure où il se savait l'objet d'une attention particulière, avait appris tout aussitôt que cette faveur ne s'adressait pas à sa per-

1. *Ibid.*, p. 349.
2. *Ibid.*, p. 341.
3. *Ibid.*, p. 347.
4. *Ibid.*
5. *Ibid.*, p. 349.
6. *Ibid.*, p. 348.

sonne mais tout simplement à son âge et que la tendresse du père ne survivrait pas à l'enfance du fils »[1] (verdict).

Nous pouvons mieux saisir maintenant le contenu exact du ressentiment et de la croyance. « L'inepte écoulement du vécu » chez Flaubert est le résultat d'un orgueil autre, mais comme Gustave est « *d'abord* le produit de Caroline », un « garnement surnuméraire », indésiré, l'enfant se précipite « dès le premier sourire dans le monde du père »[2] et, aveugle, face à l'impératif catégorique qui motive l'amour paternel, vit de 3 à 7 ans *l'âge d'or de son enfance.*

Qu'il suffise que celui-ci cesse pour les raisons que nous avons évoquées, et l'enfant ballotté, damné, « abolit simultanément un Ego superflu et l'avenir ». Reste un infini désir d'orgueil né de son essence préfabriquée qui prolifère, injustifiable et éternellement présent selon une « diabolique inversion du principe kantien : tu dois, donc tu ne peux pas ». Cette conduite définit précisément le Vol à voile, qui n'est autre que *« la praxis de la passivité »*.

Entre la mort privée, « cette autre éternité promise par la mère »[3] (les morts qui précèdent Gustave et la fille tant attendue) et la *mort publique* (le regard chirurgical), nous avons, si l'on peut dire, le résumé de l'âge d'or déchu et l'origine de ces hébétudes qui fascinent tant Sartre puisqu'elles sont, selon lui, la « source même du génie de Flaubert »[4].

1. *Ibid.,* p. 349.
2. *Ibid.,* p. 352
3. *Ibid.,* p. 359.
4. *Ibid.,* p. 361.

Chapitre IV
Le discours et le vécu

A / *Autrui*

Avant de revenir à Flaubert, sur ce qui l'a conduit à s'irréaliser, à s'assouvir dans la littérature, selon Sartre, il nous faut retracer le dernier chaînon de la constitution passive si nous voulons passer à la personnalisation... Ce chaînon manquant, c'est le langage et, en premier lieu, la parole. Sartre mélange volontairement les deux, c'est de la voix qu'il part pour décrire le rapport au sens chez Flaubert, c'est de la voix qu'il tire son argumentation pour appuyer sa thèse sur l'imaginarité du vocable dont nous reparlerons.

Or, *la voix,* comme s'entendre parler, n'est pas le fruit d'une intellection compréhensive si elle n'est pas soutenue par l'Idée qui permet de distinguer le son du sens. Seule l'Idée retourne le langage sur lui-même « pour indiquer les moments d'une compréhension perpétuellement en acte puisqu'elle n'est rien d'autre que l'existence elle-même »[1]. Compréhension, existence, acte, cette trilogie fonde l'essentiel de l'armature rationaliste concernant le langage chez Sartre, nous devons préciser cette conception, ailleurs que dans le *Flaubert*, afin d'en situer plus précisément les prérogatives.

Si la « conscience de comprendre est la loi d'être de la compréhension » et si la compréhension est tout à la fois le moteur et l'origine de tout sens, il ne peut y avoir

1. *Critique de la raison dialectique*, NRF-Gallimard, 1961, p. 106.

d'expression avant la communication, car le « langage n'est rien que l'existence en présence d'Autrui »[1]. Mais si la primauté de l'Autre est ce qui rend possible le langage, si la structure autrui est l'origine et le sens de tous mes possibles, c'est parce que j'adhère sans intermédiaire à l'être que je suis pour Autrui. La certitude que j'ai de l'autre coïncide avec celle que je suis pour lui, cette coïncidence me révélant outrageusement que je parle pour l'Autre avant même de produire l'efficace de cette universalité.

Je ne puis fonder ce savoir universel que si j'atteste originellement que je n'existe que par et pour l'autre. Telle est la signification de la structure Autrui considérée comme « structure propre ou spécificité irréductible à l'objet et au sujet »[2] de *ma* conscience. Cette structure qui est l'expression du possible en général, G. Deleuze en fait un *a priori* conditionnant l'ensemble du champ perceptif, car autrui comme expression d'un monde possible, dit-il, « apparaît comme ce qui organise les éléments en Terre, la terre en Corps, les corps en objets, et qui règle et mesure à la fois l'objet, la perception et le désir »[3]. Il paraît logique, dès lors, de distinguer Autrui – *a priori* – et cet autrui-ci, cet autrui-là, car si la condition est ce qui se refuse au conditionné, on ne doit pas confondre la structure et les termes qui l'effectuent.

Cette structure nécessaire *a priori*, suivant ainsi le mouvement de retrait de la condition transcendantale eu égard au conditionné, cet autrui *a priori* est bien « l'existence du possible en général »[4].

Pour Sartre, on le sait, la structure Autrui dépend du regard, elle est le regard : « Par le regard d'autrui, je fais l'épreuve concrète qu'il y a un au-delà du monde » [5], le regard de l'autre, réel ou virtuel, est la « condition nécessaire de toute pensée que je tenterais de former sur

1. *Situations* I. *Aller et retour*, p. 235, Gallimard, 1947.

2. G. Deleuze, Michel Tournier et le monde sans autrui, in *Vendredi ou les Limbes du Pacifique*, Gallimard, « Folio », p. 269.

3. *Ibid.*, p. 280.

4. *Ibid.*, p. 279.

5. *L'Être et le Néant*, NRF, 1943, p. 329.

moi-même »[1]. Seul l'Autre est à même de fonder le langage. « Pour qu'il y ait un problème du langage dit Sartre, il faut que l'Autre soit donné d'abord comme dimension de mon être, car la liberté d'autrui avant que je l'imagine, c'est en premier lieu ce qui me sépare de moi dans la limite de ce qui me fait être pour autrui : il s'agit de mon être tel qu'il s'écrit dans et par la liberté d'autrui. »[2] Comment concilier alors l'analyse du regard et ses déterminations structurales avec le fait langagier ?

Le cogito, soit, encore une fois, la présence à soi sans intermédiaire dont il est également question dans l'article de 1944 sur Brice Parain est la pierre de touche qui permet d'accéder à la reconnaissance du problème d'autrui comme nécessité contingente et constitutive de mon être-concret. En un mot, écrit Sartre, « sans la rencontre d'une nécessité contingente du même ordre que celle du cogito, autrui ne serait guère pensable. Il s'agit donc d'une nécessité de fait qui s'impose et participe à l'apodicticité du cogito »[3]. Sartre parle même de point de départ et insiste à plusieurs reprises sur le caractère irréductible de la rencontre avec autrui qui, selon lui, ne peut être considéré comme un *a priori* sans occulter du même coup l'évidence de mon être-avec-concret : on le voit successivement se démarquer de Husserl pour son Ego transcendantal, de Hegel pour sa conscience abstraite (« la conscience est un être concret et *sui generis*, non une relation abstraite et injustifiable d'identité... »)[4], et enfin de Heidegger pour sa conception idéaliste du *Mitsein* qui rétablit l'existence d'un être avec ontologique et, par suite, *a priori*. A chaque fois, il s'agit de rendre impossible une structure ontologique ou rationnelle qui n'établirait pas comme certitude première « la présence concrète et indubitable de tel ou tel autrui concret », « aucun optimisme logique ou épisté-

1. *Ibid.*, p. 330.
2. *Ibid.*, p. 320.
3. *Ibid.*, p. 307.
4. *Ibid.*, p. 295.

mologique ne saurait donc faire cesser le scandale de la pluralité des consciences »[1]. S'il y a une expérience de l'autre comme il y a une expérience du cogito préréflexif, celle-ci ne peut se fonder qu'en garantissant simultanément la pluralité des consciences et leur séparation ontologique, car, si autrui organise mon expérience, il ne peut le faire que comme « une transcendance qui conditionne l'être même » de mon intériorité et non comme une relation *a priori*.

C'est donc le champ de cette intériorité, en tant qu'il est soumis à la contingence irréductible de cette rencontre, qui doit être cerné : « C'est au pour-soi qu'il faut demander de nous livrer le pour-autrui. »[2]

Alors, bien que n'étant pas un *a priori*, autrui m'apparaît comme l'en-dessous de mon être au monde et constitue une limite interne à la vie du pour-soi, « Autrui doit apparaître au cogito comme n'étant pas moi... »[3]. C'est seulement en partant de cette terminaison et en essayant de lui donner vie que Sartre se propose, par le regard, de donner un sens à la vérité d'autrui qui intéresse notre être ontiquement et non ontologiquement. Du même coup, le regard devient la liaison nécessaire entre l'être extatique de la conscience et la découverte réflexive de la double négation constitutive de mon pour-autrui : « l'être vu par autrui » et « la *vérité* du voir autrui ».

Si nous rapportons cette équivalence à la double négation dont nous parlions, nous pouvons entrevoir succinctement le rôle et la place du regard dans l'analyse de Sartre. Si mon être pour autrui ne peut être réduit au pour-soi, bien que celui-ci nous permette d'accéder à celui-là, c'est que mon moi objet sous le regard de l'autre est un être réel « venu du dehors mais un dehors assumé et reconnu comme mon dehors », c'est-à-dire que l'autre est ce qui enclave ma subjectivité en la limitant, lui donnant ainsi des marges nécessaires à sa réalisation, sans pour autant me permettre de penser cette

1. *Ibid.*, p. 300.
2. *Ibid.*, p. 308.
3. *Ibid.*, p. 309.

limite ; Sartre parle donc d'une limite hors d'atteinte (mon moi objet) qui est précisément mon-être-pour-autrui afin de bien montrer que mon dehors en tant qu'il est produit par la conscience limitante est également assumé par la conscience limitée ; il en résulte que mon être pour autrui est « un être écartelé entre deux négations d'origine opposée et de sens inverse »[1].

Pour le dire prosaïquement, cela signifie que ce qui me limite, ce qui me contient et me cerne comme moi-objet qui m'échappe, est en même temps ce qui me possibilise tout en étant irréductible à l'objet moi au sujet-soi que je suis : « C'est que je m'arrache à Autrui en assumant ma limite... », c'est en me jetant vers mes propres *possibles* que j'échapperai à la crainte, dans la mesure où je considérerai mon objectivité comme inessentielle[2].

C'est en ce sens que l'on peut dire qu'autrui est un fait de structure chez Sartre avant d'être une rencontre au sens empirique du terme : « mais comme il définit cette structure par le regard », il retombe « dans les catégories d'objet et de sujet »[3], car, du même coup, le regard devient un intermédiaire qui me permet d'accéder réflexivement à mon être-pour-autrui (autrui, objet sous mon regard ou moi, objet pour le regard de l'autre) en établissant le « je suis vu » comme conscience d'être regardé.

N'oublions pas que cette troisième partie de *L'Être et le Néant* débutait justement sous l'augure de la honte.

La catégorie du possible chez Sartre est bien l'expression d'une structure autrui comme fait irréductible, le pour-autrui est bien l'exprimé de mon dehors n'existant pas hors de ce qui l'exprime, mais le regard étant la vérité de cette structure, Sartre réduit cette préexistence à l'affrontement ou au rapprochement des consciences au lieu de l'étendre à l'ensemble du champ perceptif. C'est en tout cas ce que note G. Deleuze quand il écrit qu'autrui « n'est ni un objet dans le champ

1. *Ibid.*, p. 347.
2. *Ibid.*, p. 348.
3. *M. Tournier et le monde sans autrui*, *op. cit.*

de *ma* perception ni un sujet qui *me* perçoit : c'est d'abord une structure du champ perceptif, sans laquelle ce champ dans son ensemble ne fonctionnerait pas comme il le fait »[1]. Précisons.

Sartre dit que « mon arrachement à moi et le surgissement de la liberté d'autrui ne font qu'un »[2], ce qui pose déjà l'idée d'une absence probable de l'autre, car à ce niveau qu'importe que je sois regardé ou pas ; mais si autrui est *d'abord* « l'être par qui je gagne mon objectivité », soit grossièrement l'être que je suis tel que je ne le verrai jamais, ce ne peut être que sous l'instance d'un « on me regarde » envisagé comme certitude qui incombe à la réalité de mon moi objet, reconnu comme *mon* dehors.

A ce niveau, je suis derechef une parcelle de ce Regard, lequel témoigne d'une totalité inengendrable (celle de l'unité impossible des autrui). C'est donc à partir de cette absence d'unité que le regard effectue, que ce dernier remplit ce Regard-structure. Ainsi, Sartre isole-t-il un aspect particulier du sensible (la vue) afin d'introduire la catégorie du possible et rendre adéquate l'idée de mon moi-objet à la réalité de mon moi-regardé.

Dans son article sur Brice Parain, Sartre insiste vigoureusement sur l'idée qu'aucun langage n'est possible sans l'Autre (« C'est aussi un problème de commencement ; qui est premier ? L'Autre ou le Langage ? Si c'est le langage, l'Autre s'évanouit »). La priorité du cogito et de l'expérience immédiate d'Autrui est la preuve que le langage ne constitue pas à lui seul un problème métaphysique. Le langage n'est qu'un moment du libre choix de moi-même face à un donné irrecevable qui est justement la présence contingente et incontournable de l'Autre qui renvoie à la facticité primordiale du pour-soi. Mais en quoi cette immédiateté inhérente au pour-soi est-elle reçue sous le feu du regard ? « Si le langage n'est rien que l'existence *en pré-*

1. *Ibid.*
2. *L'Être et le Néant,* p. 329.

sence d'autrui », en quoi le langage est-il autorisé à effectuer cette présence sous l'égide du Regard ?

Je puis certes témoigner par le langage qu'aucun langage n'est possible sans l'autre, mais cette assomption de l'expérience du langage en général qui n'est possible que devant autrui, comment fait-elle pour établir ce qu'elle ne peut savoir qu'en ayant déjà le langage ? Bref, en quoi le regard fonde-t-il la réalité d'un commencement qui n'a lieu qu'une fois l'origine maintenue dans l'économie d'un discours dont l'enjeu est de masquer ce dont il n'éprouve nulle part la certitude ? Car, si le Regard témoigne, dans le langage, de mon saisissement par autrui, en quoi peut-il être dit premier par rapport à un langage qui dérive de la présence d'Autrui ?

Si le regard est une relation originelle, un fait irréductible « qu'on ne saurait déduire ni de l'essence d'autrui-objet ni de mon être sujet »[1], c'est, dit Sartre, qu'il est d'abord un intermédiaire qui renvoie de moi à moi-même, c'est dire qu'autrui m'annonce un monde non révélé de moi.

Le problème est de savoir comment le possible que m'annonce le Regard peut s'effectuer. Le regard, s'il s'offre ainsi comme vérité du voir et du percevoir, est toujours second, car, si autrui n'est pas un *a priori*, c'est toute l'épaisseur du sensible qui est recouverte par le regard et réglé ainsi par une expérience originelle qui se veut un *a priori* uniquement événementiel en même temps qu'une distance régulatrice de la vie des consciences. Mais cette expérience, pour le coup, n'est originelle que dans le discours, car on ne voit pas comment le regard trouverait sa raison d'être ailleurs que ce dont il procède. La structure Autrui ne peut à la fois servir de principe permettant de pénétrer le monde interlope du regard et stipuler une évidence universelle qui, loin de traduire la réalité de ma rencontre avec autrui, assure la cohérence de mon discours sur mon être-pour-autrui. Rien ne vient légitimer le « je suis regardé », sinon la limitation du champ perceptif à un de ces aspects particuliers. Or, cette limitation absolue mais relative à moi

1. *Ibid.*, p. 315.

est un coup de force philosophique reposant sur une certitude non fondée.

François Georges a montré les développements littéraires de cette certitude chez Sartre et écrit que le « regard de l'Autre se présente bien chez lui comme l'actualisation d'une possibilité permanente »[1], c'est pourquoi il nous importait de rappeler le double aspect de la structure autrui, car, si « la fissure intra-consciencielle est un effet de l'Autre, sa marque, sa rémanence »[2], c'est bien parce que Sartre *pose d'abord le pour-soi* et ensuite sa rencontre avec l'Autre. Le pour-soi indique corrélativement son rapport à soi et à l'Autre, car l'absence de l'Autre repose sur la certitude d'être regardé et cette certitude est réinscrite au cœur de ma relation présente et effective. E. Lévinas, dans son article « La signification et le sens » (1964), relève que Sartre dira d'une façon remarquable, mais en arrêtant « l'analyse trop tôt, qu'Autrui est un pur trou dans le monde. Il procède de l'absolument absent dont il vient, *n'indique pas,* ne *révèle* pas cet Absent, et pourtant l'absent a une signification dans le visage. Mais cette signifiance n'est pas pour l'Absent une façon de se donner en creux dans la présence du visage... »[3].

Sans rentrer dans le détail de son argumentation, précisons ce point. Sartre pose en effet une Absence de l'Autre, mais cette absence procède de la suffisance du pour-soi qui, d'une certaine manière, se récupère en se faisant autre que l'Autre. Car, tout en étant une démystification de l'Être qui est à viser constamment, *L'Être et le Néant* est une formidable *apologie du désir comme source de la valeur,* certes il n'est nullement question de savoir quelle valeur choisir, ce qui importe est de créer une ontologie de l'impossible sur une liberté absolue. La double négation du pour-soi et du pour-autrui outrepasse l'accès au visage d'autrui en ce qu'elle décrit l'altérité en fonction d'une réappropriation du pour-soi par lui-même par l'exclusion de l'Autre.

1. François Georges, *Sur Sartre*, p. 308.
2. *Ibid.*, p. 315.
3. *Humanisme de l'autre homme*, Fata Morgana, 1972.

Nul face-à-face, pour reprendre un terme de Lévinas, mais circularité sans fin du pour-soi et du pour-autrui qui nous renvoie au mouvement de la conscience (de) soi. Or, la conscience pour Lévinas ne peut pas recevoir l'Autre, prévenir l'Autre. L'Autre a toujours déjà agi avant que je n'agisse. Le discours n'annule pas la *virulence* de l'Autre et le *logos* est débouté de ses prétentions dès lors que l'Autre n'agit plus à partir de la scission intra-consciencielle, et se trouve formulé éthiquement et non ontologiquement. Avant la scission de l'Être (séparation, division de l'en-soi et du pour-soi), l'Autre affecte la conscience de manière purement passive et, en un sens, m'humilie. Je suis dépossédé. C'est pourquoi la transcendance est unilatérale, car entre Moi et l'Autre il n'y a pas de circularité, l'Autre est notre blessure, notre Responsabilité, responsabilité pour autrui qui est l'un pour l'Autre (l'un pour l'Autre ?) et non l'autre pour moi.

On le voit, ces deux attitudes envisagent l'Absence de façon difficilement conciliable : si, pour Sartre, Autrui m'est présent partout, même quand il est absent, c'est que « ma certitude de l'existence d'autrui est indépendante » de telle ou telle présence-absence effective, car « c'est elle, au contraire, qui les rend possibles »[1].

Le Regard étant la vérité de cette certitude qui, à son tour, vérifie la validité de sa Loi par l'analyse concrète de mon être regardé, il y a bien deux pensées de l'Autre chez Sartre, mais ces deux pensées se rejoignent : Autrui radicalement contingent, c'est l'existencede l'Autre comme scandale insurmontable, son absence- présence, mais ce fait absolu « qu'on ne peut déduire des structures ontologiques du pour-soi... » [2] est « impliqué dans la structure de la conscience comme Dieu dans le cogito cartésien »[3], si bien que l'actualisation de ce fait dans le discours y est présupposée et a déjà eu lieu.

1. *L'Être et le Néant,* p. 340.

2. François Georges, *op. cit.,* p. 314.

3. *L'Être et le Néant,* p. 345. Cf. à ce sujet, ce qu'écrit E. Lévinas dans *La Substitution* : « Les philosophes ont le plus souvent décrit l'identité du soi-même par le retour à soi de la conscience. Pour Sartre, comme pour Hegel, le soi-même est posé comme un pour-soi. »

Le pour-autrui ferme la boucle du pour-soi en lui insufflant la force d'un nouveau déploiement. C'est un peu comme si l'efficace du pour-autrui, mon arrachement à Autrui – et là-dessus Sartre est très cohérent – ne se reconnaissait que par rapport et relativement à l'avenir du pour-soi, l'Autre, alors, « n'existe pour la conscience que comme soi-même refusé... (et) est avant tout celui pour qui mon Pour-soi est refusé ».

Lorsque E. Lévinas cherche à cerner l'idée d'un mouvement sans retour qui ne serait pas le résultat d'une scission dans l'Être émise par un Pour-soi récurrent se nourrissant d'autrui à partir du soi-même refusé, il pense la récurrence tout autrement : il l'installe, si l'on peut dire, au cœur du soi avant que celui-ci ne se réalise dans l'horizon de son apparaître, indiquant de ce fait qu'elle a déjà eu lieu dans une unité présynthétique d'une positivité injustifiable. Mais le Moi, ainsi mis à nu, mal dans sa peau, se sait habité d'une « responsabilité antérieure à tout engagement libre, responsabilité pour la liberté des autres ».

Si Sartre a pu écrire qu'en un certain sens « je choisis d'être né »[1], cela ne pouvait être que sous la glorieuse assomption du pour-soi ; afin de bien laisser entendre qu'il ne peut y avoir de principe d'individuation extérieure au Moi ; Lévinas quant à lui oppose le Moi au soi, il exclut de ce dernier tout mouvement d'appropriation qui pourrait désigner la récupération de mon identité déçue en présence d'autrui.

Chez Lévinas, l'identité ne se décline pas et c'est dans la mesure où l'ipséité se révèle être une « unité irréalisable » qu'elle ne peut sortir du Soi et se débarrasser de son Moi ; dans cette mesure donc, l'ipséité se découvre dans sa facticité radicale qui lui dicte sa responsabilité incommensurable devant l'Autre. L'absence de l'Autre, au lieu de se fondre et finalement disparaître dans le jeu de sa relation à autrui dont elle procède, témoigne d'une humiliation antérieure à toute réflexion, *trace* qui affecte la conscience mais de manière purement passive. Ce rapport est totalement invisible,

1. *Ibid.*, p. 641.

en cela il diffère vraiment du regard d'autrui, et, comme c'est un absolu, on peut dire qu'il n'est jamais réellement dans l'Être tout en l'attaquant. Cette dépossession qui ne vise aucun ressaisissement déjoue tout processus affirmatif du pour-soi créateur de valeurs, elle n'assure aucun relais entre l'Être et son avenir. En un mot, il n'y a aucune disposition de la conscience, aucune précaution capable de prévenir l'Autre. L'autre n'annule pas la VIRULENCE *de l'Autre* qui échappe de surcroît à toute ontologisation.

Il n'est pas dans notre intention de développer ici les analyses de Lévinas, notons simplement que les références à Sartre sont fréquentes dans les textes que nous avons pu lire, elles offrent au lecteur un heureux va-et-vient entre ces deux pensées, et sont utiles dès lors qu'il s'agit de les situer dans leurs limites respectives.

Ayant rappelé l'ultime cohésion de l'analyse du pour-autrui dans *L'Être et le Néant*, nous devons maintenant revenir à l'Ego flaubertien. Mais, avant de *repréciser* la nature de ce Moi allogène, nous devons parler du langage[1], tel qu'il s'éprouve chez le jeune Flaubert. Alors, nous serons mieux armés pour jauger cet objet curieux : l'Ego impersonnel de Gustave Flaubert.

B / *Parler*

Le problème est simple, à 9 ans, Flaubert a décidé d'écrire parce qu'à 7 ans il ne savait pas lire. Citons le document dans son entier, il émane de Caroline Commanville :

« Ma grand-mère avait appris à lire à son fils aîné. Elle voulut en faire autant pour le second et se mit à l'œuvre. La petite Caroline à côté de Gustave apprit de suite, lui ne pouvait y parvenir, et après s'être bien efforcé de comprendre ces signes qui ne lui disaient rien, il se mettait à pleurer de grosses larmes. Il était cependant avide de connaître et son cerveau travaillait... (un

1. « Le langage c'est l'être pour-autrui », écrit Sartre dans son article sur Parain.

peu plus tard, le père Mignot lui fait la lecture) dans les scènes suscitées par la difficulté d'apprendre à lire, le dernier argument de Gustave, irréfutable selon lui, était : « A quoi bon apprendre puisque Papa Mignot lit ? Mais l'âge du collège arrivait, il fallait à toute force savoir... Gustave s'y mit résolument et, en quelques mois, rattrapa les enfants de son âge. »[1]

Ce court récit, Sartre nous le propose comme la clé de voûte de son interprétation, maintes fois reprise, des fameuses hébétudes de l'enfant ; c'est à partir de ce mauvais rapport initial au langage que Sartre tente d'élaborer le devenir-langage du futur écrivain.

Voyons cela de plus près. Pour exister, moi, il faut que je ne sois pas l'Autre. Truisme ? Chez Flaubert, il s'inverse : pour exister, il faut qu'il soit l'Autre : « Gustave ne s'y retrouve jamais. »[2] Nous l'avons vu, sans refus, sans révolte, le risque d'une assimilation totale de moi à autrui devient le ressort de l'ipséité. Plus qu'une hantise, c'est une insuffisance d'être. Il est donc nécessaire de débusquer ce qui pourrait justifier la soumission du jeune Flaubert au langage des adultes.

Le ressentiment tel que nous l'avons vu introduit, postule l'irréversibilité d'une conduite bien plus tardive, après l'âge d'or. On ne peut reprocher à Sartre d'avoir traité le ressentiment comme une notion, il en fait avant tout une méthode, de même qu'il parlera d'engagement hystérique lors de la crise de 1844, mais ce qui en fait irrémédiablement un objet de pensée, une évaluation, c'est l'idée que le ressentiment est forcément un moindre être.

Nietzsche, dans ses lettres à P. Gast, se reprochait de n'avoir pas chassé le ressentiment de son crâne lorsque de mauvaises pensées l'assaillaient. Pour Flaubert, la question est d'emblée tranchée : si l'on est le ressentiment, on a à le devenir et la littérature n'y peut rien, ou plutôt elle peut tout, c'est le lot du *fatum*, mais dans ce cas on ne voit pas pourquoi l'activité passive serait un défaut d'être par rapport à ce qu'elle n'est pas. Si,

1. *L'Idiot de la famille*, t. I, p. 14.
2. *Ibid.*, p. 372.

comme dit Nietzsche, tout est remède ou poison, ce qui est méthode pour Flaubert peut-il devenir objet, ou principe d'un discours dont la prétention est de rabattre la méthode sur des objets qui n'ont rien à voir avec elle. La méthode chez Flaubert fait corps avec les symptômes qu'elle engendre, que pouvons-nous y opposer ? La pensée du ressentiment pas plus que la volonté se puissance ne sont des objets d'analyse, ils sont ce qui philosophe ou s'écrit pour une politique inconsciente au cœur de l'individu. La différence étant que Flaubert n'a jamais parlé du ressentiment pour son compte, et que, si l'homme est ce qu'il fait de ce qu'on a fait de lui, comme a pu l'écrire Sartre, on ne voit pas comment il serait autre que l'autre en lui-même déposé. Il est curieux de constater à quel point le futur névrosé est à la fois sauvé et enchaîné par ses propres déterminations alors que celles-ci sont, aux yeux de Sartre, le lieu d'une déchirure et d'une douleur fantasque.

Sartre, qui est tout le contraire d'un écrivain de la douleur, s'intéresse d'abord aux douleurs représentées, s'arrangeant toujours pour les décrire dans ce qu'elles ont de ridicule ou de foncièrement faux. Sartre a la passion des douleurs aménagées, protégées, économisées, douleurs qui font mourir ceux qui les côtoient, telle Marie Gerhard, l'épouse de S. Mallarmé que celui-ci réduit à « un fantôme d'épouse, rongée d'abstraction, de regrets, et ne lui inspirant que des sentiments abstraits »[1].

Le ressentiment n'explique pas tout, d'où l'importance accordée par Sartre à l'usage particulier que l'on fait des mots : apprentissage du rôle de l'oral, de la voix, de la poésie, de la prose, etc. Nous ne sommes pas loin de la notion d'écart stylistique telle qu'elle a pu se développer chez L. Spitzer[2], mais c'est d'abord dans l'apprentissage du langage et non dans l'œuvre, que

1. *L'Engagement de Mallarmé,* p. 181, in *Obliques,* 18-19.

2. Cf. l'introduction, fort édifiante, de Jean Starobinsky aux *Études de style* de Léo Spitzer, et le rapprochement qu'il fait entre la notion d'écart stylistique et celle du différentiel chez Sartre (Gallimard, « Tel », p. 21, 1980).

Sartre cherche à la déployer chez Flaubert comme il le fit chez Mallarmé en réinventant son être orphelin.

Sartre s'est toujours déjoué des conceptions foncièrement piétistes du langage qui en font un système de signes autonome et extérieur aux sujets d'énoncés conscients, « le langage n'est pas un phénomène surajouté à l'être-pour-autrui... »[1], le langage ne peut fournir, à lui seul, la clé des relations médiates entre soi et les autres. Il y a certes une origine à la cause des névroses qui prend sa source dans l'accès à l'ordre symbolique, mais cet ordre n'explique pas tout.

Comprendre une phrase, c'est épouser son mouvement dans sa transcendance ; c'est, par conséquent, déchiffrer une situation qui ne peut « s'interpréter qu'à partir de la néantisation d'un donné »[2]. On ne peut faire du langage « une langue qui se parle tout seul »[3]. Le « langage renvoie à la pensée et la pensée au langage »[4], soit, mais comment le langage s'offre-t-il à la pensée ? Par la parole, dira-t-on. Mais en quoi la parole préserve-t-elle l'esprit de la lettre ?

Il faut oublier les mots, ou tout au moins se garder de les prendre pour autre chose que des objets transcendants : « Il ne s'agit pas, bien entendu, de penser sans mots : mais l'intellection – ou la compréhension – quand elle est entière, définit une série pratiquement illimitée d'expressions verbales et se fait règle *a priori* pour choisir parmi celles-ci la plus propice en chaque circonstance et selon chaque interlocuteur. »[5] Le langage n'est pas avant l'homme, ni derrière l'homme. L'homme est au milieu du langage : « Le langage c'est moi et je suis le langage. »[6] Seule l'idée en tant qu'elle s'impose dans l'infini de ses remplaçants possibles nous prescrit la valeur et la position du sens. L'expression n'est pas plus une qualité du langage

1. *L'Être et le Néant*, p. 440.
2. *Ibid.*, p. 598.
3. *Ibid.*, p. 599.
4. *Ibid.*, p. 601.
5. *L'Idiot de la famille*, t. 1, p. 22.
6. *Ibid.*

qu'une vertu de la langue, on ne trouvera chez Sartre aucune dévotion, ni dans l'un ni dans l'autre.

Il est vrai que Sartre n'est pas plus dévot envers le style[1], bien qu'il produise l'universel singulier[2], ce n'est qu'une manière, parmi d'autres, « de présenter l'être-dans-le-monde »[3]. Mais il est vrai aussi que, sur cette question, ses sentiments sont ambivalents, le style n'est pas rejeté mais il est souvent frappé de suspicion :

« Le style n'est pas seulement une manière de dire ce qu'on a à dire, mais une manière de ne pas dire ce qu'on a à ne pas dire. »[4] Reste que ça ne suffit pas pour expliquer une méfiance qui s'amenuise d'ailleurs en face de Mallarmé.

On ne saura rien du langage et encore moins du style si on ne les soumet pas à la maladie de l'être-dans-le-monde. Le travail sur la langue, la puissance du texte sont des valeurs relatives au « type d'insertion dans l'être de la réalité humaine »[5], ici Sartre est très proche de M. Dufrenne lorsque celui-ci affirme que « le premier événement – la condition de tout événement – c'est l'événement de l'apparaître contemporain du surgissement du sujet »[6].

Ce surgissement qu'est-il donc chez Sartre sinon « la structure *a priori* de notre affectivité » par laquelle s'annonce notre liaison à tout le réel et se fonde notre « attitude envers l'être », « qualité pure » pour nous, « indéfinissable style » pour les autres, par elle s'annonce notre finitude sur le fond du monde que nous créons[7]. Tout le réel, voilà la réponse ! Encore faut-il préciser que cette totalité qui incorpore tous les hasards n'est pas définie puisque c'est par elle que j'entreprends de me définir sur la base d'une compréhension pré-onto-

1. On relèvera cette phrase de la préface du *Traître* : « ... N'attendez pas ce *geste* qu'est le style : tout est en acte » (souligné par Sartre).

2. *Plaidoyer pour les intellectuels*, p. 109.

3. *Ibid.*

4. *Obliques*, numéro spécial Sartre.

5. *Ibid.* « Ou l'homme est un caillou ou il est le rapport originel, c'est-à-dire l'être par qui le rapport apparaît dans l'être, ou encore le fondement de tous les rapports. »

6. *Le poétique. Pour une philosophie non théologique,* PUF, 1973, p. 54.

7. Cf. *L'Engagement de Mallarmé,* 1952.

logique dont ma vie vécue définira justement ma relation à tout ce qui m'écrase ; le fond de l'univers contre l'univers sans fond.

Le langage n'est pas responsable : « ... Il ne peut y avoir *a priori* d'inadéquation radicale du langage à son objet pour cette raison que le sentiment est discours et le discours sentiment... »[1] On ne peut imaginer plus grande confiance. On ne sait si elle nous renvoie à la suffisance du discours ou à celle du sentiment puisqu'ils s'équivalent. De toute manière, cela nous ramène à Autrui[2]... Nous en avons déjà parlé. ce qui est important, c'est la distance absolue que j'ai eu égard au réel, mon « degré d'inclinaison sur le monde », ce que j'en retiens, la distance qui me saute aux yeux si l'on veut, l'illumination dans la présence d'un monde qui n'entend rien, tel celui de Chateaubriand qui nous baille « des mouches luisantes » qui « brillaient parmi les arbrisseaux encrêpés, et s'éclipsaient lorsqu'elles passaient dans les irradiations de la lune »[3]. Une nausée spirituelle.

Certes, la distance qui sépare le sentiment du discours ne peut totalement s'abolir (ce serait faire du langage une pure transparence de la conscience), mais il serait vain de vouloir chercher chez Sartre une quelconque conception du langage faisant de celui-ci le repère secret d'une autonomie de la chaîne signifiante rompant la douce harmonie du savoir et de la vérité. La vérité, comme il le dit, est toujours une entreprise dont on ne peut tabler l'impossibilité indépendamment des pouvoirs de l'Ego. Or, l'Ego, il nous appartient mais comme une pure entité transcendante.

Flaubert est mal loti, nous l'avons vu, sans compter qu'à l'âge où tout le monde parle, il en est encore à imiter les parleurs. Rien ne viendrait justifier une telle attitude si ne se logeait en lui « une option secrète pour l'INARTICULÉ ». Pas besoin, donc, de partir d'une philosophie du langage pour expliquer un tel nœud, Sartre

1. *L'Idiot.*

2. « L'autre en moi fait mon langage qui est ma façon d'être en l'autre. »

3. Chateaubriand, *Mémoires d'outre-tombe*, t. I, Flammarion, p. 336.

fait prévaloir la néantisation et ce qui la soutient à toute autre conception : cette constatation parie en droit pour l'idée d'une spontanéité dégradée.

Il y a chez Sartre une morale du langage dont il est difficile de déceler la part d'optimisme ou de réalisme outrancier. Les mots sont là, comme les objets qui m'entourent, dehors, comme gisant dans d'énormes vasques dont il faudrait saisir les grappes fleuries qui débordent, mots insolites ou vertigineux, écoutés, subis dans une espèce de solennelle magie ; et, en effet, si l'on s'en tient aux mots, loin de la phrase et de son intellection, si l'on ne retient que leur absconse résonance, la crainte d'un usage imparfait de leur fonction se meut en un empoisonnement sans recours : « Des noms vertigineux conditionnaient mes humeurs, me plongeaient dans des terreurs ou des mélancolies dont les raisons m'échappaient » *(Les Mots).*

Cette alacrité mensongère qui innerve le sens et provoque des séductions incontrôlables, Sartre, dans son autobiographie, l'attribue à la comédie des adultes, à l'imposture et au vide qu'elle lui dévoile. Même programme au fond pour le jeune Flaubert : « Le *Mot* ce fut pour lui, d'abord, l'outil et le résultat des opérations analytiques que les adultes, du dehors, effectuaient sur lui »[1], mais, tandis que le premier se dérobe de cette fausse plénitude par un constat de non-lieu[2], le second se fixe sur l'ineffable densité du mot et en suspend le sens : « Gustave ne produit pas de sens... *Le mot n'est jamais sien.* »[3]

Nous disions à l'instant que Sartre laissait prévaloir la néantisation, c'est-à-dire finalement l'être-au-monde à tout à priorisme langagier. Nous devons préciser. Ce que Sartre repère chez le jeune Flaubert ne peut aucunement se rapporter à un trait d'essence du langage en général, il n'y a pas chez Sartre de primauté ontique du langage qui impliquerait un accès ontologique privilégié

1. *L'Idiot de la famille*, t. I, p. 40.

2. « Absorbant le verbe, absorbé par l'image, je ne me sauvais, en somme, que par l'incompatibilité de ces deux périls simultanés ». Cf. *Les Mots*, Gallimard, « Folio », p. 50.

3. *L'Idiot de la famille*, t. I, p. 26.

et serait une détermination empirique ultime dans le transcendantal.

Le langage n'est pas une présence différée dont il faudrait, par un mouvement pur, irréductible à tout signifié, dire l'absence d'origine. Le langage est au contraire l'approfondissement de mon rapport à l'objet en tant qu'il « m'apparaît comme ce qui me désigne dans la mesure où je fais un effort pour désigner l'objet »[1].

La signification garde tout son prestige, puisqu'elle ne vaut que par la transcendance qui la porte et ne s'obtient que dans une compréhension qui implique un dépassement du mot vers l'idée qui est pure transcendance. « Le langage par lui-même n'est pas trompeur, quand nous dépassons chaque mot vers l'idée, la perméabilité des consciences est telle que la naïveté n'est plus concevable. »[2] Pas plus que l'expression n'est l'otage de la signification, la signification n'est prisonnière du signe. Parler, ce n'est rien d'autre qu'approfondir « une conduite déjà parlante », note Sartre.

L'expression mobilise le sujet et l'accorde à sa parole comme la signification l'accorde au signe. Reste que, si la compréhension « s'arrête avant d'être achevée » et que le sens « au lieu de se faire schème... reste agglutiné au signe..., l'idée reste captive de l'expression »[3].

C'est un peu comme si la puissance expressive du mot, retenue par le sujet qui la met en jeu, restait captive de la suprasensibilité du signe ; comme si le mot, au lieu de viser l'objet ou l'idée, se donnait tout entier dans son exhibition. En quoi la chair du mot, cette « saveur que précisément la *poésie* nous donne »[4], est-elle un manque de vigilance et d'attention, une réduction de la portée significative des mots ? Est-ce qu'une telle attitude nous induit trop dans le monde polyvalent de l'expression et dans l'incantation sommaire de sentiments mal dégrossis ? Pas vraiment. Sartre cherche avant tout à distinguer, assez curieusement, le langage écrit du

1. 1965.
2. *L'Idiot de la famille*, t. I, p. 23.
3. *Ibid.*, p. 23-24.
4. M. Dufrenne, *op. cit.*, p. 87.

langage oral. Le langage oral, tout comme l'image pesante qui se dégage de l'écrit quand celui-ci se prend pour le travail redoublé de la voix (voir, par exemple, les blocs d'images de Genet et le stade onaniste de son écriture), est perpétuellement menacé de tomber dans le rêve éveillé s'il ne réalise pas les promesses de l'intuition nominative qui est saisie concrète de la chose et *dépassement de la matière sonore* vers le sens qu'elle vise.

Si la poésie, comme disait Valéry, est hésitation entre le son et le sens, on ne peut dans cette perspective lire un poème et s'assurer de sa saisie, qu'en privilégiant le sens.

Or, relisant « Le Condamné à mort », Sartre écrit : « Le vers tient debout par ses propres forces et *l'étonnante cohésion de ses monosyllabes cimentées par le rythme*. Il se termine de lui-même : le dernier mot attire la voix et l'arrête sur lui, elle s'y repose... »[1], mais cette analyse débouchait finalement sur une alternative sans issue, car on ne peut à la fois exhiber la matière sonore pour elle-même et préférer la prose, ce que vise en fin de compte Genet. La « vraie poésie est intraduisible »[2], tandis que la prose exige reconnaissance et réciprocité.

Par certains côtés, l'opposition du langage oral et du langage écrit recoupe chez Sartre celle de la poésie et de la prose. Otage de sa voix, otage du signe, prolifération indistincte d'images ou de sonorités sont une défaveur inhérente au langage coupée de son intellection.

Y a-t-il pour autant une supériorité de la prose sur la poésie ? A lire certains passages de *Qu'est-ce que la littérature ?* on pourrait le croire. Le poète « considère les mots comme des choses et non comme des signes »[3], il est du côté de la substance et non de la signification, son langage nous invite à goûter le déploiement naturel de la phrase faite d'associations composites et de constructions présignificatives ; la poésie nous donne la saveur et la tonalité de mots magiques qui nous retiennent d'aller trop vite au sens conceptuel.

1. *Saint Genet*, p. 482.
2. *Ibid.*, p. 487.
3. *Situations* II, NRF, 1965, p. 64.

Si l'on veut définir la poéticité, il faut se garder de confondre le mot, la syntaxe, le rythme et leur correspondance interne d'avec les lois ordinaires de la parole et de la prose qui impliquent un « au-delà des mots », tandis que le poète est en deçà, non pas que le poète soit à l'abri de la signification proprement dite, mais elle est pour lui « naturelle », il se sert des mots sans être investi de leur valeur d'instrumentalité. Il n'y a donc pas supériorité de la prose, mais différence sans commune mesure. On ne trompe pas la prose ; un écrivain discursif ne peut se méprendre sur elle, ainsi va de Genet qui « entre *Le Chant funèbre* et *La Galère*... a commencé d'écrire *Notre-Dame des fleurs*... »[1] et découvre peu à peu la force de la prose.

La magnificence du mot, jusqu'alors enchaînée à la voix qui le proférait, voix volontaire et fatale, par une décision inconnue, s'étanche et se disperse pour enfin disparaître, recouverte par une nouvelle posture : « Il *écoutait* les mots tout à l'heure. A présent, il va diriger son attention sur l'acte verbal, se saisir en train de parler. »[2]

Puis, cédant le pas à d'implacables images, à l'instar de ses personnages chargés d'incarner la providence qu'il recrée, Genet se laisse gagner à la *nomination solennelle* de l'essence ; sondant la rigueur d'une cérémonie savamment orchestrée, il prépare dans une indifférence suprême son « besoin d'autrui au sein de la plus orgueilleuse solitude »[3].

Sa victoire verbale, Genet la doit à la conquête de la prose, digne accomplissement de la traîtrise. Une prose évidée de ses anecdotes habituelles au service d'une expérience éthique qui se confond avec l'expérience verbale. La prose a gravé un *enjeu* que la poésie n'avait pas su atteindre.

Que la prose, à son tour, devienne poétique ne change rien à l'affaire. Il a fallu détruire le piège narcissique de celui qui parle pour s'entendre parler, il a fallu

1. *Saint Genet, comédien et martyr*, NRF, 1969, p. 493.
2. *Ibid.*, p. 508.
3. *Ibid.*, p. 534.

débouter les « blocs sonores »[1] de leurs prétentions auditives, et, à partir de l'expérience du « Condamné à mort », défi lancé aux compagnons de cellule, ressentir le mépris « étincelant du dédain des autres », jouir de la beauté du poème « à lui seul » révélé.

C'est dans l'ardeur de ce pari solitaire que Genet a compris qu'il ne pouvait plus reculer. La prose à venir sera « moyen » de la poésie et non l'inverse, la poésie sera « parasite de la prose », mais cette « prose fausse », « hantée par la catastrophe poétique [2] » n'en sera pas moins un discours prosaïque particularisant la prose de Genet.

Le prosateur a tué la poésie en lui pour venir la greffer sur la prose des justes. Cessant de s'occuper de lui, abandonnant sa voix aux ombres cellulaires, il vampirise la langue en lui volant ses attributs « parce qu'il est beau d'offrir la plus belle prose en holocauste à la poésie »[3].

On pourrait dire que, tout d'abord ontologique et personnelle, la poésie recouvre ses droits en devenant éthique et impersonnelle. C'est en s'oubliant, c'est-à-dire en refusant de partir de soi – de sa voix, de son corps, de ses gestes, de ses cris – que Genet devient prosateur et c'est en devenant prosateur qu'il poétise son oubli dans un ordre qui ne lui doit plus rien. La poésie est naturalisée, use la prose et la bassine sans répit par les moyens de la prose, et ce *ad infinitum*.

L'enjeu de la prose était de contraindre le lyrisme hallucinatoire (les blocs d'image, etc.) à pénétrer une matière qui le dresse, quitte à ce qu'il réapparaisse, transmué, pour des fonctions plus nobles : l'assassinat. Seule la prose peut tuer la poésie onaniste et dilatoire et faire surgir une poésie qui la tue : « Ainsi la poésie dévore la prose, elle est son irréalisation perpétuelle. »[4]

Rupture consciente (Flaubert) ou involontaire (Genet), les grands prosateurs ont souvent besoin de tuer le lyrisme poétique de leurs premières ébauches,

1. *Ibid.*, p. 473.
2. *Ibid.*, p. 560.
3. *Saint Genet, comédien et martyr*, p. 560.
4. *Ibid.*, p. 573.

quitte à ce qu'ils en désirent un retour transfiguré : « Ah ! Quand donc pourrais-je écrire en toute liberté un sujet poétique ? », se demandait Flaubert[1]. Revenir à la poésie ou au lyrisme nécessite d'approfondir la prose et de se lamenter sur elle, de se heurter à la phrase pour retrouver « un style qui serait beau... rythmé comme le vers... »[2]. Rejoindre la poésie ou le lyrisme équivaut chez certains prosateurs à les exhiber *d'abord* comme des lettres mortes (Flaubert), mais ce peut être aussi les fustiger définitivement de leur insolence et cracher sur le paradis perdu d'une jeunesse immature (Kundera)[3].

Genet n'appartient à aucune de ces démarches, il *joue* la carte de la prose pour en accélérer la déflagration. Il épuise d'un seul geste ce qui légitime et détruit dans le même mouvement d'écriture la poésie nouvelle et la prose éternelle.

Si la prose est devenue dans son ampleur poétique suffisamment ténue pour exiger la poésie, elle devient elle-même poétique et heureuse *« symphonie littéraire »* (Mallarmé) qui, encore plus profondément que le poème en prose, justifie toute langue et en appelle au livre : « Ce roman mallarméen dont parlait une fois Blanchot, c'est Genet qui peut l'écrire. »[4]

Nul défi au départ du projet poétique de Flaubert sinon qu'il a décidé d'écrire à 9 ans parce qu'à 7 ans il ne savait pas lire. Philippe Gavi remarquait qu'il admirait beaucoup « la tentative de Sartre, à travers Flaubert, d'élaborer une sorte de théorie générale de la personnalité... », il s'empressait d'ajouter qu'il préférait pour lui-même l'intimité du détail et du fragment.

Ce qui gêne sans aucun doute, aujourd'hui, ce n'est pas tant l'idée de théorie générale – toute théorie, à défaut d'être générale, se doit d'être systématique – que celle de *personnalité*. On a souvent confondu, par ailleurs, la fragmentation et son rejet de la totalité (de la

1. Flaubert, 2 juin 1853, à Louise Collet.

2. *Ibid.*, 24 avril 1852.

3. « La jeunesse est horrible : plateau où, sur les hauts cothurnes et dans les costumes les plus variés, des enfants s'agitent et profèrent des formules apprises... » (*La Plaisanterie*, Gallimard, « Folio », p. 136).

4. *Saint Genet*, p. 638.

globalité) et le fragment. Le fragment a une histoire dont la plus vivante est sans conteste l'aventure de l'Athenaeum, il a toujours désigné l'individuation comme telle et sa vérité ne fut jamais de celle qui consiste à découper le réel, à le fragmenter. Le fragment mobilise l'individu et, comme le note Blanchot, n'exclut pas mais dépasse la totalité. On pourrait même dire qu'il s'en empare pour mieux la dépasser. L'idée de théorie générale ne s'oppose pas au fragment puisque que celui-ci est déjà une théorie générale, une universalité, une « méthode... qui convient à l'accès à la vérité » [1], au mime le plus complet de l'organicité individuelle. Le monde ne se détaille pas, même quand l'œuvre porte sur un détail.

Ce qui dérange donc à la lecture de Flaubert serait plutôt que rien ne déborde la totalité et que l'on puisse fonder une notion dont on n'aime généralement pas la résonance, celle de *personnalité,* sur une totalité close. Le fait est que Sartre ne ménage pas Flaubert et pourtant, en un sens, lui reste fidèle. On peut tout dire de *L'Idiot de la famille,* son ennui, sa hargne : « Nous sommes suspendus aux mots et c'est le vide autour... »[2], déplorer ou se satisfaire du peu d'incidences de l'ouvrage, mais est-il tellement utile de drainer des propos sur l'importance historique de Sartre ou de ridiculiser certains traits de la phénoménologie à la française[3] ? Certes il est bon de pointer des grondements quand ils sont justifiés et de douces attaques sont parfaitement honorables, mais notre propos beaucoup plus modeste n'est pas à même de se mesurer à de si graves confidences.

L'Idiot de la famille nous apparaît plutôt dans sa tentative comme une gageure dont certaines intuitions nous permettent de mieux comprendre Sartre et Flaubert ensemble. Constat banal et il est difficile de savoir exactement ce qu'on apprécie chez un écrivain. Disons,

1. Ph. Lacoue-Labarthe, J.-L. Nancy, *L'Absolu littéraire*, Le Seuil, 1978, p. 65.

2. A. de Lattre, *La Bêtise d'E. Bovary*, Corti, 1980, p. 103, lettre ouverte à J.-P. Sartre.

3. *Derrière Glas*, p. 20, à propos du *Saint-Genet.*

pour être limpide, qu'en dépit de sa précipitation, de ses longueurs, de ses répétitions, nous préférons *L'Idiot de la famille,* mis à part *L'Être et le Néant*, à tout le reste de l'œuvre de Sartre. Nous n'aimons pas beaucoup sa littérature. Sans importance ? Mais alors, pourquoi ce livre-ci ?

L'Idiot, très antiflaubertien, pour le type de littérature qu'il représente, est un livre d'artisan qui n'aurait pas voulu effacer les aspérités de son travail (soit l'exact opposé des *Mots et les Choses*, par exemple), qui se serait laissé guider par lui mais sans vouloir effacer les esquisses, les brouillons, les notes prises hâtivement. Ce que Sartre dévoile de Flaubert lui sert en même temps à s'exposer, à se chercher. Mais le Sartre écrivant n'exhibe ni Flaubert, ni Sartre en *personne*, il exhibe la finitude en personne, soit l'envers de la *personnalité* qui, de ce point de vue, est une notion imaginaire. Et la *finitude* qui parle sait déjà qu'elle n'a plus de visage, qu'elle parle dans l'ornière de ce qu'elle a déjà cessé d'incarner, comme une main qui avance toute seule, comme « maladie plus profonde poussée jusqu'à la néantisation »[1]. Nous y reviendrons. En tout cas, il nous paraît inutile d'opposer la fragmentation-dispersion (faux fragments) à la globalité (fausse totalité), car la finitude n'est pas plus totale qu'elle n'est fragmentaire, c'est ce que nous verrons ultérieurement.

Condamné à écrire, l'enfant Flaubert répugne à se servir des mots comme des ustensiles, il mésuse du langage, car il n'a su, lors de son apprentissage de la lecture, dissocier phonèmes et morphèmes. Cette conscience particulière qu'il a des mots, vaguement entendus, vaguement perçus, le relègue à une indétermination croissante de sa fonction langagière et l'oblige à ne saisir que la persistance matérielle et sonore des vocables, au lieu d'en accrocher la valeur signifiante. Cette naïveté, qui précède le verdict familial, se retrouve lorsqu'il faut commencer à déchiffrer les phrases. L'enfant s'avoue incapable de dissocier la phrase du mot, car « le sens et la matière sonore » sont chez lui indifférenciés : « Le mot

1. *L'Être et le Néant,* p. 712.

reste la *parole de l'autre* et le sens ne se distingue pas du son, c'est-à-dire de la voix qui l'a proféré. »[1] Le langage est la forme essentielle de son aliénation parce qu'il ne comprend pas la fonction du langage écrit : « Il ne comprend pas ce qu'on lui demande »[2], il se refuse à autonomiser cette pratique active puisqu'il n'est que l'effet de son mode d'être, de son activité passive, toujours est-il qu'il l'enchaîne au *langage oral « ad vitam eternam »* : « Jusqu'à la fin de sa vie, Gustave verra dans le langage écrit un mode inessentiel du verbe destiné à préparer la forme verbale absolue, c'est-à-dire du langage oral. » [3]

La lecture désoriente les blocs sonores qui l'habitent, ceux-ci jusqu'à présent avaient toutes les marques de l'indivisibilité, ils étaient le langage Flaubert, des phonèmes subis, or, « on lui dit à présent que les morphèmes, on doit les faire »[4].

Il voyait les significations du dehors, c'était son option secrète pour l'inarticulé, « il fait usage des mots mais... il ne parle pas »[5]. Voilà qu'on lui demande de décomposer et recomposer le signe avec son sens, de rattacher la signification à l'expression. A 6 ans, il confondait le signe et la signification comme si « le sens au lieu de se faire schème conceptuel et pratique... restait agglutiné au signe »[6], mais sa confiance n'était pas entamée, or voilà qu'on lui demande de refaire pour lui-même ce qui lui semblait être le fruit d'un univers homogène et neutre.

Le langage oral, le langage parlé ne sont pas intrinsèquement différents du langage écrit, mais ils se prêtent plus aisément à la complaisance des autres, on écoute comme on s'écoute parler. L'enfant des mots prend sa revanche et rétablit l'ordre des raisons dans le monde acculturé des bavards. Pour le jeune Flaubert, le culte des mots ne se distingue pas de la voix des autres ; elle prolifère, et les bruits entendus, reflets mutilés d'une vie

1. *L'Idiot de la famille*, t. I, p. 362.
2. *Ibid.*, p. 364.
3. *Ibid.*, p. 363.
4. *Ibid.*, p. 364.
5. *Ibid.*, p. 40.
6. *Ibid.*, p. 23.

sans invention, se perdent avec mille autre sens dans le grand renfermement de la soumission : « Gustave, ce n'est pas même que (son) Ego lui échappe... c'est qu'il est d'un autre ordre et qu'il n'existe pas en dehors de l'univers des significations... en dehors du langage, puissance magique des grandes personnes. »[1]

Des blocs sonores hantent un enfant « sans lui appartenir » ; à l'offertoire des mots, il n'entend qu'une voix lisse et impérieuse qui lui tombe dessus, le rassure et l'entoure. Pour comprendre cette crédulité, dit Sartre, l'expliquer par l' « impact » du mot sur la conscience[2]. Un enfant qui n'assimile pas, aussi pétulant et fier qu'il soit, est un enfant dont l'imagination abstraite contient une humeur inquiète.

La parole, « c'est la mère, en lui, et c'est le père, tout-puissant »[3], nous connaissons ce portrait. Inutile d'en transcrire le manque d'allégresse. Celui que Sartre nomme le mal-aimé dans des pages fermes et condensées ignore tout de cet enchantement de l'enfance où, comme l'écrit Proust, grâce à ce commencement mental de baiser, on se compose un paysage capable de recommencer dans l'accomplissement de la félicité artistique. Gustave, rien ne vient l'arracher à l'immanence, et l'idée d'un tel commencement – « garder ma mère dans ma chambre pendant ces tristes heures nocturnes »[4] – lui est absolument étrangère. Sans idée, sans aucune idée, voilà l'évocation réduite à sa plus simple expression : « L'amour enseigne, s'il fait défaut, c'est le dressage. »[5] Gustave est un chien. Il sait qu'on parle de lui, mais, perdu dans le ronronnement sans fin de paysages désordonnés, il ressemble à l'animal égaré dont parle Sartre : il « s'affolait de ne pas comprendre ce qu'il comprenait »[6].

Le langage écrit garde la trace de cette crédulité, ou plutôt la crédulité qui marquait les évidences asserto-

1. *Ibid.*, p. 23.
2. *Ibid.*
3. *Ibid.*, p. 362.
4. *Du côté de chez Swann*, Gallimard, « La Pléiade », p. 43.
5. *L'Idiot de la famille*, p. 144.
6. *Ibid.*, p. 145.

riques du langage oral se retrouve dans le langage écrit. Un savoir impersonnel occupe le langage parlé, comme tout langage, mais ce savoir, s'il n'est pas fondé, dépassé par une vérité d'évidence qui transforme la vraisemblance première en vérité mienne, reste une sollicitation dénuée d'intuition : « La langue parlée sans le correctif de *l'évidence* est caractérisée par ce trait fondamental, la crédibilité. »[1]

Absence d'intuition, fuite devant l'évidence, substitution de la croyance à la vérité, toutes ces formules s'équivalent. C'est une anomalie qui se perd dans la puissance de néantisation du rapport à soi. C'est un problème de synthèse mal engrenée, un écoulement synthétique contre une affirmation synthétique. Un rapport à soi qui ne rapporte pas. Le savoir, s'il n'est pas fondé, reste la proie de la croyance, chez Flaubert « la croyance est le savoir par elle-même »[2]. La maladie du langage ainsi prospectée explique la maladie de l'être-dans-le-monde, laquelle éclaire les raisons de la première. L'évidence avortée, son empêchement constant, barre l'horizon du monde, car l'évidence en dernier ressort n'est que « l'existence comme libre organisme qui s'atteint sans cesse et qui touche le monde autour de soi »[3].

Si les significations oscillent entre la croyance et l'acte, cela tient à ce qu'elles m'affectent d'abord de plein fouet comme « l'acte royal de l'autre », mais ce premier moment passif « se dépasse immédiatement vers la réciprocité »[4], cela veut dire « que je reprends l'affirmation de l'autre, conformément à son exigence, mais en présence de la chose, à travers l'intuition que j'en ai »[5]. Ces deux moments sont souvent confondus, mais, si cette récupération dans la réciprocité vient à manquer, l'Ego vidé de son intuition devient pour lui-même objet de croyance, *croyance également pour ses*

1. *Ibid.*, p. 163.
2. *Ibid.*, p. 171.
3. *Ibid.*
4. *Ibid.*, p. 163.
5. *Ibid.*

propres qualités si bien « qu'il (Flaubert) exprime avant de sentir puis il joue à sentir ce qu'il exprime »[1].

Cette carence de l'expression, ce cercle infernal des significations qui se renferment sur soi faute de s'exprimer sont conjointement une mutilation de la compréhension, car, si l'idée se refuse, c'est faute de « réducteurs », véritables opérateurs d'évidence qui relient la signification et l'expression pour la libre affirmation d'un projet créateur.

« L'*estrangement*[2] n'a qu'une explication : il n'y a ni commune mesure ni médiation entre l'existence subjective de Gustave et l'univers des significations, ce sont deux réalités parfaitement hétérogènes dont l'une visite l'autre parfois. » Nature, culture, ces deux réalités recouvrent l'analyse de *Quidquid Volueris* (écrit à 15 ans) et réfléchissent cette brusque scission de la vie subjective et du langage chez le jeune Flaubert. L'animal, le singe Djalich, est bien celui qui ne parle pas et à qui l'on ne concède qu'une *poésie subie* : « Il voulut dire un mot mais il fut si bas, si craintif, qu'on le prit pour un soupir »[3], tel est celui dont la plainte se perd dans les torsions d'un corps simiesque, mélange éhonté de l'homme et de la bête. Cette plainte recueille pour Sartre la mémoire verbale des égarements de l'enfance et, dans le reliquat de cette mise à nu, nous révèle l'impact du mot sur la conscience de l'enfant : « Gustave veut *ne pas voir les mots* qui hantent sa poésie. »[4] Impact qui définit précisément l'option pour l'inarticulé et qui dessine le geste vécu de ce déploiement indifférencié que représente le langage sonore des adultes : « Gustave ne se sert pas des mots pour parler : il utilise certains d'entre eux dans la solitude... pour leur puissance de suggestion. »[5]

Le conflit nature-culture résulte d'un déplacement de symptômes plus profonds que Sartre qualifie de « maladie interne du langage » et, lorsqu'il reprendra

1. *Ibid.*, p. 170.

2. « Lacan traduit ainsi le terme freudien de *Unheimlichkeit* », note de Sartre, *L'Idiot de la famille*, t. I, p. 26.

3. Flaubert, *Œuvres complètes*, t. I, Le Seuil, « L'Intégrale », p. 103.

4. *L'Idiot de la famille*, t. I, p. 40.

5. *Ibid.*, p. 42.

cette idée à la fin du tome premier, le pouvoir de suggestion appliqué aux récits autobiographiques deviendra mise en scène du mot « hallucinatoire », pauvre reflet de ces forces primaires que le mot suscite mais ne peut incarner dans le vécu : « Certains mots me bouleversaient, celui de femme, de maîtresse surtout ; je cherchais l'explication du premier dans les livres, dans les gravures, dans les tableaux, dont j'aurais voulu pouvoir arracher les draperies pour y découvrir quelque chose. »[1]

Dans le dernier roman de Flaubert, « le sens se retourne sur lui-même à l'infini », écrit Claudine Gothot-Mersch, Sartre est trop impatient pour attendre l'affront final, une subtilité de ce type qui aura comme occupation de remuer le vieux fond des opinions reçues, il fallait bien lui trouver son ancêtre, et son système : un Ego flottant et crédule au sein de significations engourdies.

Cet amour qui nous donne la force de vouloir le vouloir, c'est la pure négativité du pour-soi rendue à ses erreurs vagabondes et à la libre nécessité de soi-même. Mais Gustave, nous l'avons vu, « jusque dans ce *pour-soi* fondamental, est travaillé par la frustration : *sa présence à soi est intuition d'un moindre être – la nature –* par comparaison à la culture, être indéchiffrable et supérieur »[2].

Ce manque d'amour est un *a priori*, il n'est pas un jugement sur la vie, c'est tout simplement un défaut d'être objectif et permanent. Or, comme l'écrivait A. de Waelhens[3], *le pour-soi ne peut modifier l'être.* Ce réalisme de la qualité (les qualités sont du côté de l'en soi), nous le rejoignons au niveau de *l'Ego* ; la qualité, disait-il, « vient de l'en-soi, la signification vient du projet, donc du pour-soi... (et) si la qualité est bien l'en-soi, sa signification résulte de sa rencontre avec nous... ».

L'être est soi, écrit Sartre dans *L'Être et le Néant*, « cela signifie qu'il n'est ni passivité, ni activité ». Dans *L'Idiot de la famille,* ce réalisme de la qualité se trouve en

1. G. Flaubert, *Novembre*, in *Œuvres complètes,* t. I, p. 249.

2. *L'Idiot de la famille*, p. 148.

3. Cf. son article De la phénoménologie à l'existentialisme dans les *Cahiers du Collège philosophique* : le choix, le monde, l'existence, paru chez Arthaud en 1947.

quelque sorte prolongé par un réalisme de la subjectivité ; Flaubert *est* le mal-aimé, le cadet, etc., c'est là sa qualité d'être, mais il *est* le cadet, etc., parce que sa présence à soi ne lui fournit pas les qualités nécessaires qui permettraient au pour-soi de réaliser pleinement son unité. Ce qu'il rencontre se pose déjà dans l'objectivité comme vérité subjective de son être. Il ne peut donc se débarrasser de cette qualité, tout au plus peut-il en précipiter les conséquences.

L'ipséité ne peut métamorphoser ce qui délimite son propre champ à l'intérieur de catégories objectives dont les qualités finissent par définir sa propre puissance de néantisation. Bien que le mot de « puissance » prête à confusion, c'est pourtant ainsi qu'il faut transcrire l'intrusion au niveau du pour-soi d'une préfabrication qui n'a rien à envier au réalisme de l'en-soi.

Avant, après l'apprentissage du *langage* écrit, c'est à chaque fois cette disposition inhérente à l'activité passive comme impossibilité de s'élever à la compréhension de soi par soi qui permet cette conclusion : « La fêlure intérieure, en soi, est présence à soi déjà. »[1] On saisit le renversement par rapport à *L'Être et le Néant*, la signification est atteinte en son propre projet. Sartre ne révise pas pour autant sa conception du langage. Sa position, somme toute assez limpide, se résume ainsi : pour jouir pleinement du langage, il faut d'abord exister pleinement hors de lui... Cette précellence du pour-soi, nous la suivons à la trace tout le long de son ouvrage.

Pour Flaubert, nous le savons, le soi reste formel et ne peut se sauver qu'en acceptant de se « loger secrètement dans l'Alter Ego qui le régente »[2].

Or, la subjectivité du soi qui « représente une distance idéale dans l'immanence du sujet par rapport à lui-même » demeure essentiellement déterminée dans sa dimension temporelle par le type de réduction opérée permettant d'accéder au surgissement du sujet dans l'inhérence à soi du phénomène. Cette immanence qui obéit à une identité préalable définit le champ transcen-

1. *L'Idiot de la famille*, p. 148.
2. *Ibid.*, p. 407.

dantal comme l'ensemble des rapports à soi qu'entretient une conscience. Cette ouverture continue dans le rapport immédiat de soi et du monde rapproche considérablement le rapport Individu/Idée en éliminant les médiations qu'il pourrait y avoir entre l'universel et le singulier. Dès lors, si l'Idée comme modèle de transcendance vient à manquer, ce ne peut être que sous l'œil désabusé du pour-soi. L'idée, disait Sartre dans son article sur Parain, n'a pas « besoin d'idées pour se comprendre. Elle n'est rien d'autre que l'acte pur d'intellection », *l'acte* (impossible chez Flaubert) tout comme la motivation et la fin, « constituent un continuum, un plein »[1] entièrement abandonnés à la puissance de néantisation du pour-soi.

La volonté chez Sartre ne peut être totalement autonome, la volonté a à être une fin qui préexiste aux fins qu'elle s'attribue. La volonté est du côté de la réflexion. Mais qu'une puissance précède la volonté n'exclut nullement le rôle et la tâche de celle-ci et la manière dont elle peut s'atteindre et se reprendre. Mais alors, au risque de voir la puissance de néantisation empiéter sur la puissance d'affirmation (impossible chez Flaubert vu son absence de spontanéité), ce sera finalement le rapport à soi qui donnera la mesure du temps et délimitera les synthèses d'identification nécessaires à la compréhension. On retombe inévitablement sur la subjectivité absolue. Nous rappelions au début de ce travail cette phrase de *La Transcendance de l'Ego* : « La conscience de soi... prend conscience de soi en tant qu'elle est conscience d'un objet transcendant. » Traduisons : Flaubert prend conscience de soi en tant qu'il est conscience d'un Ego transcendant. Ce serait une erreur de dire cela car la conscience est impersonnelle et sans contenu. Mais qu'est-ce qui est premier ? Comment cette synthèse – rapport à soi, rapport à l'objet – trouve-t-elle son unité ? D'où vient l'unité ? Le réalisme de la qualité disait le citron *est* un jaune massif[2]. Le réalisme de la subjectivité, dit l'Ego, est l'expression d'une nature

1. *L'Être et le Néant,* p. 516.
2. D'après A. de Waelhens.

enfouie chez Gustave. Mais alors, l'en-soi ne se distingue pas du point de vue de la qualité du pour-soi. L'unité advient d'une pure négativité, mais comment la synthèse distingue-t-elle des degrés de puissance ; la synthèse rencontre un objet qui la mutile de son pouvoir ? Est-ce le néant qui commande ou l'objet qu'il rencontre ?

La néantisation de l'en-soi n'est jamais complète, le pour-soi opère un sérieux découpage, mais un pour-soi dont la néantisation est atteinte n'est-il pas déjà lui-même présent à une part infime de lui-même. L'individu n'est-il rien d'autre que sa propre rencontre ? Sommes-nous frappés de notre prison mentale comme nous le sommes du jaune massif, rugueux et ovale du citron ? D'où vient cette philosophie du *Dernier jour d'un condamné,* prison de la pensée qui finit dans l'ennui à l'ombre d'un dernier « Spleen » : « ... L'espoir, vaincu, pleure, et l'angoisse atroce, despotique, sur mon crâne incliné plante son drapeau noir » (Baudelaire).

L'Ego est cette nature despotique et amère chez Gustave Flaubert. Nature de l'oralité et de la sonorité, qui le relègue au royaume des sous-hommes et de l'animalité. Variation sur un même thème : « L'idée reste captive de l'expression. »[1] Toujours la même vase sommeille au fond du fleuve, destin séculaire répondant à l'appel des mêmes empreintes laissées sur le sol. Tressaillements inutiles ou promenades éphémères, l'extrémité de l'Être couvre ces ultimes rêveries. L'imagination bourgeoise manœuvre en profondeur le boiteux cheminement d'un futur converti. La preuve ? Ce sera l'éternel retour du *fatum*, de *Quidquid Volueris* à *Bouvard et Pécuchet,* de *Novembre* à *Saint Julien,* etc. Flaubert aurait pu dire la même chose que Chateaubriand : « Ces mémoires *(L'Idiot de la famille)* seront un temple de la mort élevé à la clarté de mes souvenirs. » Sans mémoires, il faut pâtir...

Nous avons souligné l'importance de l'impact, de la compréhension, de l'acte, de l'intellection, tout nous porte vers ce paradoxe étrange qui alimente la réflexion

1. *L'Idiot de la famille*, p. 24.

de Sartre à propos du langage chez Flaubert : l'artiste de la phrase ne produit jamais le sens, à l'extrême limite, il ne fait que reproduire la pure vision désincarnée des phrases des autres : « Les phrases des autres s'affirment en lui mais non par lui. Il lira, il écrira, mais le langage restera toujours à ses yeux, cet être double et suspect qui se parle tout seul, en lui, l'emplissant d'impressions incommunicables et qui se fait parler... »[1] Une chose est d'affirmer avec Thibaudet que le style oratoire de Flaubert est éloquence refusée, une autre est de retourner l'éloquence en aliénation. Cette thèse est pourtant le lieu de l'interrogation sartrienne, elle est corrélativement un point de vue sur l'artiste et sur le style. Nous en verrons ultérieurement les conséquences.

Résumons. Le langage parlé d'abord subi sans être exprimé présage successivement de l'impact du mot, de l'absence d'idées (donc de projets éthiques, d'actes, etc.) et d'une indistinction globale du régime signifiant vécu dans une complète altérité. Faute d'évidence, l'enfant ne choisit ni ne détaille son régime syntaxique, la stupéfaction devant le discours porte sur le tout du langage et l'interrogation demeure externe : pourquoi y a-t-il des noms ? Cette coupure explique le retard et la difficulté du jeune enfant devant l'abécédaire, etc.

Aucune angoisse éthique ne viendra suppléer à cette évanescence, l'expérience de Flaubert purement pathétique requiert des exigences sans fondement, le ressentiment ne se hausse jamais au niveau des valeurs et *La Chute de Pont-l'Évêque* sera une conversion sans défi, déroulement pervers du pithiatisme obséquieux de l'écrivain.

Du langage parlé (oral) nous remontons à la famille, de la famille à l'amour, et enfin au néant. Car quelle est en dernière instance la condition de possibilité d'un tel déploiement ? D'où vient que l'on puisse déduire d'un défaut de compréhension un défaut d'action et d'un défaut d'action, un vice de la spontanéité ? De l'amour, sans doute ; mais en quoi ce vice d'amour réussit-il à imposer son rythme pathétique venant ainsi se jouxter à

1. *Ibid.*, t. I, p. 40.

l'invisible compréhension-*praxis* d'un hypothétique bien-aimé ? Il faut avouer que la mère primordiale et le père prépotent ne nous satisfont guère. Car, si l'amour est un *a priori* universel à l'affirmation de soi, à une libre présence à soi nécessaire, il vaut pour toute interprétation. Pas de déplacement, aucune seconde naissance, aucune désintrication des pulsions, l'image du père et la culpabilité, etc.[1], sont la *finitude,* et la finitude n'y peut rien, et tout cela pour les mal-aimés ?

Ce postulat de la protohistoire ne peut être une condition suffisante, surtout si cette condition prétend à la généralité. Le pathétique, ipséité truquée, ne peut se comprendre que sur fond de Néant. La réduction par le néant explique le pathétique et révèle conjointement l'incomplétude du langage chez Flaubert. Le néant stimule la présence à soi et en permet la lecture.

C / *« Mes yeux ne rencontraient jamais que du plein »* (La Nausée)

Nous devons nous demander sur quoi repose l'échéance artistique de Flaubert, comment *La Chute* de 1844 (la crise hystérique) envisagée comme déflagration de l'être, conversion radicale, imagination de l'être, nous conduit à « l'ataraxie vécue mais irréelle », soit à *l'attitude esthétique* qui, bien plus qu'une conception du monde ou de l'Art, est une conception de l'artiste au quotidien. L'imaginaire, l'irréel sont des notions qui valent pour l'expérience en général de l'artiste et non pour l'expérimentation romanesque uniquement. L'oubli des passions, thème redondant dans *L'Idiot de la famille,* est l'autre face de l'attitude esthétique et de la conception du langage puis du style chez Flaubert après 1844.

La notion d'imaginarité si importante dans le tome II est le substrat de la thèse d'irréalité qui inclut tout aussi bien une attitude envers le langage qu'une

1. Sur tous ces thèmes, cf. G. Deleuze, *Présentation de Sacher-Masoch*, Minuit, 1967.

position d'être du corps-écrivant. Ces passages du réel idéal au réel vécu font évidemment toute l'ambiguïté et l'originalité de l'analyse de Sartre et reposent sur des présupposés que nous nous devons d'éclaircir. La cohésion de cette analyse est fondée sur le parallélisme de plus en plus net entre le choix définitif de l'imaginaire et la finitude qui accompagne ce choix. La conversion de 1844, la mort vécue par celui qui a « manqué péter dans les mains de (sa) famille... »[1], sont le résidu triomphant d'une totalisation en intériorité enfin réussie : « ... à Pont-l'Évêque, sa jeunesse se ferme et se conclut, il meurt : cette fois, il effectue pour de bon la totalisation en intériorité »[2] ; résidu qui deviendra dans le tome III la raison suffisante du programme de vie s'identifiant à la société du Second Empire et se survivant au-delà de cette époque. La chute n'est autre que Gustave Flaubert se faisant lui-même fini sans aucune possibilité de ne pas l'être[3], révélant aux yeux du monde la nature de sa déréliction. Or, pouvoir déchiffrer la finitude, pouvoir affecter autrui de sa finitude, le vêtir par-delà sa mort de ses oripeaux d'être que sont la vie accomplie et l'achèvement de son programme, c'est sans doute déjà ne voir la vie que sous l'angle d'une phénoménalité en elle-même accomplie. Mais, avant de nous pencher sur la finitude et d'expliciter ses liens avec la mort, nous devons préciser le rôle et la nature du Néant chez Sartre et, dans un premier temps, évoquer brièvement Heidegger sur cette question.

« Or, ce que nous cherchons maintenant, c'est le néant »[4] : par ces mots, Heidegger partait à la recherche d'un *a priori* universel et, comme le chien de Kafka épouvanté par l'excès de matière, commençait par se délivrer d'une vie quotidienne par trop encombrante. Nous avons accès au tout de l'étant, mais nous ne le savons pas ; il y a, dans la vie quotidienne, des actes, des

1. A. Ernest-Chevalier, Rouen, 1er février 1844, *L'Idiot de la famille*, t. II, p. 1966.

2. D'après H. Birault, Heidegger et la pensée de la finitude, in *Revue internationale de philosophie*, n° 52, 1960.

3. *Qu'est-ce que la métaphysique ?*, Heidegger, Question I, p. 55.

4. *Qu'est-ce que la métaphysique ?*, Heidegger, Question I, p. 56.

états d'où nous devinons la totalité de l'étant. Nous pressentons un point d'immanence qui contient la possibilité d'accéder à l'être, de nous le dissimuler tout en ravivant son aura, possibilité pour une révélation du tout de l'être. Dans *l'ennui,* par exemple, je perçois la banalité devant moi, l'ennui me détraque et détraque l'ustensilité du quotidien, mais c'est précisément quand la vie quotidienne se met à perdre sa crédibilité qu'elle apparaît comme ce qu'elle est.

Il y a bien quelque chose, ce *il y a* surgit en s'éloignant, il serait injuste de dire que je l'entrevois. Le bâti du phénomène, sa manifestation, frôle la disparition, mais c'est en dissimulant sa première dissimulation qu'il se manifeste. La structure du phénomène normalement dissimulé ne peut se manifester qu'en détruisant cette première dissimulation. Oubli.

Une question s'offre au démarcheur : comment saisir l'étant dans son ensemble, se sentir au milieu de l'étant ? Est-ce possible ? Admettons ce trait : « Finalement, une différence essentielle intervient entre *saisir l'ensemble* de l'existant en soi, et se sentir au milieu de l'existant en *son ensemble.* »[1]

Se sentir au milieu, n'est-ce pas l'être au sens de l'être objectivé qui diverge de notre sensibilité commune ? Dans *L'angoisse,* nous faisons l'expérience de notre insertion dans le tout de l'étant et nous sentons bien que nous ne pouvons objectiver ce tout. L'angoisse est un affect puissant, une sorte de *STIMMUNG* exclusive : « Est-ce que, dans la réalité humaine de l'homme, une tonalité affective se produit (s'historialise), telle que l'homme y soit mis en présence du néant lui-même ? »[2] Cette tonalité fondamentale est l'indéterminé en tant que tel, au contraire de la crainte qui est toujours crainte « devant tel ou tel existant *déterminé* »[3] ; « l'angoisse révèle le néant »[4].

1. *Ibid.,* p. 57.
2. *Ibid.,* p. 58.
3. *Ibid.,* p. 59.
4. *Ibid.,* p. 58.

L'angoisse est alors impossibilité essentielle de recevoir une détermination quelconque. Cette indétermination est un trait *a priori* qui va faire corps avec le tout de l'expérience, cette indétermination de l'être n'est guère corrigible par la raison. De ce point de vue, l'expérience du néant est expérience de l'insertion du néant dans l'être : « Les choses *se tournent* vers nous »[1] et nous n'y pouvons rien. Le néant est donc une expérience précatégorielle si bien que l'indifférence des choses coappartient à leur présentation. Le néant ne s'oppose pas aux choses, il conserve leur indifférence sans la nier : « Le néant ne reste pas *l'opposé* indéterminé à l'égard de *l'existant* mais il se dévoile comme *composant de l'être de cet existant.* »[2] Mais qu'est-ce qui est perdu, voire conservé au travers de cette expérience ? L'essence de l'être comme impouvoir ? Un pas au-delà de l'existant, un recul qui nous obsède ? Être signifie pourtant pouvoir être, et l'étant qui questionne est encore dans le tout de l'expérience, condamné à y rester tout en s'en séparant sur fond de néant, car toujours au milieu de l'étant, nous transcendons par-delà l'étant dans son ensemble.

En vérité, écrit Heidegger : « Le néant se dénonce avec et dans l'existant, *en tant que celui-ci nous échappe et glisse dans tout son ensemble.* » [3] Le néant nous répulse et l'étant, en s'engouffrant en nous-mêmes, nous rejette hors de lui *(verweisen).* Répulsion, expulsion, cet abîme tournoyant du néant prend nom de néantir : « Le néantir ne se laisse mettre au compte ni d'un anéantissement ni d'une négation. *C'est le néant lui-même qui néantit.* »[4]

Serait-il déjà différence par rapport à l'être, ce néant qui néantit ? Différence qui nous remet à l'étant dans son ensemble, nous remet à l'être, comme si cette différence, loin de nous rejeter hors de l'être, nous réinscrivait en son sein. En tout cas, « être au milieu de » est la formule cardinale de ce texte endormant, formule préfi-

1. *Ibid.*, p. 69.
2. *Ibid.*, p. 61.
3. *Ibid.*, p. 61.
4. Le Néant : « Le voile toujours voilé de l'être... » (Henri Birault, *Heidegger et l'expérience de la pensée*, NRF, p. 12).

gurant la différence future, celle qui nous rapporte à... *a contrario* de la négation qui nous met hors de... Le néant n'institue pas la négation et, s'il s'en distingue, c'est qu'il supporte le tout de l'étant, tandis que la négation suppose une abstraction préalable prise comme catégorie de l'entendement. Le néant est donné dans l'affect alors que la négation est transcendante à la chose, hors d'elle. Le Dasein se sépare du tout de l'étant en même temps qu'il y revient, remis « aux mains » de l'être.

Le néantir ainsi conçu doit être pensé comme un néant-événement interne et propre à l'être avant d'être un rapport à l'étant ou à l'étant présent, il appartient à l'être tel son voilement ou son retrait[1]. Le néantir se joue au milieu de l'étant et est relation de l'être à l'être. Le néant n'est donc pas seulement une exclusion ou la négation de l'étant par l'être, de l'en-soi par le pour-soi, ni un événement lui-même exclu de l'essence de l'être et rejeté à sa périphérie, c'est plutôt un événement qui renvoie à l'Être et à sa positivité. L'indivision de l'Être et du néant n'est pas une simple juxtaposition ni même peut-être une contiguïté ; c'est bien plutôt une continuité indécidable et qui est assurée par l'Être lui-même indivisible. L'être indivisible s'affecte du néant. Difficile de déceler ce qui déjà pointe de positions ultérieures, mais il est clair, d'après Henri Birault, que le concept d'un néantir qui serait « le néantir de l'être parce qu'il cesse d'être pensé à partir d'une position antérieure de l'étant dans sa totalité » est postérieur à *Qu'est-ce que la métaphysique ?*. Mais, d'un autre côté, poursuit-il : « Heidegger n'a jamais cessé d'être étranger à ce grand mouvement de la négativité et de la finitude modernes qui commence avec Hegel et s'achève dans l'existentialisme sartrien. »[2]

Déjà, dans le « Nachwart » de *Was ist Metaphysik ?,* Heidegger dit bien que « le néant comme l'autre de l'Étant est le voile *(der Schleier)* de l'Être ». Mais cela ne signifie nullement que nous puissions écarter ce voile comme si le néant n'était finalement qu'une détermination ontique ou, moins encore, une détermination *ad*

1. *Ibid.,* p. 161.
2. *Ibid.,* p. 160.

hominem de l'Être. En fait, il y a un voile de l'Être absolument essentiel à son dévoilement, etc.[1].

Sartre reprendra le texte de sa conférence de 1929 dans *L'Être et le Néant* (La conception phénoménologique du Néant, p. 52) et, après un court hommage à la conception heideggérienne, explicitera la sienne en dénonçant les conclusions de l'auteur de *Qu'est-ce que la métaphysique ?*. Heidegger en appelait à la vérité de l'étant, pensée de l'Être qui veille sur la parole, disait-il, et le Néant, bien loin de prodiguer la coupure de l'Être et du Néant, maintenait la réalité humaine dans la dépendance de l'Être afin de nous mettre en présence, au cœur de l'existant, de notre rapport à l'Être. Ainsi, le monde recevait ses contours et la réalité humaine, sa question[2]. Le premier reproche de Sartre porte sur cette manifestation du néant et son rôle dans le pourquoi de la question de l'existant comme tel. Le néant se contenterait d'être l'oracle de cette question et son enveloppe ne servirait qu'à nous renouveler l'espace de la vérité de l'étant ; c'est uniquement parce que le « sérieux du néant » nous serait introjecté dans le face-à-face de l'angoisse que nous serions amenés à dérégler le « sang-froid » de la science et de l'ontologie catégorielle. Or, comment le néantir du néant pourrait-il supputer un Rien, sans que celui-ci ne s'origine en une négation ? Car, à nous « transir » de part en part, à nous retenir dans ce creux, à nous ouvrir à la question de l'étant, cela ne se peut que si le néant est fondement d'une négation dans l'être.

Le néant est au « sein même de l'être, en son cœur comme un ver », « l'homme est l'être par qui le néant vient au monde »[3], et le néant ne s'exhibe pas comme « une sorte de corrélatif intentionnel de la transcendance ». Certes, je ne puis décrire ce rien qui n'est pas, mais il se « caractérise comme une transcendance dans l'immanence » et le néant qui sépare la conscience de

1. D'après Sartre, cf. *Questions* I, p. 70 : « C'est uniquement parce que le néant nous est révélé dans le fond de la réalité humaine que la complète *étrangeté* de l'existant peut nous assaillir. »

2. *L'Être et le Néant*, p. 55.

3. *Ibid.*, p. 72.

son propre motif en même temps qu'il l'installe « en face de son passé et de son avenir comme en face d'un soi qu'elle est sur le mode de n'être pas »[1], ce néant est le fondement de la liberté humaine et de la surrection de l'être, l'arrachement de la conscience, son procès de néantisation suffisent à gommer toute compréhension préjudicative de l'essence humaine. Le néant heidegérien anticipe sur notre étantité en la retenant dans l'ouverture de sa question, c'est pourquoi il présage de l'ouverture de l'ouvert et, sans chercher à fonder le noyau de notre surrection, sans chercher à fonder l'empreinte du rapport de l'homme à lui-même, « on nous montre une activité négatrice et l'on ne se préoccupe pas de fonder cette activité sur un être négatif »[2].

Le problème du néant chez Sartre prend tout son relief dès lors que nous le rattachons à la réduction phénoménologique dont il est l'opérateur. Comme l'ont souligné tous les commentateurs, c'est cette réduction qui innove véritablement et qui est à l'origine des thèmes critiques et romanesques de Sartre. Certes, dans le *Flaubert*, Sartre renoue avec l'Imaginaire, mais l'on ne saurait envisager l'irréalité sans la Réalité et la réalité sans le néant sur fond de finitude. Certes, l'égologie peut fort bien ignorer la néantisation et ne garder que l'affirmation du pour-soi, mais ce serait ignorer que la visibilité de l'Ego est rendue possible par la néantisation, etc. Cette réduction phénoménologique qui mérite le nom de néant n'est pas, comme le souligne Pierre Thévenaz, une méthode d'approche progressive de l'être : « Elle est ontologie en tant que phénoménologie »[3], elle inaugure

1. *L'Être et le Néant*, p. 55. Cf. également G. Deleuze, *Différence et répétition*, PUF, 1968, p. 89-90 : « Quand Sartre, au début de *L'Être et le Néant*, analysait l'interrogation, il en faisait un préliminaire à la découverte du négatif et de la négativité. C'était en quelque sorte le contraire de la démarche de Heidegger. Il est vrai qu'il n'y avait là nul malentendu, Sartre ne se proposant pas de commenter Heidegger. »

2. P. Thévenaz, *De Husserl à Merleau-Ponty*, Éditions de la Baconnière, 1996.

3. « L'examen de la pensée sartrienne est, pour moi qui n'ai pas vécu cette époque, curieusement et exceptionnellement long », (Marc Richir, Le sens de la phénoménologie dans *Le Visible et l'Invisible*, *Esprit*, juin 1982, p. 130).

une « ontologie massive » dont la convenance est justement cet encartage du néant dans l'Être et qui caractérise l'arrachement de la conscience en même temps que sa complète adéquation aux choses. Mais de tous les interprètes, c'est sans conteste possible Merleau-Ponty qui intrigue le plus. Marc Richir, dans un article ancien, s'étonnait de la longueur de l'analyse consacrée au néant dans *Le Visible et l'Invisible*[1]. Si l'on s'en tient aux aspects strictement philosophiques, la longueur est effectivement surprenante, mais le chapitre intitulé « Interrogation et dialectique » nous paraît entaché de préoccupations bien diverses. Le style, les métaphores, le vocabulaire souvent littéraire nous laissent entendre que Merleau-Ponty, par une défensive discrète, une saveur émaillée de timidité savante, cherche à échapper à l'emprise de la pensée du Négatif pour des raisons tout autant privées que spéculatives. Il parle de monde privé, c'est pourquoi nous les opposons ici. La conclusion de ce chapitre porte d'ailleurs sur le statut du philosophe. Notons maintenant quelques indications naïves et imaginons une lecture simultanée de ce chapitre et d'un extrait de *L'Age de raison*...

Si je suis (suivre ?) Sartre avec le livre de Merleau-Ponty en main, « je vais de tout moi-même au-devant d'un monde massif ». J'aurais beau gigoter, me gratter, ne sachant où me poser, interrompant le vernis lumineux de mon corps par d'indivisibles prolongements qui grondent dans mes nerfs, je ressentirais l'improbable évanouissement de la réalité comme une présence renforcée. Inutile, je réponds à l'appel du tour de table et contrit, dans ma veste trop ample, j'atteste dans la hargne de mon clapotement intérieur que rien n'a bougé. J'aurais beau regarder d'autres visages, ils ne seront qu'un agrandissement du mien, un extrait de la fuite qui nous rapproche. A première vue, les inconnus nous apparaissent inaccessibles, mais, si je les touche, je palpe la chair faite homme, inaltérable et courante, la

1. Pour l'étude globale de ce chapitre et du suivant, la beauté et la rigueur de l'article de Marc Richir se suffisant à elles-mêmes, nous nous permettons d'y renvoyer (*Esprit*, juin 1982).

peau se fait à son tour matière renforcée. Je retourne à ma chaise. Je décide d'aller dans la pièce contiguë à cette salle à manger mal fréquentée. Je pose machinalement ma main sur la robe de soie de Lola et immédiatement je ne suis plus « qu'une main étendue sur une chair de soie »[1]. Lola s'y attendait, elle a la science des gestes moribonds, elle sait l'insistance béate des mains machinales, et puis Lola est une femme épidermique, autant de différences qui me font dire que le poudroiement langoureux de mes doigts est employé à mauvais escient. Soit que mes doigts cachassent une partie de ma nullité, soit qu'ils fussent gouvernés par un désir mâlique, je restais secoué par ma propre attente. Je songeais à partir. « Que voulais-je ? » signifie : Était-ce là un élan ? Je me répétais l'aphorisme 384 d'*Humain trop humain,* et, décidé de trouver de la finesse chez Lola, je maugréais : « Le plus sûr remède à cette maladie masculine du mépris de soi est d'être aimé d'une femme intelligente. » Le visage de Lola s'éclaira, je m'empressais de répondre à cette invite pleine d'ardeur amoureuse, mais déjà les mains de Lola s'étaient glissées sous ma veste, elle me prit la main et se l'appuya sur le ventre, je ressentis un violent frisson et effrayé de la banalité de ce geste, je tâchais de me pénétrer de l'adhérence de ma paume... Un dégoût morose m'envahissait, je voulus une dernière fois braver la cuirasse vestimentaire de Lola, mais je m'empêchais de continuer, je laissais « pendant quelques instants (ma) main pendre, inerte, contre la cuisse de Lola »[2], j'étais ailleurs.

Pourtant mes mains s'absorbèrent à nouveau, à peine fus-je surpris d'entendre Lola me murmurer : « Je suis dans tes mains, mon amour, ne me fais pas de mal. »

Que s'était-il passé ? D'une main à l'autre, pas grand-chose. La main sans aucune modestie a éclaté sur le fond du monde total d'un *ceci* « à un *autre ceci* »[3].

1. Sartre, *L'Age de raison*, Pléiade, p. 429.
2. *Ibid.*, p. 430.
3. *Le Visible et l'Invisible*, NRF, 1979, p. 79.

D'une plénitude à l'autre, le présent qui me séparait de tout mon passé s'est révélé « comme un seconde puissance de notre vide constitutif »[1]. Passion bien éphémère, est-ce là celle du pour-soi, qui se perd » pour que l'affirmation « Monde arrive à l'en-soi »[2] ? Entre toutes ces mains, il n'y a guère de place pour un monde privé[3], ces mains sont interchangeables. Pas vraiment, mais « ce qu'il y a de visible dans ma situation »[4], c'est que je ne vois pas comment je pourrais échapper à cette conclusion de Lola : « Il n'y a pas d'expérience positive d'autrui, mais il y a une expérience de mon être total *comme compromis dans la partie visible de moi-même.* »[5]

— Que voulez-vous dire au juste ?

— Je redoute la lumineuse clarté du néant, je cherche à la désemparer, il me faut pour cela prouver que négation et position (position d'être ?) « apparaissent complices »[6] ? Un échange de mains non moins pénétrant faisant suite à ce chapitre le montrerait aisément (chap. II). Voyez-vous, si l'on suit attentivement toutes ces mains, que reste-t-il de notre foi perceptive ?

— Mais nous les avons vues ces mains, vous étiez de la partie...

— J'en conviens, mais étions-nous suffisamment concentrés sur leur participation mondaine, avons-nous capté l'imminence de leur contact et sommes-nous si clairvoyants pour parler de l'habile déploiement de ces mains suspendues à la limite du corps et du monde.

— Si je vous comprends bien, vous niez la présence de ces mains, vous prétendez qu'elles ne montraient qu'une part d'elles-même.

— Pas exactement, je m'insurge contre leur complaisance, car, voyez-vous, non contentes de s'autoproclamer centre de l'action, elles s'instituent en un doux « consentement de soi à soi »[7], d'où il ressort que

1. *Ibid.*, p. 80.
2. *Ibid.*, p. 81.
3. *Ibid.*, p. 84.
4. *Ibid.*, p. 88.
5. *Ibid.*
6. *Ibid.*, p. 93.
7. *Ibid.*, p. 78.

non seulement toutes les mains se valent, mais, émoussées par cette faiblesse, elles sont assurées de la solitude complète de la conscience et du néant. Il ne faut pas s'étonner alors de les voir s'offrir à nous dans la plénitude de leur présence et de leur présent puisque, d'un « même mouvement », elles creusent le vide qui les remplit de leur présence et de leur prégnance : « La plénitude du présent se révèle à l'examen comme une seconde puissance de notre vide constitutif »[1], c'est ce que je vous disais au début de notre conversation...

La puissance de néantisation (pour-soi) – née de la surrection de notre vide constitutif, ce rien de la conscience qui n'est pas, se rejoue sous le poids du présent : « Cette pseudo-positivité de mon présent n'est qu'une négation plus profonde ou redoublée. »[2] En effet, le présent sépare, mais cette coupure qui « occupe en force le champ de ma vie » n'est effective que parce qu'elle éclate sur « le fond du monde total ». Ce fondu enchaîné qui supprime les traces de sa transition n'est autre que le néant, « recul pour un instant du tout ».

La puissance de néantisation risque alors de recouvrir, comme nous le disions, la puissance d'affirmation. Et le présent de cette affirmation – le soi du pour-soi – rejeté hors de la conscience – n'ajoute ni ne retranche à l'être effectif que nous sommes. Le néant constate ce qui est sous la forme de l'être-pas. Ainsi, « la conscience existante est toujours gorgée de qualités, enlisée dans l'être... »[3], et, comble d'impudeur : « Je me touche à travers ma situation. »[4]

La conscience réflexive fera le relevé de ces différents touchers, la pellicule mondaine se renouvellera au milieu de ce chatoiement sans fin, car « c'est la même chose de n'être rien et d'habiter le monde »[5].

Être un habitant, voilà la priorité absolue du pour-soi qui, lorsqu'il est séparé de son affirmation, demeure un exilé (Flaubert), l'exil qualifiant à son tour un type de

1. *Ibid.*, p. 80.
2. *Ibid.*, p. 79.
3. *Ibid.*, p. 82.
4. *Ibid.*, p. 83.
5. Marc Richir, *op. cit.*, p. 132.

finitude garantie et protégée par la paroi du néant se parant d'un droit légitime à préserver la limite interne de l'ipséité. Un rien sépare une pensée du monde qui n'est Rien et la conscience que j'en prends qui est Tout. Je ne fais que changer de mains. Pourtant, si je veux voir ces mains, je ne dois pas « les tenir comme entre des pinces », en état de pure vision désincarnée, mais je dois prolonger leur métamorphose et leur consistance à partir et toujours de leurs « horizons d'accomplissement qui sont eux-mêmes irréductiblement traversés d'inaccomplissement ». Alors, les mains se mettent à trembler, les peaux se dressent et les visages distordus quittent la flagornerie de leur apparence pour aller rejoindre le chiasme de notre foi perceptive.

A tomber sous le feu d'un regard, on se fait forcément pincer, l'ironie de ce texte ne cède en rien à sa perspicacité, il est intéressant de le confronter à celui de Sartre (Merleau-Ponty vivant) pour suivre le pas-à-pas de ce dialogue indirect qui finit dans une rencontre hâtive et silencieuse tout imprégnée de gêne et de pis-aller. Un porno-film policier de Paul Véchiali concluait cette histoire, son titre : *Change pas de mains*.

Le néant soutient l'être, il est sa béquille ; c'est en partant de cette idée que l'on peut appréhender l'adhérence immédiate de soi à soi et de soi au monde – exister c'est se boire sans soif, dit Mathieu –, adhérence qui fait fi de la proximité de notre corps aux choses et qui compose notre vie d'un mixte de néant (universel) et de présent (individuel) filant sur la mince couche intransigeante du phénomène. Le rôle du néant est de ne jamais infléchir la présence mais de la reconduire dans ses fonctions, il la retient dans son cercle et en valorise l'actualité sans jamais empiéter sur sa constitution. Car la manière dont la présence se dispose coïncide à la perception que nous en avons. A ce titre, la présence (à soi) est par principe achevée et sa rencontre immobile par transparence la réalité du phénomène comme tel comme si « tout l'être pouvait s'étaler en pur spectacle »[1]. Le contre-pied de cette « fiction

1. *Ibid.*, p. 138.

ontologique » – le monde, réifié et résorbé dans la présence – étant de laisser au pour-soi tous les moyens du bord (dans bordure) afin qu'il se confronte à ce qui est contemporain de son assomption créatrice : le plein.

Que le néant barre la route de la « foi perceptive *s'interrogeant* sur elle-même », c'est sûrement la principale leçon de cette analyse qui débouche sur l'idée d'une réversibilité de la chair et l'appréciation d'une connivence originelle du corps sentant et du corps sensible en vertu de laquelle « ce n'est ni moi, ni le monde en soi qui se phénoménalisent dans le phénomène, mais c'est le phénomène lui-même qui se phénoménalise en son lieu comme par une sorte de torsion ou d'enroulement de la chair sur elle-même, renvoyant par cette torsion – cette distorsion même –, du phénoménal au non-phénoménal, du visible à l'invisible et à la vision dans sa part propre d'invisibilité, du sensible à l'insensible et à la sensation dans sa réserve propre d'insensibilité, et ce, sans rupture ni solution de continuité, puisqu'il y a toujours réversibilité du voyant au visible, du sentant au sensible, et de la même manière, selon le mode de propagation propre à la chair, du visible à l'invisible, du sensible à l'insensible »[1]. Mais c'est également l'abandon d'une conscience de survol et de son corrélat descriptif (l'égologie) au profit d'une restitution de l'existence corporelle, dont le concept de chair incarne la continuité : enchaînement continu du voyant et du visible. Tout voyant est en même temps visible, tout visible en même temps voyant et c'est à partir de cette réversibilité, de cette différence, qu'un flux de vision baigne le champ phénoménal sans pouvoir en circonscrire le lieu indéfiniment ouvert, « car la chair est précisément l'indestructible, qui se cicatrise dans le mouvement même de sa déchirure ».

Le positivisme du pour-soi (affirmation) corrobore chez Sartre la néantisation, si bien que tout se passe comme si c'était le rapport à soi qui enfermait le temps

2. *Ibid.*, p. 138.

et définissait des synthèses d'identification plutôt qu'il ne laisserait circuler la complication initiale d'un temps non réconcilié avec le soi du pour-soi. On retombe de ce fait sur le primat d'une subjectivité glorieuse qui n'est précisément possible que parce qu'on pense le temps « à partir du présent et de la présence à soi d'un étant présent »[1]. En ce sens, nous pouvons parler d'une scène de la réduction phénoménologique qui se donne les moyens d'une fin passablement circonvenue à partir d'un fondement originaire qui isole et donne à voir l'ipséité fondamentale des consciences.

Qu'un parfum de néant règne dans l'œuvre de Flaubert, c'est ce que nous aurons à éclaircir brièvement lorsque nous discuterons les thèses de Sartre à propos du style de l'auteur de *Madame Bovary,* la concordance entre les deux écrivains ne garde sa pertinence que sur ce fond commun d'ouverture aux choses, une page prise au hasard de *Madame Bovary* n'aurait pas de mal à prendre place dans certaines descriptions de *La Nausée* : « La nuit douce s'étalait autour d'eux ; des nappes d'ombre emplissaient les feuillages. Emma, les yeux à demi clos, aspirait avec de grands soupirs le vent frais qui soufflait. Ils ne se parlaient pas, trop perdus qu'ils étaient dans l'envahissement de leur rêverie, etc. »[2], pourtant ce fond commun, nous ne le trouverions pas dans le style, sauf de rares paragraphes dans *La Nausée.* Dans ce passage, le degré de perception que l'on a des objets, des visages, des humeurs, recouvre l'écoulement temporel, et c'est finalement celui-ci qui dicte sa tonalité au tableau, mais le choix des verbes, autant que le rythme binaire des phrases, fixe l'idée d'une durée saccadée emportée par le sentiment de son irréversibilité dont l'auxiliaire être prescrit la stase finale. Cet exemple facile, avec imparfait à l'appui, « exprime l'étoffe même et la continuité d'une vie... », continuité ramassée et hypertrophiée en ce qu'elle nous incite à voir la vie du point de vue de la

1. Jacques Derrida, *La voix et le phénomène,* PUF, 1967.
2. « Folio », p. 263.

mort comme l'écrit Sartre, à voir le fini de l'existence avant qu'elle ne soit finie, bref à se situer au-delà du fini pour pouvoir mieux juger de sa finitude sans lui donner les chances d'avoir à choisir sa finitude. Flaubert préserve l'ouverture néantisante mais sans garantir au pour-soi son désir d'infini. Les nappes d'ombre, on le sent, ne sont pas sans rapport avec les lacs de non-être, elles remontent à la surface et s'isolent jusque dans leur sonorité comme un bruit souterrain.

Pour parodier une phrase de Bernard Pingaud qui disait ceci : Si les arbres du jardin public de Bouville pouvaient raconter une histoire, ils auraient la voix de Beckett, nous dirions : Si les arbres de ce clair de lune éclatant pouvaient raconter une histoire, ils auraient la voix de Sartre, car cette lueur d'argent qui recouvre les deux amants a bel et bien la couleur du néant ; plus exactement, la présence qui se dégage, de ce passage et de tant d'autres, est une *présence bornée par le néant.*

D / *Vivre, écrire ?*

« Rêves...

« J'habite à Berlin, dans une pension quelconque où vit apparemment tout un groupe de jeunes juifs polonais ; très petites chambres. Je répands une carafe d'eau. Quelqu'un écrit sans relâche sur une petite machine à écrire, tourne à peine la tête quand on lui demande quelque chose. Impossible de se procurer une carte de Berlin. Je vois continuellement dans la main d'une personne un livre qui ressemble à un plan. Et il s'avère continuellement que le livre contient tout autre chose, une liste des écoles berlinoises, une statistique fiscale ou je ne sais quoi du même genre. Je ne veux pas le croire, mais on m'en donne des preuves incontestables en souriant » (Kafka, *Journal,* 13 février 1914, p. 331).

Il y a plusieurs façons de puiser le Réel dans la langue et la vision du monde enterrée, il n'est absolument pas certain que l'on puisse s'en tenir aux « plis intérieurs du langage » ou dans le repli d'une identité buissonnante « au retour du même » qui, dans l'annonce d'une nouveauté sans pareille, une fois la littérature chassée des bibliothèques, « se constitue en réseau – et en réseau où ne peuvent plus jouer la vérité de la parole ni la série de l'histoire, où le seul *a priori,* c'est le langage »[1]. Ce très bel article en disait trop et l'effacement du nom propre qu'il hélait modestement résonne aujourd'hui d'une victoire trompeuse bien que bénéfique. Que signifiait cette identification totale entre vie et langage, ce reflux continuel d'un réseau inhabité ? Était-ce des hommes libres épris du « grand affranchissement, une volonté de ne plus vivre chez soi »... un vœu qui s'éveillait, « partir, n'importe où, à tout prix »[2]. Un seul *a priori* pour de faux départs ! Robbe-Grillet n'est pas Kerouac !

Derrière ce *stream of consciousness* se préparaient de furieuses confusions. Des textes anonymes, souvent beaux, et puis le renom devenu, une littérature à bout de souffle. La vie s'épuisait à retrouver ses forces et le langage circulait sans rien lui demander. Barthes marqua un temps d'arrêt, nous étions revenus au plaisir du texte avec une maison à la campagne. D'autres étaient dans l'attente jusqu'au jour où des œuvres viendraient « réveiller un nouveau jeune homme endormi et qui ne cesse de porter leur feu plus loin »[3]. Plus loin, toujours plus loin ?

Nous croyons à la continuité de la littérature et nous ne pensons pas qu'il faille ériger le langage en mot d'ordre, ni en *a priori* ; reproduisons ici ces phrases présumées de Kafka à Janouch qui lui demandait :

« Vous êtes donc d'avis que ce livre est mauvais ?

— Je n'ai pas dit cela.

— Cette salade linguistique est mensongère ?

— Non, au contraire : ce livre est un témoignage terriblement sincère du relâchement. La langue n'est plus ici un lien. Les auteurs ne parlent plus ici que chacun pour soi. Ils font comme si la langue leur appar-

1. M. Foucault, Distance aspect origine, *Tel Quel,* Théorie d'ensemble 1963 ; l'article est de novembre 1963.

2. Nietzsche, *Humain, trop humain*, Gallimard, « Idées, », p. 18.

3. G. Deleuze, F. Guattari, *L'Anti-Œdipe*, Minuit, 1973, p. 158.

tenait personnellement. Et pourtant, elle n'est donnée aux vivants que pour un temps indéterminé. Nous n'avons le droit que d'en user. En réalité, elle appartient aux morts et à ceux qui sont encore à naître. »

« C'est un lien à manier avec prudence, voilà ce qu'ont oublié les auteurs de ce livre. Ce sont les destructeurs de la langue. C'est là une faute grave. En lésant la langue, on lèse toujours le sentiment et le cerveau ; on obscurcit le monde, on l'anesthésie par le froid »[1], par ces mots ici décalqués, nous voulons simplement dire que le langage nous a fait oublier la langue et, de ce fait, la littérature, son espace et sa portée.

Bien difficile alors d'enquêter sur *la décision* qui fait d'un homme un écrivain : « pas de décision dans un tel combat... la bête doit attendre *l'autre* bête » et, devenue *l'autre,* écrivain malgré elle, elle ne se reconnaîtrait même pas, elle serait, elle est toujours *l'autre,* écrit M. Blanchot dans *L'Espace littéraire*[2].

C'est pourquoi, dans *L'Entretien infini,* il est dit qu'écrire ne va pas de pair avec commencement, car commencer serait admettre que la question (l'interrogation) qui nous conduit à l'écriture trouverait sa réponse en celle-ci, comme si l'écriture – qui n'a jamais commencé – pouvait s'arrêter.

Si la question, son ouverture, n'a pas de réponse, ce n'est point parce que le monde est sans valeur, sans idéologie même[3], sans résistance, car si écrire n'est pas un impératif ni une tâche, cela tient au fait que ce qui cherche à venir en question – par la question même – n'obéit à aucune origine, aucun début ; et, si l'absence d'origine désigne la distance infinie, née du langage, qui nous sépare des choses, nous pouvons toutefois nous interroger au seuil de la mort enfin vécue (l'absence du livre) sur « ce jeu insensé d'écrire ».

Essayons de consentir, malgré tout, à nous poser la question : *Pourquoi écrire ?* (1947) et, des *Chemins de la*

1. Gustav Janouch, *Conversations avec Kafka*, Les Lettres nouvelles, 1978, p. 72.

2. Allusion au Terrier de Kafka.

3. D'après *L'Entretien infini*, p. 392, *Le cri et le murmure*.

liberté à l'ouvrier en Art, tâchons de mesurer la, ou les, réponse(s) de Sartre.

Mais, d'abord, pourquoi poser la question ? Pour « récupérer ce monde-ci en le donnant à voir tel qu'il est, mais comme s'il avait sa source dans la liberté humaine »[1].

Tout tient dans ce « mais » qui revient précisément à tarir la source – la conscience/néant – sans pour autant tomber sous sa loi, car de cette loi l'homme reprend l'initiative, il en est le conducteur, et la création n'est jamais que le moment thétique de la conscience qui se « saisit comme constitutive de l'objet » (l'objet esthétique ici)[2]. Mais cette évidence que Sartre rappelle avant de parler de l'engagement littéraire n'exclut pas, à son tour, la loi de la conscience qui est de s'offrir librement à la contingence.

Donc, si nous disons, avec Sartre, que « le monde est une tâche proposée à la liberté humaine »[3], c'est que l'idée que j'ai de cette tâche (sa valeur) détient son sens du fait que je suis assurément créateur de valeurs et que, par conséquent, l'idée de valeurs qui seraient contenues dans l'idée que les valeurs sont dérivées de la conscience (source de la valeur) tient à l'idée de valence en général : *il y a* de la valeur.

Pourquoi ce sophisme et comment l'aborder ?

Lorsque nous parlions du handicap synthétique de Flaubert et que nous commencions notre travail par des citations de *L'Être et le Néant* à propos de la valeur, nous parlions finalement de la même chose ; pour Sartre le sujet a à être capable de récupérer la valeur qui vient de lui et par lui. Sa rencontre avec l'objectif est toujours une récupération de celui-ci par celui-là dont précède la rencontre et, comme il est écrit dans le *Flaubert* :

« Chacun a sa façon de s'incorporer l'inertie objective. »[4] Avoir sa façon de s'incorporer, de récupérer le monde, est-ce vraiment ma tâche ? Pas tout à fait. Car

1. *Qu'est-ce que la littérature ?, Situations* II, NRF, 1965, p. 106.
2. *Ibid.*, p. 108.
3. *Ibid.*
4. In *La Bêtise de Gustave*, t. I, p. 612.

avoir, ici, n'est pas être et ma tâche a une époque comme je suis l'époque que je n'ai pas choisie, mais que je choisis de choisir et me choisissant je me choisis en elle ; je peux toutefois la refuser, et comme Flaubert en 1844, élire un programme de vie (sa névrose oraculaire) qui trouvera « son accomplissement (que) dans le Second Empire » par quoi le « régime né du 4 septembre provoquerait la mort sociale de Flaubert dix ans avant sa mort physique... »[1]. Mais, avant d'en arriver là, la névrose oraculaire s'est donné des alliés et nous prendrons, afin d'illustrer ce thème des valeurs, l'exemple de *La Bêtise*.

La bêtise, chez Gustave, c'est en premier lieu ce que Sartre nomme sa « conscience animale du monde »[2], la nature de l'homme, éternelle, immuable puisque les « bêtes sont sans histoire », mais c'est également par le biais de cette fascination le refus pratique du rationalisme analytique des philosophes du XVIIIe siècle, refus qui tire sa force d'une exhaustive reconnaissance de ce même rationalisme : pour lui, l'analyse est toujours possible, le problème est qu'il « la présente toujours comme *déjà faite,* c'est-à-dire qu'il débite en maximes, le résultat de son expérience par quoi il entend à la fois l'enregistrement passif de ses impressions et leur démembrement chirurgical »[3]. Certes, il ne saurait renier le coup d'œil médical, « Gustave revendique le regard-bistouri », mais ce coup d'œil est un principe formel, il n'a pas à être vérifié par l'expérience, c'est « le pur principe de l'analyse qui, dès qu'il est posé pour soi et séparé de la pratique scientifique, cesse d'être méthode pour devenir théorie et contient *a priori* l'utilitarisme, l'associationnisme, l'empirisme, etc. »[4].

Tout est joué, à quoi bon décomposer le tissu noueux de la société si ce n'est pour y retrouver les sempiternelles pulsions égoïstes, mieux vaut vivre « l'atomisation sociale comme une solitude en commun », et

1. *L'Idiot de la famille*, t. III, p. 464.
2. *Ibid.*, t. I, p. 648.
3. *Ibid.*, p. 645.
4. *Ibid.*

Flaubert aura beau dénoncer cette médiocrité ambiante, dans la mesure où il l'accepte, « il découvre (que) l'opaque béatitude des imbéciles passe en lui ». La preuve en est que, dans *Madame Bovary,* il a réussi « à nous montrer la Raison analytique comme bassesse d'esprit et suprême imbécillité, tout en acceptant ses principes et ses conclusions comme des vérités ; le coup de génie fut de l'incarner en M. Homais[1]. Seulement voilà, Homais n'est pas si bête (*dixit* Thibaudet), en tout cas il a de l'avenir, drôle d'histoire ?

C'est quoi la Bêtise, au juste ? Où est-elle ? Devant nous ? Derrière nous ? Dans la pensée ? Est-elle, comme l'écrit G. Deleuze, le rapport de l'individuation à ce qui ne peut prendre forme, la stupeur « constituant le non reconnu de toute récognition... »[2], stupeur, née de la pensée et qui retourne à elle comme une « question proprement transcendantale : comment la bêtise (et non l'erreur) est-elle possible[3] ? Question transcendantale à proprement parler littéraire[4] où, du fond de la mélancolie et de la cruauté, ce qui ne pourrait être que terreur et abandon devient l'élément d'une sensibilité transcendante *(Sentiendum)* qui dégagera le cogitandum et d'où le non-pensé sortira comme la forme empirique nécessaire à la pensée : nous ne pensons pas encore, qu'est-ce que la bêtise ?

Chez Sartre, la bêtise est une pièce rapportée, une négativité sans lendemain ; Flaubert n'a pas remué le fond pour pouvoir penser le « je » fêlé (Bouvard *et* Pécuchet), sa méchanceté n'accède point à la dignité philosophique, l'enfant Flaubert, comme nous l'avons vu à propos de son manque d'évidence, n'a pas d'idées et l'écrivain, fort de cette rémanence, ne fait qu'accomplir à sa façon le triomphe de ce qui en lui a toujours triomphé : l'universel de l'animalité, soit la Bêtise.

1. *Ibid.*, p. 642.
2. *Différence et répétition*, p. 197-198.
3. *Ibid.*
4. « La plus mauvaise littérature fait des sottisiers ; mais la meilleure fut hantée par le problème de la bêtise... Flaubert, Baudelaire, Bloy. »

Bournissien, Homais, Bouvard, Pécuchet, s'ils sont un peu de cette réification de la société bourgeoise, ne le sont pour Sartre que par surcroît : valeurs de la valeur du pour-soi. On pourrait se demander (bêtement) : où sont les imbéciles ? Ils existent, c'est un fait, Sartre nous les concède, mais il conteste les procédés de leur dévoilement. D'une part, Flaubert, en les exhibant complaisamment, choisit de nous montrer l'espèce sous un jour défavorable, d'autre part, au mépris de notre finitude, il nous les présente toujours comme des personnages achevés. Ces deux figures se recoupent et déterminent la chute culturelle de Flaubert, mais dans les deux cas, jamais, non jamais, la bêtise et la bassesse ne sont « des structures de la pensée comme telle »[1]. Cela implique, on s'en doute, certaines vérités quant au rôle de l'écrivain (de l'artiste) et de la littérature (choix de l'imaginaire) qui, si l'on met entre parenthèses le ressentiment flaubertien, n'entretiennent qu'un rapport lointain avec la *méchanceté,* le digestif, le larvaire.

Est-ce à dire que, chez Sartre, l'artiste a de toute façon les mains sales et le philosophe la pensée propre ? Un champ transcendantal sans « je », oui ! Mais un sujet sans pensée pure, non ! Alors celui qui pâtit ne saurait penser, car penser et exister, c'est tout un...

Pas si simple. Pourquoi écrire ? En 1947, il est temps de réfléchir, et si l'on veut échapper au désespoir, il faut faire œuvre de *générosité* : « Quel que soit le sujet, une sorte de légèreté essentielle doit paraître partout et rappeler que l'œuvre n'est jamais une donnée naturelle mais une exigence et un don. »[2]

La cité des fins a plusieurs murailles et celle dont parlait Sartre, étape généreuse de son idéalisme objectif, n'est peut-être que le revers (généreux) de son idéalisme subjectif. La cité des aveugles qui voit tout sait bien que la générosité des uns (ou des autres) ne doit « pas s'exprimer par des discours édifiants ou par des personnages[3] vertueux : elle ne doit pas même être prémé-

1. G. Deleuze, *op. cit.,* p. 196.
2. *Qu'est-ce que la littérature ?*, p. 111.
3. *Ibid.,* p. 111.

ditée... ». Cela n'empêchera pas « l'indignation généreuse » des uns et des autres de ressentir à quel point *aujourd'hui* un « déchaînement de générosité » ne suffit en rien à frapper la stérilité du Mal. Pourquoi aujourd'hui ?

Paysage[1].

Aujourd'hui où, dans d'étranges adhésions, des corps, autrefois « engagés viennent en toute quiétude rejoindre, comme le dit E. Lévinas, l'éloignement absolu du monde », aujourd'hui où, des fins de l'homme au fracas lumineux de l'Amérique, on se surprend à éventrer, à reconsidérer le partage de l'Europe et où, constatant la pluralité de nos axes, nord-sud si possible, on s'abreuve aux rivages du mixage culturel... Ce tourbillon, dont il est difficile de dire qu'il sera celui *d'une* génération, nous ouvre à la responsabilité d'un pari incertain qui nécessite plus que jamais l'ouverture et la disponibilité ainsi que la reconsidération des échanges interdisciplinaires... A ceci près que l'a-venir, c'est cela : une émotion sans promesse, « il n'y a donc pas renier l'humanisme... » (Blanchot).

Nous sommes partis de la décision (pourquoi écrire ?) et, sans répondre autrement que par évocation, nous avons introduit la question des valeurs et, ayant opposé la langue à tout *a priori* concernant le langage, nous pensions les retrouver. La langue, ce pont entre les vivants et les morts ; la langue qui ne nous appartient pas, disait Kafka. Revenons à notre comparaison Blanchot-Sartre et, de l'un à l'autre, tissons un fil : « Un avenir barré, c'est encore un avenir. »[2] On verra.

« Il n'y a donc pas à renier l'humanisme, à condition de le reconnaître là où il reçoit son mode le moins trompeur : jamais dans les zones de l'autorité, du pouvoir et de la loi, de l'ordre, de la culture et de la magni-

1. « Les gens voyaient là un spectacle historique dont les personnages étaient vivants et jouaient une pièce sur la trahison, l'amour, la haine, le dévouement et les marchandages, la grandeur et la bassesse, la vengeance et le pardon, la lâcheté et la fierté, le courage et la ruse, les ascensions et les chutes, l'argent et l'envie. En un mot, sur tout ce qui est si magnifiquement humain. »

2. *Situations* I, p. 80 ; *La temporalité chez Faulkner.*

ficence héroïque et pas davantage dans le lyrisme de bonne compagnie, mais tel qu'il fut porté jusqu'au spasme du cri... »[1]

D'un humanisme à l'autre, la comparaison entre Sartre et Blanchot, Pierre Verstraeten la fit dans un appendice de son livre, *Violence et éthique*, paru en 1972. Il y comparait exactement le paradoxe d'Aytré (1949) et la conclusion du *Saint Genet* (1952 : date à laquelle Sartre renonça à son projet romanesque *La Dernière Chance,* et se demandait ce que deviendrait l'écrivain Genet tout en rédigeant *Les Communistes et la paix* ; les textes de *L'Entretien infini,* par contre, s'échelonnent de 1953 à 1965.)

Cette comparaison éclairante, nous pouvons la résumer comme suit : l'expérience littéraire selon Blanchot est un destin à la mesure de l'écrivain, le résultat qu'est l'écriture « correspond (chez lui) à une véritable conversion de l'expérience *dont les conséquences seules* engendreront incessamment, et par contrecoup, l'absolution de l'existence »[2] ; selon Sartre, au contraire, l'échec du désir en général tient au projet et à la finitude de l'homme, c'est pourquoi son malheur revient à la *réalité humaine* dans son ensemble. Chez Blanchot, le désir de l'écrivain ne se superpose pas au projet d'écrire (*pourquoi* écrit-on ?) ni à l'écriture, mais celle-ci, par contre, ne débute (faux début, donc) « que par une certaine incapacité de parler et d'écrire, par une perte de mots... »[3] qui est la forme vivante et écorchée du vide de tout langage. L'écrivain, hanté par sa propre impossibilité, se sent privé des mots et, explorant le silence du monde, perdant alors l'habitude de l'habiter commodément, ne laisse fuir qu'un « ânonnement silencieux » dont le risque représente « le silence du langage créateur, ce silence qui nous fait parler... »[4]. Sartre se référant explicitement à Blanchot ne suit pas cette direction. Le langage, l'écriture, écrit-il :

« C'est à la fois fuite de l'être dans les significations, l'évaporation des significations, bref la néantisation, et

1. M. Blanchot, *L'Entretien infini*, p. 393.
2. *Violence et éthique*, NRF, 1972, p. 427.
3. *La Part du feu*, NRF, 1949, p. 75.
4. *Ibid.*, p. 79.

c'est de l'être, air frappé, mots écrits, gravés. » Ce qui veut dire : tandis que pour Blanchot – dans cet article – l'écriture reproduit l'expérience d'un vide inexpiable d'où scintille le creux de tout langage, chez Sartre, le livre (et non l'absence de Livre) ferait de l'écriture « la possibilité conquise *d'aller au-delà* de la liberté inscrite et indiquée par l'écriture elle-même »[1].

La morale du *Saint Genet,* dans cette perspective, celle dont nous avons déjà cité la conclusion – ce roman mallarméen... dont parlait une fois Blanchot, c'est Genet qui peut l'écrire – débouche à la fois sur cette expérience renouvelée (l'écrivain authentique) et la nouvelle vie qui s'ensuit : Genet, *généreux et poète.*

En effet, à « s'en tenir à la position mallarméenne, le poète ne peut que *réaliser* son malheur : *l'homme comme impossibilité* »[2] ; par contre, sa générosité « sera tout à la fois un acte, une façon de vivre et une entreprise de poète... »[3].

Dans *Qu'est-ce que la littérature ?,* la générosité caractérise la confiance qui unit l'auteur et le lecteur, elle est le foyer permanent d'une liberté qu'exige une autre liberté, un pacte dont la certitude prolonge la valeur de l'œuvre d'art, son appel et la passion[4] qui la sous-tendent. Dans *Saint Genet,* le pacte est rompu, le poète prosateur en a durci les clauses, il a refusé la transparence du contrat social pour un retour au contrat juridique, il a volontairement déréalisé le monde, et, refusant toute entente entre lui et le lecteur, il a gratifié la Beauté pour en faire « l'arme offensive qui lui permettra de battre les justes sur leur propre terrain : *celui de la valeur* ».

Sartre, dans sa conclusion, reprend la description de cette expérience éthique et Genet « délivré de soi »[5] (le contraire de Flaubert), libéré du Bien et Mal, recouvre

1. *Violence et éthique*, p. 433.
2. *Ibid.*, p. 437.
3. *Saint Genet*, p. 531.
4. Cf. *Qu'est-ce que la littérature ?*, p. 99 : « C'est une passion, au sens chrétien du mot, c'est-à-dire *une liberté qui se met résolument en état de passivité* pour obtenir, par ce sacrifice, un certain effet transcendant. » Sans ironie aucune, est-ce une citation du saint Genet ou du saint Sartre ?
5. *Saint Genet*, p. 623.

l'Être « identique à soi qui dissout et ronge en son sein les douleurs... cet Être, sans qualification (qui) s'identifie au Néant »[1]. Alors seulement, la Passion peut advenir et la générosité – reconnaissance sans retour qui lui procure une famille – déportée, emportée, s'étiole du fond de son EXIL qui est sa grandeur : « Je l'y ai vu, entouré d'enfants, jouant avec les aînés et pomponnant les plus petits, discutant passionnément... »[2]

Dans la permanence de ce souci nouveau, il incombait à Genet, « âme... tendue, géniale... », de ne point recevoir et de ne rien partager. Sans distinction mais dans la démesure gratuite d'actes délivrés de l'exaltation verbale, l'homme généreux, détaché, entouré, emporté, renoncera-t-il à la littérature[3] ?

L'avenir, c'est aussi cela, et, à trop vouloir le prédire, le risque de l'œuvre et de vivre est aussi celui-ci : l'oubli de l'homme ou bien figure inversée de cet oubli, la générosité détachée du monde. « Sartre préserve toujours un au-delà de possibilité par-delà l'impossibilité reconnue : la négation de celle-ci, purement et simplement, possibilité de dépassement que déjà, dans *L'Être et le Néant*, il indiquait en l'appelant “la possibilité d'une réflexion pure”. Cette possibilité a probablement changé de sens : elle est liée maintenant à la relation fondamentale aux autres, mais elle reste tout comme avant la seule « possibilité de *salut que détient encore l'homme*. »[4]

1. *Ibid.*, p. 638.
2. *Ibid.*, p. 642.
3. Cf. Jean Genet, *Libération*, 11 septembre 1982 : « Si écrire veut dire éprouver des émotions, ou des sentiments si forts que toute votre vie sera décidée par eux, s'ils sont si forts que seule leur description, leur évocation ou leur analyse pourra réellement vous en rendre compte, c'est réellement à Mettray qu'à 15 ans j'ai commencé à écrire... Écrire, c'est ce qui reste quand on est chassé de la parole donnée. »
4. *Violence et éthique*, p. 440. D'un humanisme à l'autre, *l'entente* parut définitivement consommée, « on n'échappe pas par une simple *décision...* » à ce qui d'un *au-delà* de la liberté appartient à la fin propre de l'homme, à son horizon métaphysique : G. Derrida, 12 mai 1968, *Les Fins de l'Homme*, repris dans *Marges de la philosophie*, Minuit, 1972.

La RÉALITÉ HUMAINE : « Ce qu'on avait ainsi nommé, *de manière prétendument neutre et indéterminée*, ce n'était rien d'autre que l'unité métaphysique de l'homme et de Dieu, le rapport de l'homme à Dieu, le projet de se

Humanisme ou pas, seul cet au-delà de la liberté peut, du Genet au Flaubert, nous raccrocher au vécu flaubertien, à des personnes imaginaires qui jouent des rôles et qui, du fond de ce monument de rationalité qu'était *L'Être et le Néant* (*dixit* Sartre), nous permettent de conserver « cette présence à soi... indispensable à l'existence de tout fait psychique, présence en même temps si opaque, si aveugle à elle-même qu'elle est aussi absence de soi » (*Situations* IX, p. 118).

Le *Flaubert* ainsi relié à *L'Imaginaire* (dont nous reparlerons) ne se comprend que si la tâche de l'écrivain s'inscrit par-delà l'écriture au cœur de valeurs vouées, non pas à l'inhumain ou au Neutre, mais requises par un impouvoir (relatif) à d'autres fins que l'écriture.

Sartre peut remercier un écrivain d'avoir mal écrit son livre (le style de A. Gorz) se promettre de ne jamais

faire Dieu comme projet constituant la réalité humaine. L'athéisme ne change rien à cette structure fondamentale. L'exemple de la tentative sartrienne vérifie remarquablement cette proposition de Heidegger selon laquelle tout humanisme reste métaphysique étant l'autre nom de l'onto-théologie » (p. 138). D'un autre côté, « il reste que la pensée de l'être, la pensée de la vérité de l'être au nom de laquelle Heidegger dé-limite l'humanisme et la métaphysique, reste une pensée de l'homme » (p. 153), d'où la dominance, dans le discours de Heidegger, de « toute une métaphorique de la proximité... » (p. 156), etc.

M. Blanchot, dans une note éclairante de *L'Entretien infini*, méditait sur cette proximité ontologique (métaphore ontique) ; pourtant l'humanisme réapparaissait sous une forme ambivalente soulignée par E. Lévinas et rappelé par M. Dufrenne dans son livre, *Le Poétique,* réédité en 1975 : « Parlant de Blanchot à l'occasion du livre de F. Collin, Lévinas suggère que cette pensée peut s'interpréter à la fois dans deux directions : d'une part, “nous sommes voués à l'inhumain, à l'effrayant du Neutre” (et ce *nous* est bien un *nous les hommes,* au nom desquels parle l'homme Blanchot) ; d'autre part, “ce Neutre n'est pas un quelqu'un ni même un quelque chose. Ce n'est qu'un *tiers* exclu qui, à proprement parler, *n'est* même pas. Pourtant, il y a en lui plus de transcendance qu'aucun arrière-monde n'en a jamais entrouvert”. Oui, reprend M. Dufrenne, ce tiers est préservé, du fait même qu'il est exclu : il échappe à la négation comme à l'affirmation. Et il est transcendant parce qu'il transcende l'ordre du discours... », etc., ce que nous avons noté à propos de la transcendance unilatérale chez E. Lévinas qui rejoint ici celle de M. Blanchot (p. 34, 35, « Pour une philosophie non théologique », article déjà cité).

Le texte de J. Derrida, *Les Fins de l'Homme,* devrait être comparé à un autre texte paru dans *Les Fins de l'Homme* (encore) 1981, Colloque de Cerisy, 23 juillet - 2 août 1980, qui porte ce titre : *D'un ton apocalyptique adopté naguère en philosophie.*

faire du style, de ne pas être le porteur d'un Art à venir, d'un livre à venir, car il est un écrivain du PRÉSENT avant d'être celui de l'à-venir[1]. Or la bêtise, nous l'avons vu, son avenir est barré, elle achève le temps présent, son avenir est tracé avant même d'en avoir averti le présent, voyez ces vies finies d'avance.

Le chapitre précédant le livre I de *La Personnalisation* (fin de la constitution) concerne la Bêtise de Flaubert et de Homais – entendons l'idée qu'ils s'en font. C'est donc la Bêtise comme valeur (contre générosité chez Sartre) qui ouvre la personnalisation ? Pourquoi ?

« Alors Homais inclina vers le *Pouvoir...* » (Flaubert) ; Homais n'est pas si bête : « Il fait une clientèle d'enfer ; l'autorité, le ménage et l'opinion publique le protègent. » Il incline doucement vers le pouvoir, avec majuscule en plus, avant de s'incliner sur sa tombe. Impossible, voyons.

Alors, c'est un mort-vivant ? Souvenez-vous : les danses de la réussite s'établissent toujours sur la poussière des morts (souvenir de *La Vie de Rancé,* « les danses s'établissent sur la poussière des morts, et les tombeaux poussent sous les pas de la joie »).

Cette invocation augmente notre douleur et, perdus dans la manie de l'explication de texte, nous devenons les garde-malades de la littérature. Le texte ?

« Il vient de recevoir la Croix d'honneur.

1. Dans un chapitre à l'humour discret, « Les malheurs du temps présent », D. Hollier écrit ceci : « Être présent (pour Sartre) c'est avoir de l'avenir. C'est ainsi que l'article sur la temporalité chez Faulkner pouvait précisément opposer au présent – indicible et qui fait eau de toutes parts – du romancier américain... La préoccupation heideggérienne de l'avenir. Le présent faulknérien "est coupé de lui-même", il a besoin de l'avenir pour se rejoindre. Se rejoindre pour Sartre, c'est se dépasser. » Il y faut donc la structure du coupé sans laquelle la présence du présent ne se découperait pas... (p. 131) ; donc, si Sartre, dans *Qu'est-ce que la littérature ?,* demande, « au nom de l'intentionnalité, que la littérature s'engage à être la littérature d'autre chose que d'elle-même » (p. 110), c'est que, pour lui, le moment verbal « n'est qu'une structure secondaire de l'entreprise littéraire » (p. 48), ce qui signifie que le présent différé de l'écriture doit s'arracher des significations pour s'engager à l'avenir, et si possible « marcher à l'avenir » (p. 142) et non forcément *vers* l'avenir : cette subtile différence indiquant que Sartre privilégie l'arrachement (à soi) sur toute forme de pré-vision, d'où, peut-être, l'abandon des *Chemins de la liberté* qui ne mènent nulle part (Denis Hollier, *Politique de la prose,* Gallimard, 1982).

— Qui ?

— Charles.

— Ah, je vois Homais s'enfermer dans son avenir et Charles dans l'alcool.

— Vous oubliez Flaubert.

— Ah oui, il s'enferme en lui !

— Et Mlle Bovary ?

— Elle est envoyée dans une filature de coton.

— N'empêche Homais, c'est le pouvoir, le bon *Dehors*. »

Le pouvoir d'Homais, premier cercueil de la « Kunstprosa », signe ostensible de l'impouvoir de l'écrivain, mort vécue, volontaire et vengeresse, victoire verbale...

La Bêtise ici a tous les traits d'une réflexion complice, elle participe du culte des valeurs-substances que *L'Être et le Néant* avait mises en relief et, dans le cas précis de Flaubert, est une maladie du langage qui se confond avec celle de son pouvoir-être ; nous l'avons vu, Flaubert « n'a pas les moyens de distinguer *la pensée* comme activité synthétique et constructive, du langage en lui ni chez les autres... »[1].

A l'appui de cette invalidité que nous avons décrite, la complicité qui s'applique dorénavant à ce refus venu du Dehors sera la Bêtise qui n'est autre que le langage escamotant la consistance propre du Réel au profit de la matérialité verbale comme telle : « Le langage, pour Flaubert, n'est autre que la Bêtise, en tant que laissée à elle-même, la matérialité verbale s'organise en semi-extériorité et produit une *pensée première*. »[2]

Mais si la Bêtise est une synthèse passive qui s'amuse à minéraliser le langage *a contrario* de l'unité expressive et sensible, c'est parce qu'elle s'établit dans la plénitude de l'être (de l'en-soi pour soi qu'elle rêve d'être) et, à sa façon, consacre l'ordre et la convention : à son oncle

1. *L'Idiot de la famille*, t. I, p. 637.
2. *Ibid.*, p. 623.

Parain, de la quarantaine de Rhodes ; dimanche 6 octobre 1850 :

« Avez-vous réfléchi quelquefois, cher vieux compagnon, à toute la sérénité des imbéciles ? La bêtise est quelque chose d'inébranlable ; rien ne l'attaque sans se briser contre elle. Elle est de la nature du granit, dure et résistante. A Alexandrie, un certain Thompson de Sunderland a, sur la colonne de Pompée, écrit son nom en lettres de six pieds de haut. Cela se lit à un quart de lieue de distance. Il n'y a pas moyen de voir la colonne sans voir le nom de Thompson et, par conséquent, sans penser à Thompson. Ce crétin s'est incorporé au monument et se perpétue avec lui. Que dis-je ? Il l'écrase par la splendeur de ses lettres gigantesques. N'est-ce pas très fort de forcer les voyageurs futurs à penser à soi et à se souvenir de vous ? Tous les imbéciles sont plus ou moins des Thompson de Sunderland. Combien, dans la vie, n'en rencontre-t-on pas, à ses plus belles places et sur ses angles les plus purs ? Et puis, c'est qu'ils nous enfoncent toujours ; ils sont si nombreux, ils reviennent si souvent, ils ont si bonne santé !

« En voyage, on en rencontre beaucoup, et déjà nous en avons dans notre souvenir une jolie collection ; mais, comme ils passent vite, ils amusent. Ce n'est pas comme dans la vie ordinaire où ils finissent par vous rendre féroce... »

Cette lettre que cite Sartre et qu'il met en balance avec les inquiétudes de Flaubert à cette même époque (échec du premier *Saint Antoine*) – lettre dont la fascination pour la bêtise renferme une exquise pétrification de la société et dont l'attirance produira *Dictionnaire des idées reçues*, lequel, aux dires de Flaubert, sera la glorification historique de tout ce qu'on approuve –, cette lettre donc et celle écrite plus tard à Louise Colet depuis Croisset (nuit de jeudi, 1 heure, 16 décembre 1892), dévoilent le procédé du *Dictionnaire* à partir duquel Sartre voit Flaubert *se dévorer vivant* : « Il s'agit de combattre la bêtise chez les autres sans jamais l'attaquer... *en la réalisant,* en s'en faisant le médium et le martyr, pour la manifester en sa personne... »[1]

L'imbécile et l'artiste ont, dans ces conditions, la même ambition...

N'y a-t-il pas ici un subjectivisme anthropologique par trop poussé ?

Si la réflexion pure fait défaut à Flaubert et si son activité passive n'est rien d'autre qu'une chute libre au fond de l'éternité matérielle et sociale, son ressort, l'horrible bêtise, qui n'en finit pas de se répéter et de s'éterniser, n'a *aucun droit*. Elle n'est jamais, pour Sartre, le nerf de la Bête cérébrale qui descend au fond des abîmes de la langue.

Flaubert ne nous paraît pas l'écrivain de la bêtise ; il est, comme l'écrit judicieusement Cl. Gothot-Mersch, l'écrivain de l'indifférenciation, de l'insignifiance, de l'incertitude quant à l'origine du discours : ce que Sartre en « emblématisant » la pensée par rapport au langage ne peut admettre.

« Le discours de Flaubert n'est pas gouverné », écrit-il à propos de la correspondance ; sans jouer sur le sens de cette conduite (Hollier), on n'arrive pas à comprendre pourquoi le choix de la Bêtise (sa fascination) qui n'en est pas un, est simultanément une non-conduite en vue du style, « une victoire du langage sur sa matérialité »[2] et une complicité créatrice de valeurs-substances : la *gloire posthume,* « mon cadavre aux mains des autres ». Certes, pour Sartre, la bêtise devrait être dehors (comme les Mots), et, pour Gustave, elle est « dehors et dedans »[3], dehors (la fascination) dedans (la lourdeur propre de Gustave : activité passive) ; curieux couperet qui fait dire à Sartre : « Seuls *une fissure légère,* un écart infime empêchent l'intégration de Flaubert à la bêtise bourgeoise. »[4]

Pourtant, *cette fissure* qui prend sa source dans les

1. *Ibid.*, p. 630.
2. *Ibid.*, p. 629.
3. « Flaubert saisit *au-dehors* et chez les autres comme des idées reçues les opinions qu'il vit *au-dedans* comme les produits réels de ses réflexions » (p. 636).
4. *Ibid.*, p. 632.

allées du ressentiment est bien ce qui résiste à l'osmose complète (Flaubert = Thomson) ; or, elle est pour Sartre le pivot central du tourniquet par où la bêtise passe : « Dans la bêtise des autres, il reconnaît la sienne bien qu'il ne puisse fondre celle-ci dans celle-là ; quant à lui, il ne peut pas même déclarer qu'il n'est pas bête : *le tapis roulant* passe au travers de lui ; tout au plus se *sent-il absent à sa propre bêtise*... ou peut-être simplement cet éternel exclu n'a pas la chance d'y adhérer. »[1]

Or, si la bêtise passe, sans s'arrêter, bourrasque terrible qui nous lamine à l'écheveau de nos marées humaines, de ces hommes qui passent et repassent, refusant d'être seuls, et qui sont comme nous « l'homme des foules » dont Edgar Poe nous a donné les premières lueurs, si la Bêtise intempérante, familière, se fraye un chemin au point de nous effrayer ou de déclencher en nous des rires de petits lapins rongeurs, par passades et secousses à nous faire trembler d'instinct, si la Bêtise, la paresse, l'ennui nous font regretter, parfois, de n'être point la bête somptueuse ou l'ennemi mortel des animaux, c'est qu'elle est ici et ailleurs : présente et qu'elle nous fixe...

Sartre précise sa pensée en s'appuyant sur la pièce de G. Michel *(Les Jouets)* ; la bêtise serait un pur dehors, au lieu d'être, comme l'écrit G. Deleuze, ni le fond « ni l'individu mais bien ce rapport où l'individuation fait monter le fond sans pouvoir lui donner forme... ». A exclure la bêtise de la pensée, ne risque-t-on pas de survoler la bêtise et de ne retenir comme dénégation de celle-ci que les lieux communs qui, par nature, nous sont communs ; ceux de G. Michel ont beau être « d'aujourd'hui », leur localisation laconique – ils sont dehors – n'exprime en rien le propre de la Bêtise qui n'est ni dehors ni dedans mais qui constitue la possibilité de la pensée comme telle, une forme empirique nécessaire à la pensée[2].

1. *Ibid.*

2. Il est vrai que, chez Deleuze, la Bêtise paraît réversible (*reversio* des machines désirantes), si bien qu'une cité d'Artistes ou de surhommes, en l'enveloppant définitivement, aurait tendance à la faire disparaître pour de bon.

Sartre n'est pas dupe et il ne semble pas très convaincu de ses arguments, aussi ajoute-t-il :

« Les intellectuels, par exemple, résistent mieux, *peut-être,* mais sont pareillement investis » (c'est lui qui souligne le « peut-être »).

Si donc la Bêtise chez Gustave est ce qui tournoie (sans pouvoir totalement adhérer à son être) sans pouvoir se fixer, ou tout du moins effleurer sa liberté, c'est bien la métaphore du tourniquet (maintes fois reprise) et du trucage existentiel qui pose ici problème.

L'attachement indéfectible de Gustave pour la Bêtise par lequel il n'accède jamais à *l'existence authentique,* n'est-il que cet abandon à la *valeur-substance*[1] qui fait de lui le réceptacle infini des idées reçues : « Plus d'une fois, les idées reçues qu'il découvre chez les autres sont tout simplement ses idées, celles qu'il expose dans sa correspondance en d'amples mouvements rhétoriques » (*ibid.,* p. 635).

Si oui, comment se fait-il que, du fond de cette pression, de cet appel, Flaubert ait trouvé la force de « contraindre la hurlade à se conformer aux malices du plan »[2] et, alimentant la lenteur de son esprit d'une pénible ascèse, de se conformer au projet fou de la « Kunstprosa », dont il est encore, *aujourd'hui,* le dépositaire pénitent ? (nous partageons, sur ce point, les sentiments de M. Robert).

1. On saisit ici la différence profonde qui sépare Nietzsche et Sartre sur ce problème des valeurs, différence en ceci « que Sartre, sur ce problème des valeurs, fonde l'être des valeurs sur la subjectivité humaine, tandis que Nietzsche fonde l'être des valeurs sur la volonté de puissance dont l'homme est, certes, le témoin privilégié, mais non la source absolue. C'est pourquoi la révolution copernicienne radicale qui est requise par l'avènement du nihilisme ne saurait se limiter, pour Nietzsche, à une appropriation par l'homme des attributs qui s'attachaient jadis à la transcendance divine ou à la réalité suprasensible. *Le transcendant métaphysique ne se rétracte pas dans le transcendantal du libre pouvoir-être humain, mais se résorbe dans le projet transcendantal qui définit l'être de la vie elle-même.*

Le projet transcendantal des valeurs qui organise le champ de l'expérience humaine selon ses différences polarités ne se comprend donc que par son insertion dans ce transcendantal de l'être que Nietzsche essaye de penser avec le concept de Volonté de puissance (Jean Granier, *Le Problème de la vérité dans la philosophie de Nietzsche,* 1966 ; 2e éd., novembre 1969).

2. Marthe Robert, *En haine du roman*, Balland, 1982, p. 60.

S'il est vrai que Gustave s'abandonne aux mots et que le langage déborde et dévie sa pensée[1], se peut-il que la langue qui entraîne Gustave (et non le langage), langue dont il est l'inventeur, *« le grand trottoir roulant »* dont parlait Proust, se peut-il que cette langue ne soit que le résultat d'une réflexion impure qui deviendra pour Sartre une névrose objective ? Ne faut-il pas plutôt admettre que c'est quand même lui (Bouvard *et* Pécuchet) qui « porte ses rêves vengeurs sur le papier parce qu'il devine dans l'écriture une prise de possession, un *acte efficace,* quoique passif, par quoi le tout des êtres et des choses peut être reconquis... »[2]. Une langue qui porte en elle sa morale et qui, au lieu de se faire le pur spectacle du pathétique de l'auteur « renoue le pathétique » et sert peut-être *à moins souffrir.* « *La nouvelle forme* (la langue) est pour la souffrance comme un bain lustral : usé dès l'origine dans le langage (y a-t-il d'autres sentiments que nommés ?), c'est pourtant le langage – mais un langage autre – qui rénove le pathétique... littérature... schizophrénie naissante... »[3] (le Neutre)

La grâce (efficace) de la langue, ce n'est point le récitatif besogneux de la prière dévote : l'ouvrier en action, la grâce suffisante ; raturer, peiner, ce que Pascal, en son temps, appelait *persévérance,* voilà l'action (l'ouvrier en l'Art) – mais « l'action n'est pas seulement réalisation d'un acte, elle est le pouvoir de continuer »[4] ; que l'action soit devoir de continuer (liberté) et la grâce pouvoir de continuer ne signifie pas que l'on incline vers la langue, comme vers le pouvoir.

Cette problématique n'a rien de psychologique, elle est d'ordre *rhétorique,* « cette ignorance est la vérité du langage... d'abord cela ne peut pas être autrement, et ensuite cela ne *doit* pas être autrement »[5].

C'est ici que les choses s'articulent, et qu'entre le métier de vivre et celui d'écrire il y a chez Sartre incom-

1. *L'Idiot de la famille,* t. I, p. 637.
2. M. Robert, *op. cit.,* p. 71.
3. Roland Barthes, Préface à La Vie de Rancé, UGE, « 10/18 », 1980, p. 21.
4. Édouard Morot-Sir, *La Métaphysique de Pascal,* PUF, 1973.
5. *Ibid.,* p. 128.

patibilité. Tout d'abord parce qu'il accorde trop d'importance à *l'Art pour l'Art*. Sans céder au chantage de l'Art absolu, il n'empêche que, pour nous, cette question, qui concerne uniquement ce que Flaubert a pu dire de l'Art, nous semble assez vite contournable. Sartre consacre, il est vrai, de longues analyses à ce qu'il nomme *l'autonomie de la littérature* (nous y reviendrons), mais ce qu'il dit de l'Art, qu'est-ce d'autre que ce que Flaubert en disait, ou Baudelaire ? (mais sur Baudelaire, Sartre va beaucoup trop vite, il ignore totalement l'écriture américaine de Charles Baudelaire, son versant Ouest, par exemple, ce qu'il dit dans son article « Des méthodes de composition » : « Aujourd'hui, il faut donc se hâter lentement ; il faut donc que les coups portent, et que pas une touche ne soit inutile... je ne suis donc pas partisan de la rature... »[1] On est bien loin du poète maudit et du maître de l'échec[2]. Il est illusoire de vouloir aborder la situation des écrivains de 1850 en réduisant sa portée soit à l'Art pour l'Art, soit à l'hypersensibilité de l'artiste vécue comme refus des passions.

Les hommes féminins dont parle Sartre – essentiellement Baudelaire – perdent complètement leur vérité poétique qui, dans le cas de ce dernier, fut d'affronter ce qu'il appelait la « modernité » et qui n'était surtout pas le discours de l'allusion dont Mallarmé aurait magnifiquement résumé l'histoire : « C'est encore Mallarmé qui a le mieux résumé trente ans d'histoire littéraire »[3], « le poète fait la grève »[4]. La filiation Baudelaire-Mallarmé nous a toujours paru suspecte. On sait que Sartre admire particulièrement le second parce qu'il aurait radicalisé, pris à revers et finalement subjugué la sublimation des vertus bourgeoises de ses prédécesseurs.

C'est un tort de mélanger l'impassibilité parnassienne, l'impersonnalisme flaubertien et la dialectique du Néant mallarméenne. Sartre excelle dans « L'En-

1. Baudelaire, *Œuvres complètes*, Gallimard, « La Pléiade », p. 481.
2. « L'échec de l'homme est expressément donné comme le *résultat nécessaire* de sa victoire de poète », écrit Sartre, t. II, p. 160.
3. *Ibid.*, p. 192.
4. Mallarmé, *Œuvres complètes*, Gallimard, « La Pléiade », p. 870.

gagement de Mallarmé » et les rapprochements qu'il propose entre les trois ratés de la famille (Poe – Baudelaire – Mallarmé) concernent les fatalités de la naissance, mais ne sont absolument pas applicables au destin poétique de ces trois grands écrivains.

Blanchot, dans *L'Échec de Baudelaire,* avait déjà affermi les positions de Baudelaire en montrant que ce poète de l'équilibre, de l'harmonie, des correspondances, de l'analogie universelle était aussi un poète du déséquilibre, de la tension intérieure et du manque à penser. Le surnaturalisme de Baudelaire, disait-il en substance, c'est d'abord une pensée menacée, car le tout de la nature, ces infinies correspondances, ces improvisations nées de l'inspiration du moment et du travail toujours en but au vide de l'anonymat, ce tout, comment peut-on le comparer à une pensée de Survol ou à une vision d'échec ? Pour Sartre, le XIXe siècle finit avec Mallarmé : on comprend pourquoi.

Une poésie qui n'a rien à dire, c'est vraiment le début du XXe siècle. Le néant est un excellent bâti. Blanchot répondit à l'échec par le risque. W. Benjamin, Proust choisirent de jeter un œil lucide sur la modernité du poète. Proust, en 1921, dans un article écrit sans documents, vierge de tout alibi, pour le plaisir mais aussi pour la reconnaissance ; Benjamin, en 1938 et 1939[1]. Terribles écrits dont nous pouvons goûter l'heureuse parution.

A cette époque, Sartre avait déjà digéré, si j'ose dire, le XIXe siècle, et la guerre, l'être-pour-la-guerre, n'ajoutera rien ni ne retranchera « à tout ce que peut contenir de merde un cœur bourgeois ». La guerre accélère une décision qui est déjà prise et qui continue le « vaste programme littéraire qu'il a établi dès le début des années trente »[2].

En juillet 1938, « Sartre écrit à Simone de Beauvoir alors en randonnée à Tignes : *j'ai trouvé d'un coup* le sujet

1. *Le Paris du Second Empire chez Baudelaire*, 1938 ; *Zentralpark. Fragments sur Baudelaire*, juillet 1938 à février 1939 ; *Sur quelques thèmes baudelairiens*, 1939.

2. *Œuvres romanesques*, Gallimard, « La Pléiade », 1981.

de mon roman, ses proportions et son titre. Juste comme vous le souhaitiez : le sujet, c'est la liberté »[1]. Le même mois, la même année, Benjamin commence *Zentralpark. Fragments sur Baudelaire* et vient de terminer *Le Paris du Second Empire chez Baudelaire* ; c'est dire que pour lui le XIXe siècle n'est pas terminé, il commence à peine à le pénétrer, pour l'abolir mais aussi pour dire combien Baudelaire a su en rappeler la tourmente et nous pré-venir : « La rupture avec *l'art pour l'art* n'avait, aux yeux de Baudelaire, que la valeur d'une attitude. Elle lui permettait de proclamer la liberté et toute la latitude dont il disposait en tant qu'homme de lettres. Il était par là en avance sur les écrivains de son temps – y compris les plus grands d'entre eux. On voit ainsi en quoi il se trouvait au-dessus de la vie littéraire qui l'entourait. »[2] Il n'est pas dans notre intention d'opposer Baudelaire à Flaubert mais de rappeler que la modernité que Baudelaire mit à l'honneur dès 1845, « savoir si nous possédons une beauté particulière, inhérente à des passions nouvelles... » (Salon de 1846) et que Benjamin analyse dans ses articles, est précisément l'antithèse de « L'Art pour l'Art » et n'est aucunement réductible au point de vue de la mort sur la vie qui est une vision synthétique et fausse du post-romantisme :

« Chez Baudelaire, la modernité ne repose pas seulement et d'abord sur la sensibilité. Une extrême spontanéité s'exprime en elle ; la modernité chez Baudelaire est une *conquête* ; elle a une armature. Il semble que seul Jules Laforgue ait vu cela, lorsqu'il a parlé de l'américanisme de Baudelaire. »[3] Baudelaire a été son propre imprésario, écrit Benjamin, il ne fut pas, contrairement à ce que pense Sartre, au devant d'une scène, épris de rôles comme Flaubert, il fut *la* scène, conscient de s'exposer et toujours prêt à improviser, tel l'apache qui surgit.

Pourquoi Benjamin s'obstine-t-il à sauver Baudelaire. La réponse est simple : « Baudelaire savait quelle

1. *Ibid.*, p. 1860.
2. *Charles Baudelaire : un poète à l'apogée du capitalisme*, Payot, 1982.
3. *Ibid.*, p. 217.

était la vraie situation de l'écrivain. »[1] Il le sut très tôt et la situation qu'il décrit dès 1845 n'est pas éloignée de celle que vivait Benjamin en 1938. Certes, les quatre mille barricades de 1830, le Paris de 1848 et celui d'Haussmann ne sont pas si proches, mais cela reste l'image de la même désolation[2] : la séparation ente l'intellectuel et l'écrivain ? La Force de Benjamin est de ne rien dire là-dessus mais de faire vivre cette tension, en dehors de toute polémique directe, pour elle-même, et de montrer à sa manière comment Baudelaire, annonçant Proust, sut l'exhiber, en percevoir tous les dilemmes ; pour Benjamin, le *XXe siècle n'a pas encore commencé.*

Avec un procédé parfois candide mais moins abrupt que l'Imaginaire et la dialectique spéculative, Benjamin construit autour de Baudelaire une *AURA* sans mystère ; les barricades ne sont plus prétexte à crânerie autour d'Aupick mais montage savant de citations et de gestes où les maîtres du travail non salarié – les révolutionnaires de profession – côtoient les remarques de Marx sur le héros éponyme qu'était Blanqui. Ici, la ville et ses héros éphémères ne sont plus une histoire en trop qui n'a pas trouvé d'issue mais une géographie pratique qui ne ressemble ni à une technologie des pouvoirs, une mise en place canonique d'assujettissements souterrains, ni à l'exposition de conflits se résorbant dans le discours critique de la scène historique. La barricade n'est plus le moment d'un procès objectif ou, si elle le devient, c'est parce qu'elle est l'occasion d'un geste en lui-même inaccompli qui est justement la contradiction insoluble de l'intellectuel et de l'écrivain. L'AURA baudelairienne exprime cette tension, plus proche de ce que de Certeau appelle « le récit du tact » que de la tactique proprement dite, tension qui s'exprimera dans la ruse et l'intelligence sagace du flâneur, du poète et du critique d'art. Au seuil de ces appels sans réponses, la modernité et l'écriture qu'elle réclame apparaîtront comme la grande trouvaille de Baudelaire : l'allégorie contre la métaphore. Jamais l'Art pour l'Art ne fut si ignoré au profit de cette fulgu-

1. *Ibid.*, p. 54.
2. *Ibid.*, p. 222.

ration discontinue de moment épars[1] dont Baudelaire voulut proclamer l'ensevelissement en donnant à la réalité la triple figure du décor, de l'acteur et du héros réunis dans une même provocation : « Sa prosodie est comparable au plan d'une grande ville où l'on peut circuler discrètement à l'abri des pâtés de maisons, des portes cochères ou des cours. Sur ce plan, les mots ont leurs places exactement définies, *comme des conspirateurs* avant que n'éclate la révolte. Baudelaire conspire avec le langage lui-même »[2]. Trouvaille de Benjamin après Gide et Rivière, paix précaire, les conspirateurs et les sociétés trop secrètes finissent par disparaître et l'écrivain, en dépit de tout, habite le bain lustral de sa nouvelle langue, comme il tente désespérément d'habiter la ville qu'il arbore.

Ces questions, Flaubert ne pouvait les soulever, *la province* qu'il habite et le cabinet de travail qu'il hante n'ont absolument rien de commun avec l'imagination baudelairienne. Sartre qui jugeait très sévèrement son approche de Baudelaire préfère, dans *L'Idiot de la famille,* s'en tenir au versant provincial de « L'Art pour l'Art »[3]. Les raisons qui ont conduit Flaubert à ce singulier dégoût de la vie[4], Sartre les explore souvent avec justesse ; le problème pour nous est de savoir si l'attitude de Flaubert envers l'Art est absolument redevable de son attitude envers la vie, et de se demander si son attitude envers l'art n'est pas, tout compte fait, que le reliquat intempérant d'une rapsodie moins contrôlable : la langue qu'il a fait, malgré tout, sienne ?

S'il y a une morale de la littérature, elle n'est pas à chercher pour nous, lecteurs, du côté de l'auteur mais de sa langue. Ce n'est pas autonomiser la littérature que de considérer avec Barthes qu'il y a dans les méandres

1. Baudelaire, disait Proust, excelle dans les pièces courtes.

2. *Ibid.,* p. 140.

3. Nietzsche, dans *Le Crépuscule des idoles*, expédie la question : « L'Art pour l'art... l'art est le grand stimulant de la vie : comment pourrait-on le concevoir comme dénué de raison d'être et de finalité comme Art pour Art ? »

4. « Tout ce qui est de la vie me répugne... j'ai en moi un embêtement radical » (20 décembre 1846, à Louise Colet).

du style littéraire une force irréductible qui tient à la « puissance d'un langage inutile ». Mais il convient, si l'on veut vraiment apprécier la stérilité du langage, de se mesurer à la stérilité de la langue, laquelle ne communique son AURA véritable qu'au travers de ce qui est à proprement parler incommunicable, ce que Blanchot nomme le *Neutre* de toute pensée. (Nous avons vu sur ce point ce qui différenciait Sartre de Blanchot.)

Mais, puisque Sartre préserve, comme nous l'avons vu, un au-delà de la liberté irréductible à la langue, il lui faut réunir les jalons de l'épopée verbale (apprentissage, absentéisme, imaginaire) et le style de l'écrivain. Celui-ci ne se contente guère d'être un « équivalent écrit de la séduction orale »[1], il faut, si l'on veut donner une cohérence au déploiement analytico-progressif et à sa synthèse, qu'il se lise simultanément comme celui qui recèle à la fois le point de vue de la vie (au-delà de la liberté) sur la vie de Flaubert à l'instar de sa mort bien entendu, et le point de vue de la mort sur sa vie (choix de la finitude).

Comment Sartre parvient-il à mener de front ce qui concerne le projet originel de Flaubert (son irréductible contingence) et la limite réalisée de cette finitude, l'entreprise Flaubert, sans oublier, au cœur du projet sartrien, cette autre question, qu'être mort, c'est de toute façon être en proie aux vivants ?

1. *L'Idiot de la famille*, t. I, p. 888 ; voir également p. 885 : « Le secret du style dans les œuvres de Flaubert, c'est qu'il est éloquence refusée. Et refusée par l'autre. »

DEUXIÈME PARTIE

Vie et mort de l'imaginaire

Chapitre I

Un roman vrai

> « La question est de savoir si notre vie en dernière analyse, se passe entre un néant absolument individuel et absolument universel derrière nous, et un être absolument individuel et absolument universel devant nous... notre vie a, au sens astronomique du mot, une *atmosphère...* »
>
> M. Merleau-Ponty,
> *Le Visible et l'Invisible,* p. 1.

« Le ciel est pur, la lune brille, j'entends des marins chanter qui lèvent l'ancre pour partir avec le flot qui va venir. Pas de nuage, pas de vent. La rivière est blanche sous la lune, noire dans l'ombre. Les papillons se jouent autour de mes bougies et l'odeur de la nuit m'arrive par mes fenêtres ouvertes. Et toi, dors-tu ? Es-tu à la fenêtre ?...

« Avant de te connaître, j'étais calme, je l'étais devenu. J'entrais dans une période virile de santé morale. Ma jeunesse est passée. La maladie de nerfs qui m'a duré deux ans en a été la conclusion, la fermeture, le résultat logique. Pour avoir eu ce que j'ai eu, il a fallu que quelque chose antérieurement se soit passé d'une façon assez tragique dans la boîte de mon cerveau. Puis tout s'est rétabli... j'avais tout compris en moi, séparé, classé, si bien qu'il n'y avait pas jusqu'alors d'époque dans mon existence où j'ai été plus tranquille, tandis que tout le monde au contraire trouvait que c'était maintenant que j'étais à plaindre. Tu es venue du bout de ton doigt remuer tout cela...

« La déplorable manie de l'analyse m'épuise. Je doute de tout, et même de mon doute. Tu m'as cru jeune et je suis vieux... Je ne suis pas fait pour jouir. Il ne faut pas prendre cette phrase dans un sens terre à terre mais en saisir l'intensité métaphysique. Je me dis toujours que je vais faire ton malheur... alors la nausée de la vie me remonte sur les lèvres et j'ai un dégoût de moi-même inouï, et une tendresse toute chrétienne pour toi... » (Flaubert à Louise Colet, Croisset, 8-9 août 1846).

Peu de pages après les analyses ayant trait à la mort comme structure ontologique de la conscience, Sartre ayant rejeté l'idée qu'elle puisse être une structure *a priori* de la réalité humaine, consacre dans *L'Être et le Néant* une part non négligeable de son argumentation au problème du rapport entre les vivants et les morts ; il dote le pour-soi d'une ferme obligeance et écrit qu'il est « jeté dans une entière responsabilité vis-à-vis des morts ; il est obligé de décider librement de leur sort »[1]. Ce libre choix incontournable indique en outre qu'il n'y a de victoire que de l'Autre, puisque mourir c'est être dépossédé, être en proie aux vivants qui sont à la lettre chargés d'âme :

« La mort me dépossède de ma vie, mais elle m'en dépossède au profit d'autrui. Je ne décide plus du sens de ma vie, les autres en décident. De ce point de vue, l'aliénation est totale : je ne suis plus là pour me reprendre, les autres après ma mort peuvent faire de moi ce qu'ils veulent. Sartre va même plus loin et affirme très curieusement... que le culte des morts est aussi aliénant que l'oubli des morts. Au fond, un mort ne peut être mort que dans la conscience d'autrui. »[2]

Cette victoire (ce rapt) implique toutefois que l'on soumette la responsabilité des vivants à une compréhension plus vaste. Choisir un mort n'a de sens que par rapport à l'intelligibilité de l'homme – événement que je suis, qui « subit l'histoire et (qui) du même mouve-

1. *L'Être et le Néant,* p. 627.

2. Henri Birault, Le problème de la mort dans la philosophie de Sartre, *Autour de J.-P. Sartre,* Gallimard, « Idées », 1981, p. 193.

ment... la fait »[1]. Ainsi, à propos de Flaubert, nous ne devons pas seulement nous demander : Quel sort Sartre réserve-t-il à Flaubert ?, mais qu'en saisit-il au moment où il découvre, à son insu et pour lui-même, que l'intellectuel ne peut « s'arrêter au stade de la conscience malheureuse »[2] et qu'il renoue avec *L'Imaginaire* pour un roman-fiction sur le monde social imaginaire de la rêveuse bourgeoisie de 1848[3] ?

En quoi le *Flaubert* reformulé de fond en comble entre 1968 et 1970 pour les deux premiers tomes et de 1970 à 1972 pour le troisième est-il ce ROMAN VRAI dont Sartre ne peut se défaire, préférant, certes, la MÉTHODE, qu'il juge actuelle, au contenu qui lui donne l'impression de fuir[4], mais sacrifiant quand même un peu de cet « intellectuel nouvelle manière » que, par ailleurs, il continue de défendre ? Bref, de quel point de vue aborder ce mort si l'on veut qu'il résonne aux oreilles des vivants ?

Il n'y a pas d'autre solution pour qui veut saisir le trépassé dans l'auréole d'une vivante actualité que de le transir au seuil de sa survie, là où lui-même se prolonge dans l'horizon de sa mort prochaine. En effet, afin de relier thématiquement le néant-projet, la constitution-personnalisation et la mort-finitude, Sartre choisit d'écrire sa fiction en partant du *programme de vie* de Flaubert qui n'est pas le récit de sa vie tel que nous la livre le fait contingent de sa mort, mais celui de sa mort sociale qui précède de dix ans sa mort réelle : mourir *à* son époque[5], écho serein d'un mourir avec l'époque ?

1. *L'Idiot de la famille*, t. III, p. 342.
Dans *L'Être et le Néant*, p. 629, Sartre écrivait ceci : « ... quel sera en définitive, le destin historique de Robespierre ? Dépend de la réponse à cette question : L'histoire a-t-elle un sens ? C'est-à-dire doit-elle s'achever ou seulement se terminer ? »

2. *Situations* VIII, NRF, 1972, p. 374.

3. *Situations* IX, NRF, 1972, p. 119.

4. *Situations* X, NRF, 1976, p. 114.

5. « ... après Sedan, la seule chose à ne pas faire était de renverser l'Empire, on l'a fait et nous (Flaubert) entrons dans le noir... » (*L'Idiot de la famille*, t. III, p. 486).

Cette mort sociale représente pour Sartre la part maudite de l'Imaginaire ; mélancolie qui, de l'enfant imaginaire à l'Artiste, rencontre après Sedan une impossible relève. D'où cet *effondrement dans la survie* qui est la vraie mort de Flaubert et qui symbolise pour Sartre l'élément vraiment communicable de sa névrose oculaire, soit son coup d'État de 1844 prenant fin lors de la capitulation du 2 septembre 1870. Nous retrouvons la disjonction entre la finitude et la mort, mais la mort s'est dédoublée et accompagne désormais le roman de la finitude ; reste à savoir ce qu'il demeure de cette finitude un tant soit peu chronologisée et quel est son avenir MÉTHODIQUE ? Le but de Sartre, comme nous l'avons dit, étant de « proposer une méthode sur laquelle on pourra construire une autre méthode »[1].

Quelle est cette méthode ?

Trop abstrait, *L'Être et le Néant* proposait un style de vie coupé des données immédiates de l'homme-événement, la *Critique* posait les bases d'une compréhension dialectique de l'histoire, il restait à proposer une *méthode de survie* capable d'épingler le vécu si jamais celui-ci se trouvait privé d'amour. Il fallait, s'agissant de l'homme et du style de Flaubert, établir les poids et mesures de la balance, avec, d'un côté, les nécessités de l'imaginaire, et, de l'autre, les exigences de l'histoire, seul moyen de réunir les fuites de l'imaginaire et le poids de l'événement, seul moyen d'accéder à une finitude historique tout autant qu'ontologique.

Alors, ce qu'on nomme *le style de Flaubert*, bien loin d'être le principe d'Art « ayant sa propre raison en lui-même »[2] ou d'une langue qui se cherche, sera avant toute chose une attitude envers le langage et la vie[3].

C'est pourquoi le style flaubertien qui se veut point de vue de la mort sur la vie, laisse entrevoir, parallèlement à l'œuvre, le point de vue de la vie sur la vie de Flaubert ; cela permet à Sartre de remplir le cadre opti-

1. *Situations* X, *op. cit.*, p. 114.
2. Flaubert, *Préface aux dernières « Chansons » de Louis Bouilhet*, in *Correspondance 1869-1880,* Louis Conard, 1910, p. 456.
3. T. I, p. 888.

mum du régime politique dans lequel Flaubert peut vivre et écrire le Second Empire en même temps que le cadre stylistique dans lequel il peut assouvir son élan totalisateur. La vie : brève convulsion que le style a charge de ranimer en éternisant la *Beauté* morbide qu'il porte en lui :

« L'Artiste ne produira la contre-création que s'il devient un mort conscient et s'il prend sur toute sa vie, y compris la sienne, le point de vue de la mort. Avant 1844, Flaubert s'embrouille un peu dans ses idées. Il lui arrive de vitupérer l'art et les artistes qui singent l'œuvre divine, la création. Mais c'est qu'il a perdu pied : ce que veut *l'Artiste*, ce que veut profondément Gustave sans en avoir conscience très nette, ce n'est pas produire de l'être mais tout au contraire réduire l'être à un immense mirage qui s'abolit en se totalisant. »[1]

Le point de vue de la mort, il peut être la Bêtise d'Homais, ou les lieux communs entendus (privilège de l'oral) – la mort serait dans ce cas le monde totalisé, interdit d'avenir, l'humanité stérile – ou bien Jules découvrant « l'intelligence sans limites, la nature sur toutes ses faces, la passion dans tous ses cris... »[2] et ne désirant pas « plus mourir que vivre »[3], car il sait désormais « faire naître en lui la sensibilité qui doit créer quelque chose : l'existence lui fournit l'accidentel, il rend l'immuable ; ce que la vie lui offre, il le donne à l'Art »[4].

Cette découverte du style, toute la fin de cette première éducation en rappelle le sacerdoce prophétique. Le style étant toujours une déréalisation répetée, il se conçoit selon l'image d'un *transfini* qui n'a pas à prendre le temps ou la peine d'accomplir le temps du fini, de l'expérience. Le style est au-delà du fini et n'a pas à éveiller, en nous et hors de nous, notre désir d'infini, sinon sous la forme de l'immuable.

1. *L'Idiot de la famille*, t. I, p. 968.
2. *L'Éducation sentimentale*, première version, GF, 1980, p. 284.
3. *Ibid.*, p. 318.
4. *Ibid.*, p. 321.

Le style n'a rien à nous apprendre, pas plus que la vie, l'expérience de Flaubert est derrière lui[1] et l'Art n'habite aucune région du sensible, il est principe d'irréalité, inconvenance répétée, code pur, il n'explique rien, ne détaille rien, il capte, détruit, et sans aucune déchirure, il abolit le monde :

« *Jules a mis au point une certaine méthode* qui lui permet de traiter la particularité comme une expression localisée et datée du transfini. Du coup, l'anecdote fugitive se dénonce comme erreur mais, en faisant sauter ses limites, elle livre son vrai sens qui est l'immuable ; la vérité de l'accidentel, Jules la forge en l'imaginant – par déstructuration de ses perceptions – comme l'expression d'un panthéisme immense. La technique flaubertienne consiste à *neutraliser la forme dans sa singularité réelle* et tout en la conservant entre parenthèses à la *soumettre à exprimer le transfini qu'elle contient.* »

Le style, c'est la fin de l'histoire, mais aussi l'alibi grandiose du recueillement, la persévérance nue : « Mais enfin je t'assure qu'un dérangement matériel de trois jours m'en fait perdre quinze, que j'ai toutes les peines du monde à me recueillir, et que, si j'ai pris ce parti qui t'irrite, c'est en vertu d'une expérience infaillible et réitérée. Je ne suis en veine tous les jours que vers onze heures du soir, quand il y a déjà sept ou huit heures que je travaille, et dans l'année, qu'après les enfilades de jours monotones, au bout d'un mois, six semaines que je suis collé à ma table. »[2]

Peu de jours avant ces remarques, Flaubert fait foi de son inlassable stérilité et, absorbé par la scène d'auberge de sa Bovary, il écrit à Louise : « Que ma Bovary m'embête !... Mais je crèverai plutôt dessus que de l'escamoter... »[3] ; l'écriture projette une ombre qui le harcèle infatigablement, et, toujours funeste à celui qui s'y affronte, elle ressemble à ce que Lévinas dit de la paresse : elle est fatigue de l'avenir. C'est peut-être alors

1. *L'Idiot de la famille,* t. I, p. 645.
2. *Correspondance II,* 19 septembre 1852, p. 159.
3. *Ibid.*

son absence de flair et son impossible prédication qui irrite par-dessus tout. Le style qui devrait être porteur d'une adresse, d'un envoi, d'un avenir, est un épuisement, une fatigue qui est fatigue d'être.

Pourtant cette grâce du style, ce pouvoir de continuer ne se suffisent pas ; le pouvoir de la transcendance est toujours limité, balisé, par la confiance immanente et sereine de l'orgueil, inhumaine et sans talent : « Se hausser soi-même à un tel degré d'orgueil qu'aucune éclaboussure du dehors ne vous puisse atteindre. »[1] Flaubert n'est jamais plus heureux que lorsqu'il se pénètre de cette idée, et l'orgueil qu'il défend, ce qu'il appelle sa virginité au monde, est sérénité pure, sûr de n'avoir rien à donner ni à transmettre, surtout si le vent de la paternité vient à cogner à sa porte : « A trente ans, il y a peu de gens qui ne deviennent bourgeois, or cette paternité me faisait entrer dans les conditions ordinaires de la vie... » Cette obstination n'a pas de nom, le style viendra et ce sera une grande ligne droite venue de l'enfance[2] ; j'ai toujours pensé écrire, je savais que ça viendrait : « Style et muscles, tout est souple encore... ne me *gâte* rien à ce qui est... »

Ne me gâte pas. La passion chez Flaubert, amour *et* chair confondus, sera forcément destruction, oubli de soi et pour finir embourgeoisement ; c'est pourquoi il faut les distinguer : « Le temps ne fera rien sur mon amour parce que ce n'est pas un amour *comme un amour* doit être... il ne me semble pas que tu sois *ma* maîtresse. »[3]

Un tel amour soupire à la chair pour mieux se protéger. La chair intermittente et explosive sera vécue à pied d'œuvre et dans l'abandon, comme une étincelle, feu sacré qui ne brûle pas, n'entame rien. Les « érections du corps » et celles de la pensée ont beau fonctionner de la même manière, le giron charnel n'aura jamais l'orgueil de l' « aristocrate enragé ». Pour Flau-

1. *Ibid.,* mardi 16 novembre 1852, p. 177.

2. « Depuis mon enfance jusqu'à l'heure présente, ce n'est qu'une grande ligne droite » (*ibid.,* 11 décembre 1852, p. 205).

3. *Ibid.,* p. 206.

bert, l'abandon, l'excès dans la pâmoison précédé d'une franche empoignade, lui servent à se préserver ; disparaître, au besoin s'évanouir sur un sein généreux, c'est se garantir d'une renaissance à la page ; la chair fulgure mais n'entame pas. Elle est comme un coït de supermarché qui vous laisse intact et propre pour le « rut littéraire ».

Le style est également la fin d'une histoire d'amour, chère Louise, une compensation imaginaire qui brise les limites de nos rencontres empiriques. Il est la marque de cet étau totalisateur, de cette imagination folle qu'il faut contenir ; accompli, il ne justifie rien ni personne, ni la foi perceptive, ni l'idée que l'on se fait d'une aventure.

« Le style va indirectement à l'idée, pour la suspendre, sans se soucier de l'évidence, il est l'idée brute, brutale parce que flottante, il est pour finir *le point de vue absolu* qui compose le discours en vue de suggérer la présence du transfini au cœur du fini. »[1]

En 1852, Louise a déjà perdu. Après 1844, « la déchéance et le rebond ont arraché Gustave aux liens du fini, ils lui ont, du même coup, découvert le verbe dans son *infinité totalisée* : ainsi, le *style artiste* apparaît comme une *déréalisation du langage* ; utilisés par des êtres finis pour exprimer les soucis de leur finitude, les mots, dans leur usage pratique, sont des instruments finis, c'est-à-dire limités par leur fonction même ; c'est en cela que réside leur réalité et, bien que chacun renvoie au langage tout entier, celui-ci, comme présence réelle, se donne et se dérobe tout à la fois aux créatures finies qui l'utilisent à des fins déterminées. Mais pour celui qui n'a plus raison d'en user, il se dévoile comme un tout qui ne lui est d'aucune utilité pratique et qui, par là même, *en tant qu'être*, conteste chaque détermination finie dont la *praxis* veut l'affecter »[2].

Alors, chère Louise, balaye les « contingents » et cesse de t'abîmer : « J'ai voulu t'aimer, et je t'aime d'une façon qui n'est pas celle des amants. Nous eussions mis tout sexe, toute décence, toute jalousie, toute politesse

1. *L'Idiot de la famille*, t. II, p. 1980.
2. *Ibid.*, p. 1979-1980.

(tout ce qui est *comme ce serait avec un autre*) à nos pieds, bien en bas, pour nous faire un socle, et, montés sur cette base, nous eussions, ensemble, plané au-dessus de nous-mêmes. Les grandes passions, je ne dis pas les turbulentes mais les hautes, les larges, sont celles à qui *rien ne peut nuire* et dans lesquelles plusieurs autres peuvent se mouvoir. Aucun accident ne peut déranger une harmonie qui comprend en soi tous les cas particuliers. Dans un tel amour, d'autres amours même auraient pu venir. Il eût été tout le cœur ! »[1]

Tout le cœur.

Ce que Sartre reproche à Flaubert, plus que d'avoir pâti et d'avoir vécu dramatiquement sa vie, c'est d'avoir écrit pour s'irréaliser. Si Flaubert avait vécu clandestinement son roman familial, il eût été, comme tous les enfants, un miroir de mort (d'après *Les Mots*) et si, se refusant le mensonge vrai du Roman, il s'était mis à vivre le mensonge de sa vie, il eût été à coup sûr une de ces existences anonymes, blafardes et néanmoins profondes, qui ont choisi de se taire.

Mais Sartre est un stendhalien convaincu, et jamais le Kunstprosa ne fera oublier ce dont il procède, jamais le fiel de l'ego, cette absence de lumière, cet absolu métaphysique n'ira contraindre le lecteur à épouser le ressentiment flaubertien en s'identifiant à des personnages dont la norme est d'étouffer le désir infini de nous créer :

« La brièveté de Stendhal et son ironie fulgurante reposent sur le réseau d'exceptions qui pénètre de part en part la substance romanesque. Une fois que le lecteur est dans le secret des oppositions, le moindre malentendu entre deux personnages fait surgir le schéma passion-vanité *et révèle le désir métaphysique*. Tout repose sur le contraste entre la norme et l'exception... D'un bout à l'autre du roman stendhalien, les éclairs de la passion illuminent les ténèbres de la vanité. *Flaubert ne dispose plus de la lumière stendhalienne* ; (...) les oppositions flaubertiennes relèvent presque toutes du type Rênal-

1. *Correspondance*, t. II, Gallimard, « La Pléiade », 7 avril 1854, p. 549.

Valenod, en plus vide... Stendhal n'avait qu'à nous montrer le rire intérieur de Julien pour nous éclairer sur la conversion libéral de M. de Rênal. Chez Flaubert, il n'y a plus de lumière, plus d'éminence d'où l'on dominerait la plaine bourgeoise. »[1]

Ce propos de Girard, Sartre eût pu l'approuver et reprendre à son insu le pas à pas de cette immense traversée ; il le fit, mais, s'attaquant démesurément à la source de la « critique romantique », il dut sacrifier un peu de cette fascination pour Flaubert que *Les Mots* nous rappelait. Ayant écrit plus de vingt ans sur ce dernier, de 1950 à 1973, n'y avait-il pas quelque incongruité à savoir Sartre s'interroger en 1970 sur l'absence de génie romanesque de notre présente littérature, alors que dans le même temps il constatait l'importance de l'héritage flaubertien ?

Ce stendhalien convaincu ne faisait qu'entériner sa passion initiale, mais, s'étant refusé de suivre les traces de l'égotiste, il goûtait les charmes de l'abbesse de Castro tout en se coltinant le père de « Charbovary ». Le père de Roquentin qui s'était ingénié à dissoudre l'indigence de héros petits-bourgeois[2] n'avait pas attendu *Les Mots* pour découvrir sa dette envers Flaubert, mais, *La Dernière Chance*[3] étant passée, il fallut bien se rendre à l'évidence : Flaubert avait gagné.

1. René Girard, *Mensonge romantique et vérité romanesque*, Le Livre de Poche, « Pluriel », p. 174.

2. « Ce n'est pas exactement pour les mêmes raisons que Chatterton est supérieur aux Anglais, Cinq-Mars à Richelieu, Meursault à ses juges et Roquentin aux bourgeois de Bouville mais ces héros sont toujours supérieurs et leur supériorité est toujours absolue. Cela seul importe vraiment, cette supériorité exprime l'essence même de la révélation romantique et individualiste » (*ibid.*, p. 167).

3. Titre de la quatrième partie des *Chemins de la liberté* : « Comme on le sait, *La Dernière Chance* ne devait jamais voir le jour. Seuls deux chapitres, dont Brunel et Schneider étaient les protagonistes, parurent à la fin de 1949, dans *Les Temps modernes*, sous le titre "Drôle d'amitié" (J.-P. Sartre, *Œuvres romanesques*, Gallimard, « La Pléiade », 1981, p. 2136).

Note sur les *Œuvres romanesques* de Sartre :

« Il faudrait être partout » (p. 1023), vieux rêve, être l'histoire, parler en elle, avec elle. Rattraper le temps, plier l'événement à sa parole : impossible. Bien au contraire, quelque chose nous emporte, que nous ne pou-

La date de l'abandon des *Chemins de la liberté* est 1952, cette date est l'aboutissement d'une déception, la technique américaine de la simultanéité n'a pas rempli son contrat. Le Roman, comme le suggère Denis Hollier[1], n'a pas suffisamment mobilisé la synthèse subjective face à la désintégration personnelle et sociale de ses protagonistes. Fort de cette technique, Sartre n'a pas pu prendre Flaubert de vitesse, et la distance qui sépare le rejet définitif de celui-ci (1947) et l'échec romanesque (1952) est infime.

On comprend mieux pourquoi l'interrogation sartrienne sur le vide littéraire des années 70 est à la fois le résultat d'un héritage jamais vraiment dépassé (Flaubert) et d'un échec romanesque jamais vraiment consommé ; comme si Sartre avait supporté, jusqu'au bout, assez joyeusement d'ailleurs, d'être celui pour qui la littérature cessait d'exister, comme n'ayant jamais pu rattraper l'héritage ou l'histoire que sous la forme d'un adieu à la

vons désigner, les faits s'effritent devant nos yeux, quelque chose arrive que nous ne pouvons circonscrire : c'est la chute. Tel est l'emblème des *Chemins de la liberté*.

Appel d'air, trou de vidange, tout ce que vous voudrez, le problème de Sartre dans sa trilogie romanesque, c'est celui qu'énonce Mathieu à propos de Gomez : « Il fait la guerre, mais il ne la voit pas » (p. 1024), « Personne ne peut la voir, pas même Hitler » : la guerre, c'est impensable. Elle occupe nos pensées, le fusil fait le reste : « Il tira sur le bel officier, sur toute la beauté de la Terre »... Et puis après ? Faute de ne pouvoir réaliser cet effondrement (ne serait-ce que par l'Art), Mathieu-Sartre exhorte Brunet à rester au Parti (cf. *La Dernière Chance*, inédit), situation inverse de *L'Age de raison* : Mathieu s'humanise !

Ironie, conversion, impasse, toujours est-il que la chute est devenue négative en elle-même, c'est le mouvement résorbé de l'histoire qui l'emporte, et de ce fait, recule l'échéance romanesque qui devient impossible à continuer. De cet échec, de cette tension, naîtra la *Critique de la raison dialectique* (notice d'H. Bauer et M. Contat, p. 2138).

D'autres inédits – des lettres à Simone de Beauvoir, un journal de guerre, une nouvelle – éclairent la démarche de Sartre : « J'ai achevé ma morale... » (décembre 1939), « outre la guerre et la remise en question, la forme Carnet y est pour beaucoup... » (9 janvier 1940), « je suis en chemin de me trouver » (6 janvier 1940).

Ce « Pléiade » est l'histoire d'un mutant, rendons-lui l'hommage de ne pas l'embaumer ; les notes, les notices, le travail critique, outre leur sérieux, manquent d'allant. Puissent les *Situations* qui doivent suivre, répondre à cette attente.

1. *Politique de la prose*, NRF, 1982, p. 65.

littérature que *Les Mots* en 1964 avait rendu exemplaire. Le roman périclitant, la biographie terminée, et puisque les écrivains vivants se cachent[1] et qu'il est « impossible de totaliser un homme vivant », la méthode totalisante, mais aussi la synthèse subjective ne pouvaient que s'adresser au responsable : Flaubert ; expié, spolié, le Flaubert de *L'Idiot de la famille* serait, enfin, ce roman tant attendu :

« Je voudrais qu'on lise mon étude comme *un roman* puisque c'est l'histoire, en effet, d'un apprentissage qui conduit à l'échec de toute une vie. Je voudrais en même temps qu'on le lise en pensant que c'est la vérité, que c'est un *roman vrai*. Dans l'ensemble de ce livre, c'est Flaubert tel que je l'imagine, mais, ayant des méthodes qui me paraissent rigoureuses, je pense en même temps que c'est le Flaubert tel qu'il est, tel qu'il a été. Dans cette étude, j'ai besoin d'imagination à chaque instant. »[2]

Cette histoire merveilleuse, ce *roman vrai* qui fut en fait la véritable *Dernière Chance* de Sartre est certainement ce qu'il y a de plus fort et émouvant dans *L'Idiot de la famille* et rend absolument caduque toute prétention à vouloir récupérer Sartre dans un sens ou dans un autre ; nourri de musique, quatre heures par jour selon ses dires, l'écrivain mélomane a voulu que l'on écoute la petite musique bruissante d'un gratte-papier peu ordinaire : le refrain Flaubert. Sartre a voulu de toute évidence proposer à ses amis gauchistes qui ne l'écoutaient pas, et aux autres qui ne l'écoutaient plus, *une méthode de survie* qui ne transigerait ni sur la méthode (la pratique n'est pas suffisante : il faut travailler, il est mauvais de s'arrêter en marche), ni sur la critique (celle du moment : l'écœurante notion de texte). En écrivant *L'Idiot,* en ayant eu la force et le courage de l'écrire, Sartre respectait son *contrat littéraire* ; peut-être pouvons-nous déborder ses propos et penser qu'il eût pu dire ceci :

Si vous voulez écrire, ne soyez pas sartrien, l'époque vous rongera, mais ne soyez pas non plus anti-sartrien

1. « Quand on écrit, on se déguise » ; cf. *Situations X*, p. 105.
2. *Situations X,* p. 94.

car l'époque vous retrouvera, et absorbé par vos propres affaires, vous finirez par disparaître avec elle. Songez que le temps qu'il vous faut pour écrire une œuvre fait partie intégrante de l'œuvre[1] et qu'on ne peut prévoir, sauf à vivre comme un mort, le temps qu'il faudra pour l'écrivain de trouver son propre régime temporel ; évitez les maîtres, fuyez les bannières mais ne crachez pas

1. Voir ses entretiens de 1974 avec Simone de Beauvoir, *in* Simone de Beauvoir, *La Cérémonie des adieux,* suivi de *Entretiens avec Jean-Paul Sartre* (NRF-Gallimard, 1981) : « Oui, il y a une dimension de malheur dans le monde, mais je ne suis pas malheureux. » Ces mots de Sartre, que rapporte Simone de Beauvoir dans la première partie de son ouvrage, sont à la mesure du constat lucide et attentif qu'elle entend porter sur les dix dernières années de sa vie avec Sartre. Chacun puisera ce qu'il voudra dans ce récit uniforme bâti à partir d'un journal que l'auteur tint de 1970 à 1980 ; on ne manquera pas toutefois d'être surpris par la décence du propos, ainsi que par son extrême limpidité, si l'on entend par là ce désir souvent exprimé par Sartre d'être transparent, visible pour les autres.

Certes, l'essentiel du récit touche à l'actualité la plus immédiate, aux activités politiques mais aussi de lecture que Sartre, en dépit de sa cécité, continuait à mener. On retrouve là, au cœur des débats militants, cet étrange mélange des hasards et des rencontres, scandé par la présence de noms plus ou moins célèbres qui sont la preuve de l'événement en train de se faire. On pourra s'étonner d'un tel défilé, qui nécessite que les choses soient pointées scrupuleusement, y compris dans ce qu'il peut y avoir de coûteux à les rappeler. C'est la règle du jeu de ce genre d'entreprise, et il faut reconnaître à Simone de Beauvoir le souci de se tenir à son programme. Mais ce que révèle avant tout ce témoignage, c'est l'extrême candeur de Sartre face à sa maladie, même quand il s'accuse de gâtisme et, en dépit d'absences répétées, la tranquille disponibilité d'écoute qui va de pair avec la vigilance et la tension de son esprit. Le désarroi qui accompagne, on s'en doute, la description de sa vieillesse, Simone de Beauvoir choisit de l'affronter prosaïquement ; rien ne vient bouleverser la perspective de la mort, sinon le rappel insolent d'un corps qui ne suit plus : « Ses escarres étaient effrayantes à voir. »

La deuxième partie du livre, composée d'entretiens que l'auteur eut avec Sartre en 1974, est impossible à résumer. Sartre passe en revue la plupart des questions abordées dans son œuvre ; on relèvera de judicieuses remarques sur le temps et la durée, le temps que l'on met à écrire une œuvre fait partie de la philosophie, la détermine ; l'exposition, la discussion de l'œuvre sont parties de sa temporalité. L'intérêt inégal des propos tenus, les redites (les remarques sur le génie nous ont ennuyé) n'empêchent pas cette conversation d'avoir un ton ; on y saisit librement les grandes préoccupations sartriennes, mais également la trame de son vécu : orgueil, voyages, amours, argent – les pourboires de Sartre (« le plus riche donne plus »), cette volonté de redistribuer l'argent, ses répugnances alimentaires, son atmosphère sentimentale, resteront comme la figure en suspens de cet intellectuel désintéressé. Sans légende, sans mépris, sans suivisme, il appartient à ceux qui le liront d'honorer ou d'ignorer sa présence.

sur vos pères, surtout si vous n'en avez pas eu et si vous écrivez sur l'un d'eux – mais ici, Flaubert prendrait le relais –, apprenez à « savoir admirer ce qu'on n'aime pas » comme l'enseigne Gustave à Mme Roger des Genettes, dans une lettre du 18 avril 1880 qui est la dernière de l'édition Conard.

Nous pouvons comprendre maintenant toute la teneur du *choix de l'Égologie* dans *L'Idiot de la famille*. Il fallait donner, à l'ouverture néantisante de la conscience, un contenu, déjà pressenti dans *L'Être et le Néant* mais non développé, qui serait à même de cerner historiquement la finitude humaine. Or, comment illustrer, au plus serré, ce qui serait d'une part la preuve absolue de la néantisation et d'autre part le défaut d'être relatif de l'affirmation, sinon par un scandale ontologique qui n'aurait pas la pâle froideur du jeu de mains précité mais toute la vérité d'un homme totalisé parce que réduit (au sens de la réduction) non pas en fonction d'un avenir ou d'un futur en train de se faire sous nos yeux (Mathieu) mais à partir d'un avenir barré (Sedan) et, par conséquent, d'un futur sans avenir ; le présent de la présence à soi enfin réduit à sa plus simple expression : la survie ; seul moyen de ne pas coller au présent et de saisir la finitude dans son essence ontologique et historique.

Mais cette échappée réclamait un Ego allant jusqu'à détruire l'idée même du sujet[1], vidé de toute réflexion complice. Ego fictif, dont le seul apport serait de radicaliser, de plonger – et non de s'arracher aux ek-stases temporelles – dans l'Imaginaire qui, préparant la survie, en serait la condition suprême.

Cet Ego, ressort de l'activité passive, bien qu'irréversible, demeure une entreprise qui est comme la *praxis* du pauvre, une béquille supplémentaire, que Sartre appelle ipséité truquée ; un ver supplémentaire dans le circuit de l'ouverture néantisante. Alors, au lieu de se faire pincer dans la plénitude répétée de situations juxtaposées, au lieu de s'éterniser dans l'antichambre de

1. *L'Idiot de la famille*, t. I, p. 223.

présents successifs et simultanés en essayant de coller à l'époque, il valait mieux amplifier le programme de vie en le faisant résonner de tous ses gonds (sa double finitude), et l'imagination romanesque – de Sartre – en sortirait grandie.

On comprend mieux pourquoi Sartre, évitant de parler de la langue de Flaubert, la sienne justement, parle du style comme étant une entreprise de « déréalisation du langage ». Sartre prend soin, ce en quoi il reste fidèle à son anti-freudisme, de ne pas présenter l'entreprise de Flaubert « comme le simple déploiement de causes préexistantes »[1], sauf que, inversant en quelque sorte l'assertion de Flaubert, le style est pour lui une manière de ne pas penser, ce qu'il vérifie aisément dans les œuvres de jeunesse, la première *Éducation* et la première *Tentation*... et, surtout, comme nous le verrons, en relisant les lettres postérieures à la chute de l'Empereur.

Mais comment s'opère la vérification, sinon par la superposition du langage et de la pensée[2], cette seconde conscience pour Sartre qui est le moteur de l'affirmation de soi ? Est-ce à dire que l'écoulement du vécu se retrouve tel quel, dans la langue, et que la promiscuité du langage et de la pensée, ce rapport vicieux de Gustave avec les mots, n'est que le résultat d'un malheur préétabli ?

Nous avons répondu à cette question, mais nous ne pouvions totalement l'éprouver, et, à ne retenir que la stupeur de l'enfant devant l'abécédaire, nous étions tentés d'y voir un déterminisme facile.

Nous devons maintenant éclairer ce que « choisir l'imaginaire » signifie si nous voulons comprendre la personnalisation de Flaubert et ses rémanences chez l'Artiste.

1. Cf. à ce sujet l'article de D. Sallenave paru dans *Libération* du 18 novembre 1982, compte rendu du livre de M. Robert déjà cité.

2. *L'Idiot de la famille*, t. II, p. 1616 : « Le langage produit la pensée et ne se distingue pas d'elle. »

Chapitre II
L'irréel

A / *Exercices spirituels*

> « Tout se passa dans ma tête ; enfant imaginaire, je me défendis par l'imagination, quand je revois ma vie, de six à neuf ans, *je suis frappé par la continuité de mes exercices spirituels*. Ils changèrent souvent de contenu, mais le programme ne varia pas... »
>
> *Les Mots*.

Pour échapper au déterminisme et à la réduction massive opérés par le Néant, Sartre, dans la seconde partie de *L'Idiot de la famille,* fait œuvre d'imagination, l'enfant imaginaire, l'acteur, le garçon, le poète : il faut les inventer. Il ne suffit pas de faire revivre ces personnages sous nos yeux, il faut qu'ils se livrent comme des personnages inventés mais vrais. La vérité du Roman, celle qu'enseignait Diderot, doit être vérité du personnage et non du récit, ou plutôt la vérité du récit ne vaut que parce qu'elle est également celle du personnage ; la littérature sera prospective et non narrative. Chassez le romanesque – la technique de la simultanéité entre autres – et vous aurez le Roman ; la vérité sort de la bouche des enfants, pas des héros. Voyez *Les Mots,* voyez Flaubert : « Tout pour la montre »[1] ; romançons, déchiffrons et, dans un même élan, faisons cause com-

1. *Les Mots*, Gallimard, « Folio », p. 30.

mune : « Dans la lutte des générations, enfants et vieillards font souvent cause commune : les uns rendent les oracles, les autres les déchiffrent. »[1]

Névrose oculaire ?

A Ernest Chevalier, Rouen, le 31 mars 1832.

« Mon Intrépide,

« Tu sais que je t'avais dit dans une de mes lettres que nous n'avions plus de spectacle, mais depuis quelques jours, nous avons remonté sur le billard. J'ai près de 30 pièces et il y en a beaucoup que nous jouons (nous) deux Caroline. Mais si tu voulais venir à Pâques tu serais un bon enfant de rester au moins huit jours. Tu vas me dire : et mon catéchisme – mais tu partirais le dimanche après les vêpres à six heures tu serais à Rouen à onze. Et tu nous quitterais (avec) grand regret le samedi dans l'après-midi. Ton bon papa va mieux. J'ai fait un morceau de vers intitulé "une mère" qui est aussi bien que la mort de Louis XVI. J'ai fait aussi plusieurs pièces et entre autres une qui est l'antiquaire ignorant qui se moque des antiquaires peu habiles et une autre qui est les apprêts pour recevoir le roi, qui est farce... »[2]

Tout est en place ; un homme est là, assis, devant sa table, il déchiffre les remous et les transes d'une petite tête : le billard, le collège, Alfred, tout y passe ; l'enfant Flaubert entre dans le roman sans en avoir l'air, il s'y enfonce comme dans un rite de passage. Avec le recul, on peut tenir les deux bouts de la chaîne ; un roman, ça pousse par le milieu. Deux phrases de la correspondance font étincelle, immédiatement le connecteur se met en marche et se ramifie, augmentant ainsi le nombre de ses connexions : *nervous system.*

Un exemple parmi tant d'autres : « Tu as raison de dire que *le jour de l'an* est bête... » (1er janvier 1831) et « la vue des *ruines* n'est rien auprès de l'immense bête parisienne » (10 juin 1871). Pourquoi le cercle de la bêtise s'est-il agrandi ? Comment passe-t-on du cercle de famille à la spirale de l'histoire ? De l'égarement à la

1. *Ibid.*, p. 28.
2. *Correspondance I*, 1830-1851, Gallimard, « La Pléiade », p. 7.

démolition ? Voilà le genre de questions qu'il est tout à fait aisé de se poser et que l'on doit se poser. Il n'y a pas de littérature sans cette aperception sensible du risque qu'elle entraîne en son sein. Ce n'est point une question de technique, de personnages qui n'en sont pas, ou de poésie objectale, c'est une question d'atmosphère.

La littérature est faite pour décevoir et non pour concevoir. La littérature répète cette déception. Elle arrive toujours trop tard. Être écrivain, c'est s'apercevoir qu'il est trop tard pour dire ce qu'on l'on a à dire mais *qu'il faut le dire*, l'écrire. De Montaigne à Proust, il est rare d'en trouver un qui fît exception : « Le devoir et la tâche d'un écrivain sont ceux d'un traducteur », écrit Proust.

Le danger pour un roman, c'est d'avoir un sujet, un grand sujet, qu'il soit déchet de l'expérience ou grand mythe humain ; le grand roman culturel autant que les chaudes envolées vitalistes font crever la littérature. C'est curieux comme tout cela est clair et limpide dans *Le Temps retrouvé* ; écrire comme on entre en soi-même, cela n'a rien d'évident : « Je m'apercevais que ce livre essentiel, le seul livre vrai, un grand écrivain n'a pas – dans le sens courant – à l'inventer puisqu'il existe déjà en chacun de nous, mais à le traduire. » De toute façon, un écrivain, ça nous parle, et le respect qu'on peut lui porter ne s'improvise pas, le lecteur sincère est un homme fragile, voire modeste. Une démolition, un effondrement, ce n'est pas rien, et l'engagement hystérique n'a rien à envier à l'engagement tout court. Au plus profond du Moi, il y a la brutalité. La correspondance de Flaubert, *L'Idiot de la famille,* sont des ouvrages brutaux. Seulement, *L'Idiot de la famille* et *L'Idiot* tout court veulent faire entendre cette violence, nous dirons *sa* stratégie, au sens de Nietzsche, de jeu, de calcul et tout ce qui s'oppose aux rapports frontaux ou à l'arrêt du combat.

Bref, dominez vos passions, comme dit Luca, en différant la formule. En fait, Sartre donne souvent l'impression de redoubler cette stratégie, de privilégier certains lieux de passage, l'acteur puis l'acteur refusé par sa famille par exemple, mais ce n'est qu'une impression, nous avons déjà vu avec quelle insistance Sartre décrit la rigueur du *fatum* flaubertien, c'est cette insistance que nous retrouvons pour le choix de l'imaginaire et la soumission à l'Irréel.

Mais, encore une fois, la soumission en question, c'est la vie *sui generis* d'un engagement hystérique qui inclut sa stratégie et son propre engouement. C'est une fatalité qui écrase tout sur son passage, et les rites du même nom incarnent la rudesse aveugle de celui pour qui rien ne compte *que* le passage, soit la violence hystérique de l'artiste.

Artiste *et* guerrier, Flaubert est un homme imprévisible mais qui a tout prévu, y compris sa prédiction originelle qu'il ne déploie pas mais *adapte* au gré des circonstances et des intempéries. Quelle douleur, quel malaise, dans *Novembre* et la première *Éducation sentimentale* ! On a beau penser que toute la défaillance des larmes et la fragilité du jeune écrivain se résorbent dans l'œuvre, Sartre en nous le rappelant n'en veut aucunement à Flaubert comme on a pu l'écrire, mais à sa souffrance. Le pressentiment complet de toute sa vie passe encore, mais l'oubli des passions, c'est impardonnable. C'est à l'aristocrate engagé que Sartre fait le plus de reproches, à l'orgueil et au ressentiment, comme nous l'avons vu ; ici, Sartre est à sa vraie place, c'est-à-dire, pour nous, à toutes les places en même temps. Un coup pour l'écrivain, un coup pour l'artiste, un coup pour l'époque.

Ce n'est pas pour des raisons théoriques que la dialectique fait défaut aujourd'hui, mais c'est que la dialectique, c'est toujours la dialectique d'un seul homme.

L'auteur de *L'Idiot* est épuisant, ici réside son irremplaçable charme. Le fin fond du style, c'est d'en imposer aux autres[1]. Pour Sartre, du côté de l'artiste, il y a un trop plein, l'artiste postromantique sature, il fait un

1. Le style est-il viable ? Chez Nietzsche, l'aristocrate est celui qui maintient la distance avec autrui car il l'enveloppe de sa grande santé. Le grand style, c'est toujours le style de l'histoire en tant qu'elle est comprise dans son essence immanente de forces et de rapports de forces qui s'engendrent mutuellement. Le grand style, c'est l'essence de l'histoire *en tant* qu'histoire. Écrasement ?

usage excessif de l'imaginaire, nous avons noté le risque de cette vision dès lors qu'elle se prétend globale (Baudelaire). Nous devons nous demander maintenant quelle est sa propédeutique et pourquoi l'Irréel est-il frappé d'un grand doute méthodique ? Reprenons quelques points essentiels de *L'Imaginaire* (1940) et essayons de comprendre leur filiation dans *L'Idiot*.

Qu'est-ce qu'une image ? Une image mentale ?

Une apparition qui s'impose mais ne vous apprend rien, point de profil ni d'apprentissage, l'image dès qu'elle apparaît *se donne tout entière*. Elle ne saurait être *dans* la conscience, elle est *de* la conscience. La formule magique de l'Imaginaire, celle qui revient sans cesse : ne pas retomber dans *l'illusion d'immanence*, surtout ne pas croire que ma conscience recueille les qualités du monde sensible. L'image est une intention. Elle vise *un objet en image*[1], un objet irréel. Mais une image ne saurait exister sans un *savoir* qui la constitue ; ce savoir, c'est ce qui subsiste du monde quand j'ai choisi de le néantir, une densité diaphane, un souvenir immatériel, *quelque chose* qui ne ressemble pas au monde mais qui en a l'auréole, c'est plutôt le désir qu'il y ait un certain monde, qu'une présence puisse apparaître, mais c'est une virtualité qui n'est pas *de* la présence, un écho peut-être, mais sans paroi ni matière pour vous le renvoyer. Dans l'imaginaire, il y a beaucoup d'abolition ; on ferme les yeux, immédiatement une substance increéée voudrait prendre forme : du pain, un visage, des nuages, le Panthéon. Ces images sont vides, éblouissantes, un objet en image – mais point d'objet réel – se livre, un objet inouï qui nous vient de cette formidable capacité de pouvoir douter du Monde. Douter, fermer les yeux. Une enfance protégée, un avenir tracé, étudiant en droit, pourquoi pas, et puis NON : l'apparence, rien que l'apparence. Rejoindre l'apparence. Être

1. « ... un des facteurs essentiels de la conscience imageante *(est)* la croyance. Cette croyance vise l'objet de l'image. Toute conscience imageante a une certaine qualité positionnelle par rapport à son objet. Une conscience imageante est, en effet, conscience *d'un objet en image* et non pas conscience *d'une image* » *(L'Imaginaire)*.

l'apparence (Flaubert). Les yeux fermés, privilège de classe, trop ouverts, autre privilège, au milieu, Sartre, qui aurait voulu se tenir dans l'intermonde de l'égarement et de l' « effarement ». Vouloir l'abolition *et* la révolte. Vouloir payer sa dette. Un univers très pascalien, la prière en moins, une rhétorique en moins. Les fameux nantis.

A quoi bon, il nous emmerde, écoutez-les rire :

« Gavi : ... sur ton pessimisme, et...

Sartre : Oui, on avait posé ce problème de mon pessimisme... mais il s'exercerait peut-être *pour moi seul* ! *(rires)*

Gavi : Explique-toi.

Sartre : Je m'en servirais comme une petite jouissance d'après déjeuner *(rires)* ou alors de temps en temps je dirais : “Tiens, ça ne nous est pas retombé sur le nez !” *(rires),* mais je n'aurais jamais comme interlocuteur que Simone de Beauvoir et encore... Être pessimiste, ce n'est pas forcément avoir des considérations pessimistes sur l'évolution, c'est *s'accrocher à je ne sais quoi*, pas dire à chaque instant que tout va mal, ça c'est le pessimisme facile...

Victor : C'est quoi ce “je ne sais quoi” ?

Sartre : *C'est ne pas être complètement avec le mouvement* pour lequel on est, c'est penser...

Victor : Les yeux mi-clos ? La pensée contre l'hystérie, pas une pensée hystérique.

Sartre : Un trajet entre les deux, pas une trajectoire. Une chute contrôlée, pas une chute libre. »[1]

Qu'est-ce qu'une image ? C'est une synthèse d'intériorité qui synthétise un objet absent, souvent flou. Objet dont il est difficile de prétendre que ses parties se juxtaposent, elles apparaissent plutôt comme une totalité indivise avec interpénétration de ses éléments. Son savoir flotte, il ne « disparaît pas, une fois la conscience d'image constituée ; il ne s'efface pas derrière les images. Il n'est pas toujours capable de se réaliser en images mais toujours distinct d'elles. *Il représente la structure*

1. *On a raison de se révolter*, Gallimard, 1974, p. 374.

active de la conscience imageante »[1]. Ce savoir est variable, c'est un support peu fiable. Cela tient à la nature de l'*analogon* de l'image mentale. *Analogon* affectif, comme nous le verrons. Au fond, il est une « conscience qui cherche à se transcender, à poser la relation comme un dehors »[2], il est une *« attente d'images »*. Il a tout l'apparat d'une sollicitation. On perçoit déjà Flaubert, une chute, une déflagration, ce n'est pas si éloigné d'un *savoir dégradé* ; dégradé si j'en reste aux images mentales, ou si j'en fais un objectif.

Hors, une image ne peut rien ob-jecter à une autre image, d'où le tapis roulant ou le trottoir et le combat entre saint Antoine et Bouvard. Quasiment vide, ce savoir, à condition de ne pas oublier le rempart du néant. Nous n'avons pas oublié la leçon : il y a du vide et simultanément du plein. *Aurore d'image*, expression qui nous montre bien qu' « il y a continuité entre le savoir imageant vide et la conscience imageante pleine »[3].

Nous devons insister sur cet aspect du savoir imageant, il imbibe la conscience de lecture[4], la lecture des romans il s'entend. Les collégiens de Rouen ne sont pas loin : sous les draps à l'internat, ils dévorent Hugo, Chateaubriand, la jeune France, avec insolence, l'air tourmenté.

Le roman est incertain, son univers est celui du probable, mais si je suis pris par ce roman, pas d'image mentale. Roland Barthes reprend la formule et ajoute : au *peu d'image* de la lecture, répond le tout-image de la photo, image *intègre*, dit-il pour cette dernière : le savoir

1. *L'Imaginaire,* p. 123.
2. *Ibid.,* p. 132.
3. *Ibid.,* p. 125.
4. « Les phrases du roman se sont imbibées de savoir imageant, c'est lui que j'appréhende sur les mots, non de simples significations : les synthèses qui, comme nous l'avons vu, constituent de page en page une sphère objective de signification ne seront pas de simples synthèses de rapports ; elles seront synthèses de *quelque chose* qui a telle ou telle qualité avec *quelque chose* qui possède telle ou telle caractéristique. Les rapports ne s'ordonneront pas comme pour composer la dénotation d'un concept ; la règle de leur synthèse sera qu'ils doivent être entre eux comme sont entre elles les différentes qualités d'un objet » (*L'Imaginaire,* p. 132-133).

de la photo est net, fier, « bondé »[1], sa plénitude *n'est que* mondaine, le *punctum* est là pour vous le rappeler, en toute quiétude ou arrogance.

Lire un roman, c'est se laisser prendre (pensée captive), comme on dit prendre la mouche, mais c'est également lâcher prise, regarder ailleurs, sauter par-dessus pages, superposer des scènes, mélanger les personnages, se noyer, être étourdi, s'assoupir.

Genet, lorsqu'il commença la lecture de *La Recherche,* se répète les premières phrases, attend, rumine, il a compris qu'il entrait dans une cathédrale, il est cambré, se retient. Genet est un lecteur tao : « J'ai lu la première phrase d'*A l'Ombre des jeunes filles en fleurs* qui est la présentation de M. de Norpois à un dîner chez le père et la mère de Proust, enfin de celui qui rédige le livre. Et la phrase est très longue. Et quand j'ai fini la phrase, j'ai fermé le livre et je me suis dit : maintenant je suis tranquille, je sais que je vais aller de merveille en merveille. *La première phrase* est si dense[2], si belle que cette aventure était une première grande flamme qui annonçait un grand brasier. Et j'ai mis à peu près toute la journée pour m'en remettre. Je n'ai rouvert le livre que le soir, et en effet, je n'ai été que de merveille en merveille, ensuite. »[3]

Au lecteur tao, ami de la prudence (le voyage de mille lieues commence par un pas)[4], il faudrait opposer le *lecteur onirique,* celui que Sartre accrédite d'un fort quotient d'autisme pathologique, tel celui qu'il perçoit chez les collégiens de 1835 épris du romantisme d'alors

1. Roland Barthes, *La Chambre claire*, Éditions de l'Etoile, Gallimard, 1980, p. 139.

2. « Ma mère, quand il fut question d'avoir pour la première fois M. de Norpois à dîner, ayant exprimé le regret que le professeur Cottard fût en voyage et qu'elle-même eût cessé de fréquenter Swann, car l'un et l'autre eussent sans doute intéressé l'ancien ambassadeur, mon père répondit qu'un convive éminent, un savant illustre, comme Cottard, ne pouvait jamais mal faire dans un dîner, mais que Swann, avec son ostentation, avec sa manière de crier sur les toits ses moindres relations, était un vulgaire esbroufeur que le marquis de Norpois eût sans doute trouvé selon son expression "puant" » (Gallimard, « La Pléiade », t. I, p. 431).

3. *Magazine littéraire*, juin 1981.

4. *Tao tö King*, par Li Eul.

et qui, non contents d'être pris (par leur lecture), en profitent pour se laisser capturer. Les images affluent, le lecteur est en position de les recevoir, mais, au lieu de les aiguiser par le libre jeu de son imagination, elles prennent place et *s'incarnent* dans des personnages-complices nés de la rumeur romantique. Ce n'est plus seulement l'image mentale, pauvre et en un sens décevante, c'est une « illusion qui tient le coup ; le collégien est vampirisé par ce monstre : une *image* qui serait la réalité »[1]. Au hasard du discours, le collégien substitue un onirisme dirigé, c'est sur le sens de cette direction qu'il faudra revenir, notons pour l'heure qu'elle est due à l'*imaginarité,* notion que Sartre n'avait pas encore développée dans *L'Imaginaire.* Peu d'images, trop d'images, tout images, la forêt s'obscurcit, reprenons.

Que savons-nous, au juste, du savoir imageant ?

Dans *L'Imaginaire,* il n'est pas trop encombrant, il contamine en douceur la conscience de lecture, il joue son rôle : il aide le Roman. Dans *L'Idiot de la famille,* tout est fonction de la constitution reçue, il n'est pas question de l'aborder hors *fatum* ; si l'on veut passer à l'imaginaire, il faut s'en donner les moyens.

Nous sommes à Rouen, la capitale fulmine, la province rumine, on s'écoute beaucoup en province, à Paris on agit mais « nous ne pouvons accepter cette conception purement structurale du phénomène... », les collégiens ont malgré tout construit leur provincialisme : « Ils font ce qu'ils subissent dans la mesure où ils subissent ce qu'ils font. »[2] Ce qu'ils font ? Il se crèvent les yeux à lire, au dortoir, *la nuit,* en cachette. Sartre ne demande plus, pourquoi écrire ? Mais, que lisez-vous ? Comment le romantisme s'est-il insinué ? Flaubert « n'a que douze ans que, déjà, il parle de Hugo comme un fan »[3], « il n'y a pas eu *invasion* mais *infiltration* et celle-ci a commencé dès 1830. Ce qui s'est produit en 1835, après la militarisation du collège et en raison de celle-ci,

1. *L'Idiot de la famille,* t. II, p. 1375.
2. *Ibid.,* p. 1363.
3. *Ibid.,* p. 1364.

c'est que le *discours romantique* – dont le vieil établissement est déjà imprégné – a été définitivement choisi par les collégiens comme *leur* discours... »[1]. Le discours romantique (le drame hugolien) prend la place de la révolte, ou plutôt, il empêche que celle-ci coexiste avec le Roman ; la faillite du groupe, l'échec de la réintégration des camarades exclus[2] est un prétexte de plus pour la colère et la rancune : au lieu d'évaluer, on sombre dans le cynisme.

Reflux général. Une fois l'inventaire de la bibliothèque établi, Sartre s'instruit de cette postulation incohérente ; inquiet de ces « bouffées oniriques qui s'effilochent »[3] et de ces fantasmes misérables, il demande : Comment lisez-vous ? Nous sommes passés de la contamination à l'infiltration, de *L'Imaginaire* à *L'Idiot de la famille* : « Voici le moment de l'incarnation. »[4] Telle sera notre clairière pour franchir le pas au-delà du savoir imageant et de ses exercices spirituels, pour nous aider à *croire* au Roman.

Sartre est très attentif à la fragile mélopée du corps et des signes qui fait du lecteur de roman un éternel fugitif hésitant entre la possession et le transport capricieux du régime de lecture. Mais son attention se fait plus scrupuleuse dès lors qu'elle se dirige du signe à l'image ou de l'image au signe ; il guette, comme nous l'avons vu, à propos du mot chez Flaubert, la tendance verbale de l'image, la pensée en image, et, de ce fait, bien que partant du corps, mon humeur de lecteur, le corps s'estompe : le néant, le corps-conscience sont sans concession. Pourtant, sans remettre en cause sa théorie de la conscience, Sartre semble avoir médité l'avertissement de Merleau-Ponty. Celui-ci revient par trois fois dans le tome II, et comme il se doit pour égrener un peu de notre foi perceptive, là où Sartre dans *L'Être et le Néant* ne voyait que néant absolu.

1. *Ibid.*, p. 1367.
2. Sartre fait un résumé de la révolte au collège de Rouen précédant l'arrivée de Flaubert dans les *Situations IX*, entretien *New Left*, 1970.
3. *L'Idiot de la famille*, t. II, p. 1372.
4. *Ibid.*, p. 1375.

Pour expliquer la dé-situation de Flaubert, d'où elle vient, où elle va, ce qu'elle veut dire du point de vue de son corps, loin de tout égotisme (Stendhal) ou de tout narcissisme (Amiel), au sommet de cette crise terrible et rigoureuse, pour expliquer cette dévalorisation permanente de « Soi pour l'autre »[1] qui doit déboucher sur la *naissance de l'artiste*, bref pour préparer ce que Flaubert « appellera plus tard son *impersonnalisme* »[2], Sartre réintroduit un semblant d'écart, de distance, entre le corps et la conscience, comme si le destin de l'imaginaire était de nous faire apparaître ce qui se raconte ou se voit de notre corps dans le monde, indépendamment de notre conscience et de notre liberté au sens sartrien.

Ce que *L'Imaginaire* laisse voir est justement ce que le Néant-liberté ne pouvait nous livrer. Le Roman-Flaubert prend à revers le Roman-Sartre et, par sa vision ainsi ressourcée, qualifie l'essence d'un certain style romanesque dont la terrible assurance et fascination fut – peut-être – d'empêcher un autre style de naître.

On ne re-traduit pas Flaubert, on ne dé-passe pas Flaubert. On ne peut être à la fois celui qui décimera le *terrain de l'imaginaire* et celui qui écrira à d'autres fins que l'imaginaire ; c'est seulement en écrivant *le roman de l'imaginaire* que l'on pourra poser de nouvelles questions, à la littérature et à l'Art : « Le monde est devant nous mais aussi derrière et, *comme dit Merleau-Ponty*, nous ne pouvons être voyants sans être du même coup visibles.

« *Le corps est pris dans le tissu du monde mais le monde est fait de l'étoffe de mon corps*. Or, le mouvement de l'artiste au sens où l'entend Flaubert, commence avec la *dé-situation*. Cela signifie qu'il se constitue comme *conscience de survol*. Il s'arrache au monde fictivement en y laissant sa dépouille et feint de totaliser explicitement l'infini des choses et des hommes sans s'intégrer, sujet, à la totalisation. »[3]

Si nous commentions cette phrase strictement, nous ne pourrions concilier le mouvement de la chair (sa dif-

1. *L'Idiot de la famille*, t. II, p. 1483.
2. *Ibid.*, p. 1485.
3. *Ibid.*, p. 1569.

férence) et l'idée de sujet (créateur de valeur) sans nous lancer dans de sinueuses explications. Nous les éviterons volontairement afin de nous en tenir à notre propos. La contradiction n'est toutefois qu'apparente, car s'il est vrai que pour Merleau-Ponty « il y a bien un procès de négativité que le positivisme de Sartre a manqué... ce qui nous arrache aux apories de toute philosophie de la conscience », écrit B. Sichère[1], citant cette phrase du *Visible et de l'Invisible* – « de même que nous sommes invités à retrouver derrière la vision, comme présence immédiate à l'être, la chair de l'être et celle du voyant, de même *nous avons à retrouver* le milieu commun où l'être et le néant... *travaillent l'un contre l'autre* ». Il n'en est pas moins vrai que ce qui chez l'un (Merleau-Ponty) fait figure de dialectique comme expérience de la chair vouée à la vision se *retrouve* chez l'autre comme expérience du monde voué au Réel ou à l'Irréel, et que, sur ce point, les auteurs, empruntant deux directions, bien qu'ils s'opposassent sur la profondeur de l'Être (ouverture, dévoilement), se retrouvent au moment même où ils croient se lâcher : ce que je fais de mon corps dans le monde. Il semble que l'on soit par trop obsédé par la thématique heideggérienne de Merleau-Ponty quand on cherche à opposer systématiquement la « description abstraite de Sartre » et les silencieux abîmes du maître allemand. Merleau-Ponty a merveilleusement critiqué le statut du négatif chez Sartre et la façon dont ce dernier réintroduit *L'Imaginaire* dans le Flaubert, répond à sa manière à cette nécessité de faire jouer l'être et le néant l'un contre et non plus l'un dans l'autre, comme avec Mathieu.

Sur ce point, *L'Imaginaire* « est » la réponse sartrienne aux atermoiements de la liberté et de la philosophie qui l'habille : Mathieu pas plus que Flaubert ne sont des méthodes ; à l'un il manque la voyance, à l'autre la prégnance. Tous les deux sont *dans le mouvement*, celui du Réel, celui de l'Irréel, tous les deux

1. B. Sichère, *Merleau-Ponty ou le corps de la philosophie*, Grasset, 1982, p. 199. La citation du *Visible et l'Invisible* est extraite de la p. 121, ouvrage déjà cité.

manquent de distance : position heuristique de Sartre en 1968 *(rires)*[1]. Au milieu de cette enquête, et de cette joie retrouvée, il y a la conscience de lecture qui incarne une attitude du corps-conscience, qui, s'il force son irréalité, démolit ce qui l'environne en même temps qu'il abolit sa propre densité charnelle.

Peu d'images, trop d'images, la lecture doit trouver son rythme (rythmanalyse ?), et mon corps, le sien. Sur mon corps, dit *L'Être et le Néant,* je ne puis jamais prendre un point de vue global, « mon corps est ce que je ne puis jamais poser en face de moi comme un objet... je suis mon corps... *le corps est l'instrument* que je suis »[2]. Fort bien, mais quand mon corps me suit, tout est mieux, ça suit comme on « cause », d'un air de dire tu t'allonges oui ou merde, *« le plaisir du texte »,* c'est ce moment où mon corps va suivre ses propres idées, « car mon corps n'a pas les mêmes idées que moi »[3]. Ça change tout, la lecture est capricieuse, et le livre nous somme de nous exécuter ; mais déjà je ne lis plus, je lis « cette belle personne » et les mots « se mettent à jouer le rôle de ce *quelque chose* qui est une belle jeune femme. Le cas est plus fréquent qu'on ne croit »[4]. Me voilà bon pour une image ; que faire de mon corps ?

Il faudrait lire à pas cadencé ou bien lire comme Joyce, prononcer avec l'auteur. Difficile. Rythme et cadence sont ici de faible augure si on les compare à la frappe musicale, à l' « ordre des coups » de la syntaxe musicale, à l'effusion somatique propre à la musique – « champ de signifiance et non système de signes »[5] –, à

1. Ce point de vue nous paraît nuancer celui de B. Sichère lorsqu'il écrit : « Une telle philosophie (celle de Merleau-Ponty), et c'est en quoi rétrospectivement elle nous paraît si vivante par rapport à d'autres, par rapport à celle de Sartre par exemple, ne parle pas et ne disserte pas *sur* la littérature, elle se pense elle-même, en s'écrivant *avec* la littérature, comme avec la peinture, et c'est sans doute ce qu'on a le plus mal compris... » (*ibid.*, p. 229).

2. F. Jeanson, *Le problème moral et la pensée de Sartre*, Le Seuil, 1965, p. 216.

3. R. Barthes, *Le plaisir du texte*, Le Seuil, 1973, p. 30.

4. *L'Imaginaire,* p. 134.

5. Roland Barthes, *Essais critiques*, in *Langue, discours, société*. Pour Émile Benveniste, Le Seuil, 1975. Repris dans *Essais critiques III*.

sa rengaine qui ballotte le corps. A l'écoute des *Kreisleriana* de Schumann, Barthes tisse les *figures du corps* (les somatèmes) et balaye gaiement la sémiologie musicale « issue de l'analyse professionnelle » : « *Rasch :* prestesse dirigée, exactitude, rythme juste (contraire à la hâte), foulée rapide, surprise, mouvement du serpent qui va dans les feuilles »[1], ici le corps dit oui au destin par les mouvements de son corps tandis que le lecteur met son corps en état d'a-pesanteur (de plaisir) ou le mobilise pour d'autres tâches que la lecture proprement dite : feuilleter, bredouiller, imaginer. Entre l'Affect, l'Image ou l'Idée, il n'y a jamais vraiment accord. Le lecteur de Roman (et de signifiance ?), tout en paraissant plus disponible que l'auditeur – il choisit son rythme, peut-être est-ce là sa faiblesse ? –, reste soumis au sens et à la généralité du langage (chez Sartre au pouvoir imageant du signe), si bien que la conscience de lecture est toujours sur le point de s'engouffrer dans un monde d'où mon corps sera absent.

Il y a une menace de lecture dont je ne puis me départir qu'en oubliant mon corps ; je m'absente. Menace ou plaisir romanesque ? Comment transiger ? Avec ou sans images, avec ou sans corps ? Est-ce suffisant ? Corps en mouvement, mouvements du corps, corps-instrument, synthèse d'objet en image, labyrinthe ?, etc.

Si le corps s'absente (de la synthèse d'affirmation, du pour-soi *idéal*), que peut bien contenir le savoir imageant ? Où va-t-il ?

Le contenu du savoir imageant est une dépouille, les images mentales voudraient ressembler à ce qu'elles ne peuvent être, elles sont sans atmosphère, des petites morts vouées à l'invisible, mais sans corps, sans la présence visible d'un corps qui voudrait les forces invisibles qui lui transpercent l'âme, sans la folle présence des autres, de la matière, de la rumeur, du désert. Son contenu est ce que l'intention vise (à vide) « comme existant *à travers* une certaine épaisseur du réel qui lui

1. *Essais critiques III*, Le Seuil, 1982, p. 276.

sert de représentant... »[1]. Le lecteur de roman paraît confiant, car il sait que son plaisir qui lui est prescrit par son savoir imageant « se présente... comme un effort pour déterminer ce *quelque chose* (épaisseur de réel) comme une volonté d'arriver à l'intuitif »[2]. Ça y est, je l'ai, je l'attrape, je l'hallucine, mais de nouveau sa lecture l'emporte...

Les enfants font bien la différence entre le livre et le réel, mais chez eux, entrer dans un livre, c'est entrer sur la même scène, un monde un peu incarné, avec des événements plus marqués. Le livre est peuplé, habité de personnages pouvant passer d'une scène à l'autre, sans perte, sans défaillance, sans déception. Ce qui les déçoit, c'est qu'on les ramène à l'ordre des choses et non des événements : là, tout est possible, rien n'est probable, le monde est surface. Tantôt l'enfant est capté par le récit, alors il est lui-même un personnage du roman, tantôt il en sort, et c'est sans peine qu'il fait sortir les personnages du livre. La lecture naïve est précisément celle pour qui cette indistinction ne pose pas de problème.

Si l'enfant panique, c'est que les parents lui ont assigné de choisir, la lecture finie, entre aller dormir ou continuer à rêver, en dormant. L'idéal pour lui serait de se conformer à l'indistinction et d'aller dormir, héros ou enfant, qu'importe, comme un livre que l'on laisse entrouvert... Ce n'est que bien plus tard que le livre rivalise avec le monde et se montre brutalement sans doute, dans sa discontinuité trompeuse de rêverie[3].

Alice n'a-t-elle jamais rêvé à de vilains contes comme ceux que Flaubert écrivit adolescent ?

Les oppositions directrices de Sartre dans son analyse de Flaubert lecteur sont les suivantes : *Image et pensée,* d'une part, *réel, irréel,* d'autre part. *L'Idiot de la famille* reprend à ce sujet les développements de *L'Imaginaire* en les accentuant quelque peu. Son but, de toute façon, est

1. *L'Imaginaire,* p. 132.

2. *Ibid.*

3. A qui sont les enfants ? « Il n'y a pas de bon père, c'est la règle ; qu'on ne tienne pas grief aux hommes mais au lien de paternité qui est pourri. Faire des enfants, rien de mieux ; en *avoir,* quelle iniquité ! » (*Les Mots,* p. 19).

de nous entraîner vers la tendance verbale de l'image, sans syncope, jusqu'à la calèche, le seul moment où Flaubert prend les rênes, pour tomber.

Sur l'appréhension des mots (privilège de l'oral, langage *autre*), nous sommes déjà renseignés, mais les signes subsistent, il faut bien s'en accommoder. Sartre s'interroge sur leur tempérance éventuelle – ils adoucissent les conflits réels – ou bien sur le gauchissement qu'ils font subir au savoir imageant : et si les mots pouvaient être les représentants (extérieurs) d'un monde absent, irréel, imaginaire (intérieur) ? Où est la frontière ? Signes habiles de ma conscience de lecture (de roman toujours) qui se profilent à la manière *de,* sans jamais se prononcer sur le *de* qu'ils titillent, Gavroche romanesques qui usurpent malicieusement la place du réel alors qu'ils ne sont que des effets du réel, des ersatz. Effet de réel que Sartre appelle « épaisseur » indifférenciée et générale n'ayant à la lettre aucun référent, sinon l'attente de quelque chose qui ne vient pas, qui vous atteint sans vous frapper, un grand doute, sans coup de fouet, les vrais délices de l'Imaginaire.

Il y a un double aspect de la conscience de la lecture qui est essentiel chez Sartre. Polyvalence des signes et du savoir se recoupent. Une lecture hagarde – elle peut être grandiose – doit forcément accepter la part d'irréfléchi qui lui permet de continuer ; ici le style dicte ses coupes, ses roulements, ses sautes, son humeur, et si j'imagine un personnage, ce n'est jamais que pour l'invoquer, le héler et non pour me le rendre présent, mais j'exige une présence irréelle, je fais un vœu. Lorsque Sartre parle de la pauvreté des images qui accompagnent ma lecture, il rappelle ce constat – purement empirique – pour éviter une confusion.

La question n'est pas : Pourquoi des images mentales ?, mais : Où et comment elles apparaissent quand je lis ? C'est le premier aspect important. Si je suis captivé, il n'y a pas d'image mentale, ou peu, elles n'ont pas le temps de s'exhiber, mais « il ne peut se faire que l'élément image fasse totalement défaut »[1] dans ma lec-

1. *L'Imaginaire*, p. 127.

ture pour la simple et bonne raison que je suis *en présence d'un monde*, et l'image est toujours image de quelque chose, la conscience d'image, même épurée, ne peut être désintéressée. « Lire un roman, c'est prendre une attitude générale de la conscience : cette attitude ressemble grossièrement à celle d'un spectateur qui, au théâtre, voit le *rideau* se lever... Lire, c'est réaliser *sur* les signes le contact avec le monde irréel. Dans ce monde, il y a des plantes, des animaux, des campagnes, des villes, des hommes : d'abord ceux dont il est question dans le livre et puis une foule d'autres qui ne sont pas nommés mais qui sont à l'arrière-plan et qui font l'épaisseur de ce monde (par exemple, dans un chapitre consacré à un bal, tous les invités du bal dont on n'a rien dit mais qui sont là et qui font nombre). Ces êtres concrets sont les objets de mes pensées : leur existence irréelle est corrélative des synthèses que j'opère, guidé par les mots. C'est que, ces synthèses mêmes, je les opère à la façon de synthèses perceptives et non de synthèses signifiantes. »[1]

En poussant la métaphore, on pourrait parler de rideau synthétique en donnant au mot « rideau » son sens argotique : être en panne, avoir un rideau. Nous verrons pourquoi cet humour, que Sartre qualifie lui-même de grossier, est toutefois utile. Attitude générale donc, puisqu'une conscience imageante est une conscience d' « un objet en image et non pas conscience d'une image ». Un objet apparaît.

Seulement dans la lecture, et c'est là le deuxième aspect, les « objets » du savoir (la campagne, etc.) sont *d'abord* donnés comme corrélatif d'un savoir imageant[2]. Pour appuyer sa démonstration, Sartre oppose le savoir pur au savoir imageant. Le premier, explique-t-il, est conscience des règles, des rapports, des relations, qu'entretient la pensée avec elle-même, et la conscience vise des contenus pré-objectifs dans la mesure où, associée à un mot puis à d'autres, elle indifférencie l'essence formelle du langage et son essence objective, s'attachant à l'ordre des qualités et non aux qualités de

1. *Ibid.*, p. 129.
2. *Ibid.*, p. 134.

l'objet[1] ; mais si le savoir pur permet de penser l'objet indépendamment de la sensation, le savoir imageant n'est pas pour autant une sensation, une impression sensible dans la conscience. Le savoir imageant, nous le savons, est attente du visuel, du sensible, c'est-à-dire que les relations d'extériorité que l'on a fait passer derrière la chose sont des relations vides car elles ne désignent pas *la* chose mais *quelque chose* derrière la chose[2] qui n'est pas elle puisqu'elle n'est pas présente.

Je ne peux affirmer la présence en face de ma lecture, ni poser sa vérité par un jugement, le savoir imageant *se cherche* mais ne se trouve pas, il est anticipation de transcendance plutôt que transcendance. L'objet en image est *en panne* de transcendance, voilà pour la métaphore.

Ainsi l'objet en image qui est visé est-il perpétuellement menacé de se consumer s'il ne cherchait constamment à remplir son intuition : c'est ce qui arrive lorsque le lecteur fait « jouer au SIGNE le rôle de représentant de l'objet... »[3].

Les signes s'altèrent et la physionomie du mot devient « représentative de celle de l'objet », les signes contaminés « *jouent le rôle* de ce quelque chose »[4] qui est une belle jeune femme et alimentent l'effort que nous mettons à prendre contact avec des présences, *« aurores d'images »* : « Voir le fini du point de vue de l'infini et rendre sa vision par des *MOTS*, c'est une entreprise *SACRÉE* »[5], croire...

Nous ne savons toujours rien de la nature de cet effort, ni de l'épaisseur qui l'enveloppe. Nous savons qu'il est le fief des images mentales, lieu du probable et du savoir dégradé parce qu'indistinct. Ne croyons sur-

1. « Ainsi le savoir ne peut attraper l'objet que par son essence, c'est-à-dire par l'ordre de ses qualités. Seulement, le *savoir imageant* ne visera pas cet ordre en lui-même. Il ne peut pas encore viser le *bleu*, il ne *veut* plus viser "la quatrième couleur fondamentale de la Madone Sixtine". Il vise *quelque* chose qui est cette quatrième couleur. La relation passe derrière la chose » (p. 131).

2. *L'Imaginaire*, p. 131.

3. *Ibid.*, p. 133.

4. *Ibid.*, p. 134.

5. *L'Idiot de la famille*, t. II, p. 1569.

tout pas que Sartre, en 1940, dévalorise ce siège de l'imagination, rien de plus faux que de faire jouer l'Imaginaire contre le réel ou *vice versa. L'Imaginaire* est un livre de part en part descriptif, et Sartre n'a de cesse d'insister là-dessus. Pourquoi le savoir ne résiste-t-il pas au fatalisme de l'image et pourquoi se donne-t-il à rideau levé et sans procès en appel ? Comment se fait-il qu'il en impose autant ? C'est que l'objet en image de l'image mentale « apparaît à travers un *analogon* affectif »[1], et si son savoir est contaminé par l'*analogon* de l'objet, c'est parce qu'il est impossible de dissocier l'un de l'autre ; tel est pour Sartre le caractère paradoxal de l'image. Ce que le savoir vise en tentant vainement de le présentifier, l'affectivité le recouvre par sa généralité : elle croit à ce qu'elle croit voir. La croyance vise l'objet de l'image. Si imaginer, ici, c'est croire à ce qu'on ne voit pas, *le paradoxe de l'image mentale* est donc le suivant : « L'objet se donne donc, en images, à la fois comme une nature indivise dans laquelle chaque qualité s'étend de part en part à travers toutes les autres et à la fois comme un ensemble de propriétés distinctes, un système de vues fragmentaires sur cette indifférenciation primitive. Il renferme une *contradiction intime*, un vice radical de constitution... nous *subissons* cette contradiction sans nous en rendre clairement compte, c'est-à-dire sans la poser pour ce qu'elle est. »[2]

Entre le savoir-croyance et l'*analogon*-présence, il ne peut y avoir entente. L'image qui se donne tout entière est incapable de livrer l'objet instantanément, un objet en image s'impose pourtant, et dès son apparition il est « livré d'un coup par toute notre expérience intellectuelle et affective », c'est pourquoi sa synthèse est contradictoire, car « la généralité avec laquelle l'objet est visé par le savoir n'est pas forcément celle avec laquelle il apparaît à travers l'analogon affectif »[3].

1. Nous avons déjà parlé du syncrétisme de Flaubert, il a sa source dans l'affectivité de Flaubert : constitution passive.

2. *L'Imaginaire*, p. 175.

3. *Ibid.*, p. 179.

Deux intentions s'entrechoquent dans une *fusion illusoire* qui est l'image même. Cela, la conscience imageante ne peut le réaliser, elle le vit ou le réfléchit après coup. Envahie, elle subit l'illusion qu'elle crée. L'indétermination peut varier et son trouble se modifier mais, en tout état de cause, ils sont la vie propre de l'image, laquelle « n'apprend rien de plus que ce qu'on y met »[1].

Si nous avons insisté sur la conscience imageante et sur son indéniable indétermination, c'est pour illustrer la frappante continuité de pensée de Sartre sur les rapports de la pensée et de l'image. Nous savons que, pour Flaubert, l'*acte* compréhensif manque à sa place, et nous avons vu que *le mot n'est jamais sien*. Nous devinons pourquoi cette thèse issue de la Constitution corrobore celle de la conscience de lecture et des exercices spirituels attenants au mouvement de la personnalisation, car si « l'image est comme une incarnation de la pensée irréfléchie »[2], et si je fais jouer au signe le rôle de représentant de l'objet, je lis en même temps que je vois ce que je ne vois pas.

Les frontières de l'intérieur et de l'extérieur sont brouillées[3], les mots que j'utilise ne sont pas mes mots et

1. « Tout ce que nous venons de dire pouvait s'exprimer d'une manière plus simple : d'après la description phénoménologique de notre première partie, pouvions nous dire, il est impossible de trouver dans l'image rien de plus que ce que l'on y met ; autrement dit, l'image n'apprend rien. Par suite, il est impossible que la compréhension s'opère sur l'image une fois construite. Une pareille affirmation procède de l'illusion d'immanence. *En réalité, l'image ne saurait avoir pour fonction d'aider la compréhension. Mais plutôt la conscience compréhensive peut, dans certains cas, adapter la structure imageante* » (*ibid.*, p. 200).

2. *Ibid.*, p. 217. Sartre, p. 218-219, développe rapidement les rapports de l'image et de la pensée ; il les résume ainsi : « En fait, il n'y a pas *des* concepts et *des* images. Mais il y a pour le concept deux façons d'apparaître : comme pure pensée sur le terrain réflexif et sur le terrain irréfléchi, comme image » (*ibid.*, p. 219).

3. Nous voyons, ici, comment l'image mentale prépare le tuf du style ; A. Thibaudet fait la remarque suivante à propos de l'imparfait chez Flaubert : « La force des imparfaits de discours indirect consiste à exprimer la liaison entre le dehors et le dedans, *à mettre sur le même plan, en usant du même temps, l'extérieur et l'intérieur*, la réalité telle qu'elle se déroule dans les choses.

« Ils sont une façon de transporter dans le roman impersonnel le style et l'esprit de la première personne, de donner devant le personnage, à l'auteur et au lecteur, le minimum d'existence » (p. 246, déjà cité).

je vois le monde en image. Le terrain de l'Imaginaire n'est rien d'autre que cela : une *quasi-observation* qui ne nous apprend rien, à l'inverse du langage qui est censé nous apprendre quelque chose[1].

N'oublions pas à ce sujet que, pour Sartre, le *programme de vie* « est » le choix de l'Imaginaire et qu'à ce titre le style qui est le résultat du travail *sur* les images (« le pain du style », écrit Thibaudet) est l'indice de la finitude de Flaubert ; Sartre contesterait évidemment l'idée de Thibaudet qui voit dans *Bouvard* « ... un nihilisme qui, comme celui de *Montaigne*, s'emporte lui-même et *ne s'excepte pas*, puisqu'il atteint l'arche sainte : la littérature »[2] ; pour Sartre, le style n'apprend rien à son auteur, conformément à la thèse du transfini et de l'Irréalité de l'Artiste – dans ces conditions, les collégiens de Rouen plantent le décor de leur futur absentéisme, et, qu'il le veuillent ou non, ce décor façonne *l'étoffe* de leur corps ; telle est l'ultime conclusion de leur incarnation et de leur passage dramatique (ils lisent surtout les drames) au Roman.

En tant que personnages, ils joueront un rôle : Poète ou Artiste. Sartre résume ainsi l'épisode : « Il faut donc distinguer trois niveaux de conscience dans la lecture romantique, liés dialectiquement entre eux et conditionnés par la forme et le contenu du graphème. En surface, le lecteur prend une conscience quasi réflexive d'un Ego imaginaire qui, sous forme d'Alter Ego, se présente comme son *fatum* et sa nécessité. Entre chair et cuir, il est conscient de s'abandonner intentionnellement à la passivité pour produire le rêve d'autrui comme *son* rêve, autrement dit se maintenir sans cesse en un certain état pithiatique qui est la condition nécessaire de tout onirisme dirigé ; à ce niveau, toutefois, ce qui se donne à l'intuition, ce n'est pas tant le consentement à l'impuissance que l'impuissance elle-même, reconnue par le collégien comme son impuissance (celle qui l'affecte sans cesse sourdement).

1. *Ibid.*, p. 167.
2. *Gustave Flaubert*, p. 213.

« En profondeur (au niveau de la conscience non thétique) il s'atteint comme liberté *qui se prête* et se fait démiurgique en se laissant démiurgiser. »[1]

Au lieu des libres jeux de l'imagination, l'imaginaire est *subi* et le corps rendu pathétique, si bien que *l'idée romantique* « n'est jamais une détermination du discours, il faut la cerner par une *multiplicité d'images* dont aucune ne convient tout à fait...

« La pensée onirique est occupée, manipulée dans l'ombre, elle va d'intuition en intuition par un glissement ou une dérive qui lui adviennent sous une impulsion autre. »[2]

Avec ces images d'idées impensables, nous quittons ces jeunes lecteurs tendus et sommeilleux au seuil de leur voyage passionnel et de leur *inertie consentie.*

B / *L'artiste*

Ayant évoqué le rôle de la conscience imageante, nous sommes maintenant en mesure de nous rapprocher de l'attitude imaginaire puis esthétique qui illustrent toutes deux la structure d'irréalité caractérisant la conscience de survol de l'artiste. Nous ne pouvons reprendre toutes les descriptions sartriennes, nous nous contentons de mettre en valeur celles qui répondent le mieux à notre exposé, là où le texte de Sartre nous apparaît le plus parlant.

Nous n'avons pas à opposer le Réel et l'Imaginaire, ce qui n'aurait aucun sens, mais à analyser de quel point de vue, selon Sartre, se fait la néantisation du Réel. Imaginer, c'est toujours poser une thèse d'irréalité, et celle-ci ne peut se faire qu'à partir de la totalité du Réel qu'est le monde. Mais une image, rappelle Sartre dans sa conclusion de 1940, « n'est pas le monde nié purement et simplement, elle est toujours le mondé nié d'un certain point de vue ». Une image ne peut apparaître que « sur un fond de monde et en liaison avec ce fond ».

1. *L'Idiot de la famille,* t. II, p. 1379.
2. *Ibid.*, p. 1387.

Nous avons déjà vu ce que signifie forcer sur la soumission (ressentiment), voyons maintenant ce que signifie forcer son irréalité ; car s'il n'y a pas de solution pour Flaubert avant la crise, « il sait *aussi qu'il y en aura une* »[1].

Constitué croyant (le discours de l'Autre), sa foi primitive acquiert une virulence au fur et à mesure de ses échecs de collégien, d'étudiant puis de littérateur, jusqu'au jour où, l'idiot rencontrant le cadavre[2], et le cadavre l'Art, la chute[3] définit le cadre rigoureux du programme névrotique : ce jeune mort qu'il n'est pas et qui vit sa vie d'Artiste comme *« l'oubli hystérique de vivre »*[4]. Solution que nous avons déjà esquissée à propos de *Jules* qui, en 1845, sous l'« influence de la maladie... devient le principal personnage du livre », à la fin de la première *Éducation sentimentale,* et qui, de chutes en rebonds, contemple l'éternel présent de sa vie future :

« Dès que quelque chose était entré en lui, il l'en chassait sans pitié, maître inhospitalier qui veut que son palais soit vide pour y marcher plus à l'aise, et tout fuyait sous la flagellation de son ironie, ironie terrible qui commençait par lui-même, et qui s'en allait aux autres d'autant plus violente et acérée ; il avait *presque* perdu la coutume de se plaindre et quand même, il retombait dans ses anciennes faiblesses, dans tous les découragements et les irrésolutions, il n'ajoutait plus à son malheur actuel en s'y complaisant comme jadis et s'y enfouissait à plaisir, *avec l'obstination désespérée qui est l'essence des douleurs chrétiennes* et romantiques ; de *chutes en rechutes* et

1. *L'Idiot de la famille*, t. II, p. 1812.

2. *Ibid.*, p. 1819.

3. A propos du thème de la Chute, G. Deleuze écrit, p. 54-55 de *Logique de la sensation* (La Différence, 1981) : « La chute est ce qu'il y a de plus vivant dans la sensation, ce dans quoi la sensation s'éprouve comme vivante. Si bien que la chute intensive peut coïncider avec une descente spatiale, mais aussi avec une montée... Bref, est chute tout ce qui se développe... Sartre, dans son analyse de Flaubert, a montré toute l'importance de l'épisode de la chute, du point de vue d'un "engagement hystérique", mais il lui donne un sens trop négatif, bien qu'il reconnaisse que la chute s'insère dans un projet actif et positif à longue échéance. »

4. *Ibid.*, p. 1919-1920.

d'incertitudes en tâtonnements, il arrivait *cependant* parfois à parcourir avec *sécurité, un long espace* sur le chemin des passions et des idées ; à mesure qu'il avançait, il entrevoyait plus de clartés et plus de soleil, et comme le voyageur au haut de la montagne, qui s'arrête essoufflé, regardant derrière lui à l'horizon, toute la route qu'il a parcourue, à peine s'il voyait maintenant les ombrages où naguère s'étaient reposés ses soucis et les ondes qui avaient désaltéré sa soif.

« Injuste pour son passé, dur pour lui-même dans ce stoïcisme surhumain, il en était venu à *oublier ses propres passions* et à ne plus bien comprendre celles qu'il avait eues ; s'il ne s'était pas senti chaque jour *forcé,* comme artiste, de les étudier et de les rechercher chez les autres, puis de les reproduire par la forme la plus concrète et la plus saillante, ou de les admirer *sous la plastique du style,* je crois qu'il les eût presque méprisés et il en serait arrivé à cet excès d'inintelligence... Alors il songea que tout ce qui lui paraissait si misérable autrefois pouvait bien avoir sa beauté et son harmonie, *en le synthétisant et en le ramenant* à des principes absolus, il aperçut une symétrie miraculeuse rien que dans *le retour périodique des mêmes idées devant les choses,* des mêmes sensations devant les mêmes faits ; la nature se prêtait à ce concert et le monde entier lui apparut reproduisant l'infini et reflétant la face de Dieu ; l'art dessinait toutes ces lignes, chantait tous ces sens, sculptait toutes ces formes, en saisissait les proportions respectives, et par des voies inconnues les amenait à cette beauté plus belle que la beauté même, puisqu'elle remonte à l'idéal d'où celle-ci était dérivée, et qui produit en nous l'admiration, qui est la prière de l'intelligence devant la manifestation éclatante de l'intelligence infinie, etc. »[1]

Écrites à la trique, ces lignes grelottent encore sous le joug de leur délivrance. On comprend les regrets ultérieurs de Gustave Flaubert et son acharnement, fort lucide, à vouloir écrire une seconde *Éducation.* Pourtant, jamais écrits de jeunesse ne furent, apparemment,

1. *L'Éducation sentimentale,* première version, GF, 1981, p. 263 et 265.

si justifiables de leur âge. Rectifions : l'âge de ces pages est un âge de transition, comme tout ce que Flaubert écrivit *jeune*, mais ici la conversion a eu raison des contes de l'enfance, et la mièvrerie des fiévreuses passions, bien qu'encore présente, n'est plus un réel danger.

Quelques paragraphes plus loin, un chien galeux et décharné s'agrippe à Jules mais celui-ci se corrige définitivement de « ses peurs superstitieuses » en le chassant, puis en l'ignorant afin d'aller rejoindre le programme ambitieux de sa « volonté obstinée »... Nous préférons dire ceci : la transition n'est pas la jeunesse pas plus que la jeunesse n'est le désert cruel et immature (Kundera) dont les dompteurs de la prose veulent l'accabler. La jeunesse, dont on dit, par un idiome commun, qu'elle n'a pas d'âge, ne se consume pas et ne se soustrait pas (ni ne s'ajoute) à la contemplation de soi, tel un fruit sec dont on a fait fondre la pulpe, la jeunesse et ses erreurs, ô combien rappelées par les fervents de l'accomplissement de soi, est une époque mémorable de la vie où l'individu ignore tout de sa subjectivité et de la « tuméfaction ontologique » (Lévinas) dont elle est l'apanage.

Sujets tuméfiés qui, se voulant assortis au développement de leur devenir, se donnent à la livraison comme les artistes de la contrainte, de l'ascèse, du dressage et du sur-peuplement : Combien-suis-je-moi-qui-ne-sais-que-trop-à-me-vouloir-en-moins-de-ma jeunesse ?

De la jeunesse, nous préférons dire avec Lévinas qu'elle est « vulnérabilité » hors contraintes pour ceux qui, faisant foi de leur faillibilité désarmante et de leur incompétence, n'exigent qu'un refus nécessaire à tout ce qui s'impose d'« accumulation en être » pour se dépasser. La jeunesse est l'âge de ce non-dépassement et de ce « vouloir » dispersif. Aux tard-venus, la jeunesse dit qu'elle ne passe pas, si ce qui passe doit être au profit de l'être.

Nous préférons dire que Gustave Flaubert n'eut pas de jeunesse. On ne peut vouloir tuer ce qui est déjà mort : Flaubert est contraint d'inventer une jeunesse qui passe pour croire à la mort de sa vie.

Mais après avoir chassé le chien onimeux, symbole de sa vie passée, il lui faut se forcer à s'irréaliser en entraînant avec lui le décor ; abolir et disparaître simultanément. L'imaginarité[1] ne sera totale que le jour où son irréalité, rejoignant le travail de l'œuvre, sera à même de *déréaliser l'événement*, sa personne, les objets, les mouvements du corps et les paroles de l'amour...

La lettre de 1832 que nous avons reproduite concerne l'enrichissement de l'apparence, le rôle en travail, l'acteur qui « veut se réaliser comme l'artisan qui produit l'imaginaire par métier »[2] ; c'est l'âge où l'enfant « se met à faire l'acteur » pour mieux intérioriser son apparence et la « réextérioser comme elle lui est apparue », bref, se jouer de l'apparence en augmentant son irréalité, laquelle de toutes les manières en reste à l'opposition et à la complémentarité de l'imaginaire et du réel. Sauf qu'à répéter cette opposition le jeu se truque et que, du fond de cette apparence qui semble lui échapper, Gustave produit, à 9 ans, ce qu'il ne cessera d'inventer plus tard : l'apparence de la voix, le bruit de fond oratoire, le style comme éloquence refusée. C'est pourquoi, après la déception de 1834 (la famille refuse sa vocation d'acteur), « l'*objet imaginaire* ayant perdu sa dimension sociale... n'est posé sans son objectivité que pour confirmer l'Ego déréalisé dans sa fictive subjectivité »[3] ; Gustave voulait se pénétrer de son apparence, assoiffé du vide qu'il creusait, sa conscience imageante allait au-devant de sa propre image, pour se la confirmer, tel qu'il aurait pu se voir s'il eût été spectateur. Mais on lui a « coupé le souffle », il voulait être entendu, et « se trouve condamné malgré lui à la *vie intérieure*, c'est-à-dire à une déréalisation qui ne peut s'extérioriser ni par les gestes ni par la voix »[4].

1. « Imaginer, c'est à la fois produire un objet imaginaire et s'imaginariser ; je n'ai pas assez insisté là-dessus dans *L'Imaginaire* » (*L'Idiot de la famille*, t. I, p. 912).

2. *Ibid.*, p. 831.

3. *Ibid.*, p. 911.

4. *Ibid.*, p. 910.

Retour à la case départ, fini les bons *analoga,* le « courant est interrompu », car si l'ipséité est un circuit, la moindre des choses est de savoir l'alimenter. La constitution passive, nous l'avons vu, fait ce qu'elle peut, elle ne fait qu'accentuer le caractère dubitatif de mon Ego, dans la mesure où, soutenue par la croyance, elle est sous la loi de la conscience *et* de l'Ego constitué. L'Ego secondaire, aveugle au regard réflexif, est doublement garanti de sa « spontanéité fantomale » et « de tout contact direct avec l'extérieur »[1], il ne peut voir, comme acteur, que ce qui est déjà comme enfant, l'Alter Ego de sa soumission. Ayant échoué à réaliser son irréalité, le visuel produit (apparence) devient un visuel subi par l'intermédiaire des Mots qui dorénavant auront charge de *donner à voir*[2] ce qu'il y a d'incommunicable en Gustave[*] : « De fait, dans l'audio-visuel du petit acteur, la séparation tenait avant tout à ce que l'*audible* était visé en l'autre comme résultat d'une activité, alors que le *visible*, dans le mot, n'était que le *moyen subi* de la déclaration future. »

Depuis que les contacts sont coupés, le flot du vécu charrie les paroles comme elles ont été *reçues*, impénétrables et belles, se disant d'elles-mêmes... A la réception, il n'y a personne, un écho, un choc, la matière sonore et son effet de boomerang, une porte aimable comme une porte de prison ou bien, puisque les mots tintent, une porte à tambour, avec personne pour vous saluer. Entre le tourniquet – ipséité truquée –, le contact coupé et le flot du vécu, nous avons de quoi nous amuser.

Sartre n'aime pas trop les contiguïtés, il préfère les circuits avec conducteurs aux circuits imprimés. Avec ceux-ci le fil est rompu et le pour-autrui n'a plus grand-chose à faire, en circuit fermé on est limité, surtout sans adhérence (à soi) et sans retour. On se souviendra des critiques adressées à Parain, un aller sans retour, bref un pour-autrui malade comme celui de Flaubert – c'est ce que Sartre appelle une *pensée autistique*. Pas moyen de réaliser mon objectivité comme inessentielle, et à la limite, l'Autre n'est plus : condamné à la vie intérieure.

1. *La Transcendance de l'ego*, p. 65.
2. *L'Idiot de la famille*, t. I, p. 913.

A 9 ans, c'est une belle « fixation » ; on comprend mieux les exercices spirituels et l'importance de l'année 1835-1836 dans la formation littéraire de Flaubert. La province est géniale ; Flaubert ne l'a pas encore compris, mais, pour s'en persuader, il faudrait imaginer un Flaubert de banlieue et remplacer le collège par un lycée-caserne. Comment en vouloir à tant d'adversité ? Est-ce une revanche de la ville et des petits messieurs d'Henri-IV ? La ville consomme hardiment la province, et pourtant seul son rêve est de l'engloutir avec elle. Le beau refus de Flaubert à Paris, bibliomane que rien ne retient hors de son fauteuil. A Louise, il tente d'expliquer son infirmité et lui promet de la lui raconter : « Un jour, plus tard... je t'étalerai la longue histoire de ma jeunesse ; *on en ferait un beau livre s'il se trouvait quelqu'un d'assez fort pour l'écrire. Ce ne sera pas moi.* »[1]

Sartre cite la phrase suivante ; nous ne la reprenons pas. *« Ce ne sera pas moi »,* ça nous suffit. L'écrivain n'est pas dupe ; très vite et très tôt (1845) il connaît ses successeurs, dans la préface aux *Dernières Chansons,* le 20 juin 1870, il en reparle, il sait qu'il est une bonne proie, et, à force, nous finissons par l'aimer. « Pourquoi ce roman ? A quoi sert un drame ? Qu'avons-nous besoin ?, etc. Et, au lieu d'entrer dans *l'intention de l'auteur*, de lui faire voir en quoi il a manqué son but et comment il fallait s'y prendre pour l'atteindre, on le chicane sur mille choses en dehors de son sujet, en réclamant toujours le contraire de ce qu'il a voulu... L'étude excessive de ce qui faisait *l'atmosphère* d'un écrivain nous empêche de considérer l'originalité même de son génie. »[2]

De 1835 à 1838, vingt-trois récits sur le dos du Collège ; les désastres, les défaites, les tentations, la nature abandonnée à elle-même, cet immense désordre que reprendront *Saint-Antoine* et *Bouvard* et que chaque événement du monde vient bousculer pour en signer l'impossible survie[3]. L'ardeur de la plume qui, selon

1. *Correspondance*, t. I, p. 346. A Louise Colet, 17 septembre 1846.
2. *Correspondance*, 1869-1880, Conard, p. 445.
3. « Saint Antoine a triomphé du livre Éternel en devenant *le mouvement sans langage de la matière* ; Bouvard et Pécuchet triomphent de tout ce

Sartre, « transformera sa déréalité en irréalisation »[1], et le discours romantique, deux conducteurs en un seul, même travail, même horizon que nous ne cessons de rencontrer au fil de la correspondance : le livre. Essayez de recenser les lectures de Flaubert et vous finirez à la Nationale sans savoir où chercher.

La lecture, travail de toute sa vie, lui donne un corps imaginaire (incarnation), et l'écriture (le graphème) lui fournit de bons *analoga* pour engloutir le décor : être la matière, être un Moi qui palpite. Le Moi, dépouille de l'être, avant son incarnation – « est-ce que j'aime le plaisir ? » (13 novembre 1846) – « Mon intérieur, pauvre vieux, n'est pas plus gai que par le passé » (10 avril 1848). Le Moi qui se tait et est « en soi comme dans sa peau, c'est-à-dire déjà à l'étroit », c'est ce moi que Flaubert cherche à rejoindre et qu'il expose plus tard sans son *Saint-Antoine,* par une vibration, qui coule « dans le temps mort ou l'*entre-temps* qui sépare l'inspiration et l'expiration, la diastole et la systole du cœur battant sourdement contre la paroi de sa propre peau »[2].

L'éveil de la vie et non l'éveil à la vie : sans conscience, sans récurrence, sans retour. Imaginaire ?

« *Antoine, délirant.*

« O bonheur ! Bonheur ! J'ai un maître, la vie, j'ai vu le mouvement commencer. Le sang de mes veines bat si fort qu'il va les rompre. J'ai envie de voler, de nager...

« Vibrer comme le son, briller comme la lumière, me blottir sur toutes les formes, pénétrer chaque atome, descendre jusqu'au fond de la matière – être la matière !... »

Mais ce rêve de la matière, comment l'atteindre ? Et comment inventer sa jeunesse ? Sartre répond. La phy-

qui est étranger au livre et lui résistent, en devenant eux-mêmes le mouvement continu du livre. Le livre ouvert par saint Antoine et d'où se sont envolées toutes les tentations, les deux bonhommes le prolongeront sans terme, sans chimère, sans gourmandise, sans péchés, sans désir » (M. Foucault, cité dans *Flaubert,* Didier, 1970).

1. *L'Idiot de la famille*, t. I, p. 888.
2. Lévinas, *La Substitution*, déjà cité.

sionomie du mot jouera le rôle de l'apparence et le signe celui d'un représentant de l'objet, le temps de donner sa chance à l'image mentale, et tout cela en se forçant, à la trique, pour oublier les murs du collège et la compétition des imbéciles. « Celui qui dépose un chiffre sur une copie est un con » : en exergue, Rouen, 1835 ; Paris, 1968.

Assumer la déréalisation. Novembre 1840. Acteur, l'apparence s'enrichissait au fur et à mesure de ses escouades qui, en se répétant, inondaient le parterre du désir de voir l'oreille écouter l'œil, mais *sine scripto* l'œil déglutit, les mots déposés *scripta manent,* et l'apparence s'hallucine en écoutant l'œil voir l'oreille qui n'entend pas. Tout pour la vision. La satisfaction verbale a trouvé son circuit :

« ... Si le mot résonnant dans sa tête ou vaguement prononcé fait fonction d'hallucinatoire, qu'a-t-il besoin, Gustave, de le faire passer dans sa plume pour le déposer, écrit, sur sa feuille ? La réponse est qu'il veut le *matérialiser* et, tout ensemble, en pousser à fond l'*imaginarisation.* Les vocables qu'il répète dans sa tête et que personne n'entend ressemblent trop à des images, en un sens, pour fournir à la conscience imageante de bons *analoga.*

« Fugitifs, inécoutés, ils glissent et, malgré leur fascinante *altérité,* semblent appartenir au vécu dans sa pure subjectivité. Même quand, dans la solitude, le petit Flaubert les prononce à voix haute, ils sont trop *siens* encore pour s'imposer à son onirisme et le soutenir jusqu'au bout car ils n'existent dans leur actualité sonore que le temps même que sa voix les déclame.

« *Scripta manent.* Certes sa main trace les graphèmes mais ils survivent au mouvement des doigts, s'isolent, se referment sur soi, prennent, dès que l'encre a séché, une existence indépendante, objective. Cela ne se peut faire en effet, même s'il y a subvocalisation, sans que la composante visuelle devienne la dominante, ce qui implique aussitôt la distanciation et la mise en perspective qu'effectue normalement *le regard.* Mais, dans le cas qui nous occupe, la visualisation apparaît nettement comme un enrichissement : ce qui était en moi, sourde vibration sans contours, se donne hors de moi comme un bel objet clos, splendidement matériel et réel, plein de rêves pourtant, sans perdre pour autant, dans ma tête, sa sourde présence sonore. Tout à fait autre, irréductible et toujours plein. Gustave écrit, dans ce moment de sa vie, pour pousser à l'extrême la *satisfaction verbale.* »[1]

La lecture assure la direction pour l'incarnation (onirisme dirigé), l'écriture fournit la vision pour la déréalisation. Personnage irréel pour un monde irréel, délivré au sens transcendantal du terme de son être – « L'être ne se pose plus » (Sartre) –, Flaubert, pas à pas, découvre le Moi, la mort vécue. Plus d'actualité, plus de mouvement, plus de pensée[2], la panne de l'être est totale et le rôle se tient à rideau baissé, sans public. Et si la littérature n'était qu'un mauvais pressentiment ?

Privilège de la vue : Flaubert a chassé le Regard, il empêche la philosophie de rouler, et son Moi, qui l'assomme, brise l'ontologie, casse la Morale ; nous le verrons, c'est trop ! Terrible décélération et quel embarras ! Via Sartre, Flaubert est irrécupérable ; via Nietzsche, il pèche du côté de l'Artiste mais il est sauvé par la bêtise (Deleuze) ou son anti-humanisme (Foucault : *La Bibliothèque fantastique*) via Lévinas (suggestion : son Moi le sauve, mais son éthique pâlit).

Conduite optative : « ... les vocables sont si riches qu'ils comblent le souhait (irréellement) quand ils ne prétendent que l'exprimer : un désir s'expose en façonnant une matière réelle et par cette matière irréellement s'assouvit. Inde ! Cap ! Calcutta ! Constantinople ! Andalousie ! Gualdaquivir ! *La beauté visuelle* de ces mots sert d'*analogon* à la beauté des villes et des sites qu'ils désignent : mieux, ils la ramassent et la totalisent irréellement dans leur simple physionomie[3].

1. *L'Idiot de la famille*, t. I, p. 926.

2. En écrivant *Madame Bovary*, il dit : « La phrase me grise et je perds de vue l'idée. » Normal ?

3. *L'Idiot de la famille*, t. I, p. 927.

Faux désir : rétablissement de la vérité

FLAUBERT	SARTRE
« Où irai-je la terre est grande, J'épuiserai tous les chemins, je viderai tous les horizons ; puissé-je périr en doublant le Cap, mourir du choléra à Calcutta ou de la peste à Constantinople ! »[1]	« Je veux périr mais dans la gloire, à Calcutta, à Constantinople, etc. Telle serait la formulation correcte de ton souhait... Du reste dans la même page, il choisit aussi la vie... L'essentiel n'est donc point de trépasser, mais d'être *un autre...* appartenir au paysage. »[2]

De ce point de vue et *dans le moment qu'il l'exprime*, le désir de mort est un *faux désir* : il y a même une contradiction entre le choix suicidaire... et la nomenclature des postes de décès. C'est que l'opinion affichée en dissimule une autre... qui, elle-même, est déterminée par le désir profond de faire naître un mot, « assouvissement »[3].

Des contes, encore des contes, tissu d'événements chimériques et frivoles (Diderot), comment parler de jeunesse ? Une bête à dresser, un chien crevé qu'on laisse choir, le culte de la jeunesse col-à-franchir va de pair avec celui des générations. Tous deux font d'une apparente insoumission au temps, la plus grande des soumissions à la mémoire de la mort – rendre un TON, « cette couleur de moisissure de l'existence des cloportes », dira l'écrivain[4], laquelle n'est pas uniquement point de vue *sur* des personnages (rejet du typique, vérité en acte (selon Diderot) mais la forme de l'idée vouée à la contrainte de la vie, par l'autre mort qui ne se dit pas, et qui résume le

1. *Novembre*, premiers romans, *Œuvres complètes 1*, Le Seuil, « L'Intégrale », 1964, p. 272.
2. *L'Idiot de la famille*, t. I, p. 927-928.
3. *Ibid.*, p. 928.
4. Cité par J.-B. Pontalis, *Après Freud, la maladie de Flaubert*, NRF, 1968, p. 288-289.

dit à sa non-dispersion présumée par l'Art de ne pas mourir à la vie. *Novembre* exprime l'infini en acte mais illusoire, la première *Éducation,* le transfini.

Dans *Novembre,* Flaubert se vide, le fiel de la transition et de la morne jeunesse sont à bout de souffle, l'horreur de prendre un état fait de lui un bouche-trou probable de la société et la « profession lui apparaît finalement comme sa vérité inéluctable »[1]. La peur de l'avenir entre 1838 et 1844 est sa vérité fondamentale : « Il doit se donner un statut irréel par un acte et puisque ce ne peut être présentement l'écriture, trouver le moyen radical de faire instituer par tous son irréalité. »[2]

Il s'agit pour lui de nier la structure ek-statique du temps en refusant toute activité[3]. Tuer le temps devient son activité principale. Corps et décor sont déréalisés mais le Réel pénètre encore dans l'entrebâillement de la porte. Après la chute, merveilleusement décrite par Sartre, il peut *déréaliser d'événement* quotidien d'abord, puis historique, et se consacrer à la littérature, il reprend le personnage de Jules ; le changement de ton dans la correspondance est frappant. Plus rien, ou presque, ne l'atteint. Sartre, bien sûr, relève cette phrase du 7 avril 1846 à Maxime du Camp : « Mes derniers malheurs m'ont attristé mais ne m'ont pas étonné. Sans rien ôter de la sensation, je les ai analysés en artiste. »[4] C'est le début de la « difficulté artiste » ; le 17 septembre 1846, à la suite de la phrase que nous annoncions, il écrit à Louise Colet : « J'ai perdu déjà beaucoup, à 15 ans, j'avais certes plus d'imagination que je n'en ai. » Les jeunes années sont définies, il ne dira rien d'autre, le souvenir d'enfance est un mythe littéraire, après la chute qu'il analyse fort précisément, il ne songe qu'à travailler, la mort du père, puis celle de sa sœur ne l'affectent guère, il est irrité. Il relit *Novembre* ; avec ironie, il se contemple dérisoirement.

1. *L'Idiot de la famille,* t. II, p. 1638.
2. *Ibid.,* p. 1642.
3. *Ibid.,* p. 1654.
4. *Correspondance,* t. I, p. 261.

Citons cet autre passage du 7 avril 1846 et concluons sur l'artiste :

« As-tu réfléchi combien nous sommes organisés pour le malheur ? On s'évanouit dans la volupté, jamais dans la peine. Les larmes sont pour le cœur ce que l'eau est pour les poissons. Je suis résigné à tout, prêt à tout, j'ai serré toutes mes voiles et j'attends le grain, le dos tourné au vent et la tête sur ma poitrine. On dit que les gens religieux endurent mieux que nous les maux d'ici-bas, mais l'homme convaincu de sa grande harmonie, *celui qui espère le néant de son corps en même temps que son âme*, retournera dormir au sein du grand pour animer peut-être le corps des panthères ou briller dans les étoiles, celui-là non plus n'est pas tourmenté. On a trop vanté le bonheur mystique... Je crois que *le dogme d'une vie future* a été inventé par la peur de la mort ou l'envie de lui rattraper quelque chose.

« C'est hier que l'on a baptisé ma nièce. L'enfant, les assistants, moi, le curé lui-même qui venait de dîner et était empourpré ne comprenaient pas plus l'un que l'autre ce qu'ils faisaient. En contemplant tous ces symboles insignifiants pour nous, je me faisais l'effet d'assister à quelque cérémonie d'une religion lointaine, exhumée de sa poussière. C'était bien simple et bien connu et pourtant je n'en revenais pas d'étonnement, le prêtre marmonnait au galop un latin qu'il n'entendait pas... Ce qu'il y avait de plus intelligent à coup sûr, c'était *les pierres* qui avaient autrefois compris tout cela et qui peut-être en avaient retenu quelque chose. »[1]

Si personne ne comprend rien et qu'à tout prendre Flaubert préfère le bonheur des pierres au décorum de cette misérable scène, il ne peut s'arracher au tableau et le parler sans « déréaliser l'événement »[2] ; mais cette déréalisation de l'actuel ne peut avoir lieu que s'il utilise son étonnement au profit d'une « stupeur qu'il produit »[3] tout en la subissant : « ses regards vont d'un pilier à l'autre, d'une ogive à l'autre, de la nef aux vitraux,

1. *Ibid.*, p. 262.
2. *L'Idiot de la famille*, t. II, p. 1945.
3. *Ibid.*, p. 1948.

pendant que ses oreilles sont remplies d'un bas latin marmonné, et il se détermine à saisir la nerveuse élégance de l'ensemble *comme intelligence* ou, si l'on préfère, il supprime les constructeurs et fait intérioriser par la pierre leur sens subtil des proportions, de l'équilibre et du mouvement. »[1] Gustave prend Roquentin à revers, et au moment où celui-ci voudrait « chasser l'existence » hors de lui, « vider les *instants* de leur graisse »[2], il saisit les vestiges et les colonnes et les remplit de ce qui, chez eux, manifestent leur « stéréotypie », et cela, au profit de la « joie perverse d'éterniser la temporisation »[3].

Il préserve l'œil, mais comme il a mis le regard à la porte, et que l'autre est déjà en lui, il n'a pas besoin de le rencontrer. L'épreuve concrète de la structure Autrui, Flaubert l'a mise hors d'usage, et ce pour un meilleur usage de la vue.

En effet, Flaubert comprend qu'il lui faut trouver une langue aussi intelligente que ces pierres mémorables, une langue qui recueille la totalité du passé dans la répétition dérisoire d'une cérémonie sans lendemain, une langue qui dira *la* cérémonie et « dont le but profond est de mettre *l'être entre parenthèses* »[4] de façon à discréditer la vision perceptive au bénéfice d'une vision imageante et irréelle : « Tel est le choix de Jules : la condition nécessaire pour devenir artiste, c'est de rêver sa mémoire et d'imaginer sa perception. »[5]

Mais ces observations seraient incomplètes si elles n'intégraient pas l'image au procès de néantisation de la conscience et si elles ne renvoyaient pas en profondeur à l'oubli de vivre comme totalisation permanente du vécu ; il s'agit alors de « disqualifier l'être en le traitant comme un parasite de l'image... dans ce cas, *l'imaginaire n'est même plus une illusion* : c'est le non-être d'une apparence qui se refuse même à l'évocation... »[6].

Ce qui intéresse Sartre dans ce renversement de la

1. *Ibid.*
2. J.-P. Sartre, *Œuvres romanesques*, Gallimard, « La Pléiade », p. 206.
3. *L'Idiot de la famille*, t. II, p. 1949.
4. *Ibid.*, p. 1949.
5. *Ibid.*, p. 1942.
6. *Ibid.*, p. 1959.

table des valeurs, c'est qu'il ne peut se faire que dans l'Absolu : par l'irréalisation du langage et de l'Artiste. Les frontières de l'intérieur et de l'extérieur étant brouillées, Jules ne peut se tenir qu'en dehors d' « une totalisation effectuée » par la mémoire, le passé, ou l'éternité. Mais cette infinie répétition ne prendra son sens véritable que le jour où l'imaginarité du langage sera complète.

De 1838 à 1844, Flaubert met au point l'effondrement du décor, la mémoire des pierres, mais il ne sait pas encore quels sentiments donner à des êtres effectués du dehors et soumis à la pulsion sélective de leur auteur.

De 1845 à 1847, Flaubert doute à nouveau, il écrit des lettres qui ont « tendance à dévaloriser l'Art lui-même »[1] ; entre l'Art absolu et l'ascèse déréalisante, il ne sait pas encore comment se passer des pierres, il hésite encore à pénétrer au cœur du tableau, il a du mal à ne pas s'y mettre. Mais les échecs aidant, il comprend que l'art et l'ascèse sont une seule et même chose, il les rejoint tous deux par le travail littéraire, quotidien, lancinant, besogneux et terne. Le bourgeois a eu raison de l'artiste et la valeur-travail de la littérature est sauve. Mais pour se donner complètement à ce nouveau statut, il lui faut, cette fois-ci, disparaître entièrement :

« Pour vivre, je ne dis pas heureux... mais tranquille, il faut se créer en dehors de l'existence visible, commune et générale à tous, une autre existence interne et inaccessible à ce qui rentre dans le domaine du contingent... »[2]

Il n'y a rien à subir à l'exception des mots et des phrases ; la voyance du langage, c'est cette possibilité permanente de décrocher par la « transmutation méthodique et immédiate de l'expérience »[3], en une présence imaginaire que l'on maintient en se forçant – en équilibre –, dans l'image menacée mais certaine qui néantit doublement le Réel en le forçant à se donner tout entier, simultanément et sans idée de succession, ni d'ek-stases temporelles ; de façon à gratifier l'apparence

1. *Ibid.*, p. 2057.

2. *Correspondance I*, Gallimard, « La Pléiade », p. 271. A Emmanuel Vasse de Saint-Ouen, 4 juin 1846.

3. *Ibid.*, p. 1970.

d'un être qu'elle n'a pas, de façon à rabattre l'idée à même la chair et le décor en jouant de leur dépouillement par l'abolition réciproque de l'une par l'autre. Faire venir sur la page l'attente du visuel, la ressemblance cadavérique et l'être de l'apparence, bref donner à la littérature le savoir bondé de la photographie.

« Équilibre entre les milieux et les âmes » (Thibaudet), la technique du tableau sera ce décor retravaillé. Faire se succéder les tableaux mais ne pas se soumettre à la progression du Récit : mon auberge, mes comices, ma Bovary ! Faire parler la matière, les milieux et les ombres en accord parfait avec les sentiments, les émotions avec les paysages, les porcs assoupis et la jubilation des visages, les bouches de la multitude et les sympathies les plus pures (la scène des comices agricoles). Aucun élément du tableau, pas même les pierres, ne devra échapper à l'insuffisance générale de la réalité, au trop plein des êtres et des choses.

L'Artiste est devenu écrivain.

C / *Saint Julien l'Hospitalier*

« L'art quel qu'il soit définit sa propre histoire par la finitude. »[1]

« Tout en crachant et toussant au coin de mon feu, je rumine ma jeunesse. Je songe à tous *mes* morts, je me roule dans le noir ! Est-ce le résultat de trop d'activité depuis huit mois, ou l'absence radicale de l'élément femme dans ma vie, mais je ne me suis jamais senti plus abandonné, plus vide et plus meurtri. Ce que vous me dites de vos chères petites m'a remué jusqu'au fond de l'âme ! Pourquoi n'ai-je pas cela ! J'étais né avec toutes les tendresses ! Pourtant. Mais on ne fait pas sa destinée. On la subit ! J'ai été lâche dans ma jeunesse. *J'ai eu peur* de la vie ! Tout se paye. »[2]

1. *L'Idiot de la famille*, t. III, p. 438.
2. *Correspondance Flaubert-Sand*, p. 454, lettre du 28 février 1874, samedi soir, Paris.

A la violence du propos sartrien dans *L'Idiot de la famille*, il faudrait ajouter son manque de délicatesse ou de gentillesse vis-à-vis de son modèle, non pas pour se défendre de l'indiscrétion qu'elle renferme, ou pour prétendre à plus de tolérance timide face à cette humanité dégradée – car l'indélicatesse en question, nous sommes prévenus dès le début du livre, tire sa méditation d'une empathie reconnue comme étant « la seule attitude requise pour comprendre » –, mais pour dessiller nos yeux d'une lecture dont nous avons dit dans notre avant-propos qu'elle était épuisante.

Sartre justifie son empathie et nous prévient que, s'il écrit sur Flaubert, ce n'est point par goût de la confidence mais parce que le « créateur du roman moderne est au carrefour de tous nos problèmes littéraires d'aujourd'hui »[1] ; c'est donc à partir de cette exigence que nous devons traduire nos sentiments de lecteur et non à partir des sentiments de Sartre, si nous voulons troquer nos réserves contre des éclaircissements.

Ces réserves ne concernent pas le *Flaubert* en particulier mais le thème général de l'analyse du postromantisme et de la génération de 1840. Lorsque Jean Whal étudie *Tête d'or* de Claudel et qu'il tente d'éclairer ce drame par l'Art poétique du poète, il prend soin de ne pas brusquer la pensée de ce dernier et de ne pas exagérer les influences[2], de laisser parler le sourd, le muet qui est en nous ; il cherche à élargir la philosophie en la confrontant à une manière de penser non-philosophique, il n'épuise pas le texte de Claudel, ni le sens de sa démarche confrontée à celle de Valéry ou de Proust, il ne croit pas aux générations, ne cherche pas à rompre les amarres d'une génération à l'autre par des rites de passage par trop voyants.

Le meilleur du livre de Sartre se trouve dans l'analyse qu'il fait de la correspondance de Flaubert, dans ce qu'il nous dévoile du style, de la mort, de la finitude ; le plus faible se trouve dans des notions comme : auto-

1. T. I, p. 8.
2. Jean Whal, *Défense et élargissement de la philosophie ; le recours aux poètes*, CDU, 1966.

nomie de la littérature, Art pour l'Art, féminisation de la littérature, échec de l'artiste, échec de l'œuvre, conduite d'échec, etc. Autant de notions qui, à se situer au-dessus de la langue, ne nous renseignent nullement sur les différences réelles entre Flaubert, Maupassant ou les Goncourt. Certes, ces mots fabriqués n'ont rien d'une invention formelle, ils sont des « reprint » et des alcarazas où nos auteurs viennent se rafraîchir, mais si Flaubert est vraiment au carrefour du roman moderne, en quoi sont-ils de bons opérateurs pour nous aider à comprendre la difficulté qu'il y a à écrire un roman aujourd'hui ? La maladie des générations (l'Art absolu en est une), c'est de vouloir correspondre à ce qu'elles proposent d'être, c'est de matérialiser ses échecs ou ses victoires comme étant ses échecs ou ses victoires. En voulant proférer un itinéraire, parier sur un avenir, les générations s'enchaînent et s'imposent spontanément une mobilité qui tranche, là où il n'y a que tension évanouissante et mobilité dispersive, c'est-à-dire non assujettie aux exigences de l'époque. Une génération qui se donne comme le pur miroir de son devenir ne renseigne en rien sur ce devenir lui-même.

L'Art absolu ne nous en dit pas plus que les fables passagères de l'encombrement militant post-soixante-huitard. Vouloir attendre des faits historiques la résolution des énigmes antérieures, c'est se livrer tout entier au récit de l'histoire et refuser la longue durée[1]. Certes Sartre part de l'événement, d'un cas concret historiquement situé, mais tout irait mieux « si le sablier était renversé dans les deux sens – de l'événement à la structure – puis des structures et des modèles à l'événement »[2].

Pour que le modèle de Sartre fût encore plus opérant, il eût fallu le soumettre à un « temps ralenti... à la limite du mouvant »[3] de façon à désengluer le postromantisme de sa révolution manquée. Car l'importance

1. « La longue durée n'est qu'une des possibilités de langage commun en vue d'une confrontation des sciences sociales » (F. Braudel, *Écrits sur l'Histoire*, Flammarion, 1969, p. 81).

2. *Ibid.*, p. 80.

3. *Ibid.*, p. 54.

qu'il donne au Parnasse et à Leconte de Lisle, au socialisme prophétique des années 1840, est trop sélective et pas assez impartiale pour être opératoire.

Au demeurant, ces réserves sont minimes, mais elles nous révèlent la marque majeure de l'ouvrage : vouloir précipiter le bilan. Un article de Sartre écrit en 1970 (« Le socialisme qui venait du froid »), préface à *Trois générations d'Antonin Liehm,* produit cette même impression ; l'événement, ici l'échec du Printemps de Prague, est prétexte au bilan, mais celui-ci n'aide aucunement à la relecture de l'événement, il est produit pour avancer, pour « liquider les vieilles structures ossifiées »[1], pour se donner de l'air, comme si l'événement (les chars, ce n'est pas rien) était au service d'une pensée en mouvement, de son trouble même, nourrissant de son fracas étourdissant les mixtes du Réel et de l'Idée, dans l'attente d'un autre événement et de nouveaux débats. Or, ce qui peut se comprendre sous cette forme journalistique est inconvenant pour la critique littéraire qui a tout intérêt à se mettre à l'école de la longue durée et de l'exhaustivité. Surtout si elle prétend se substituer à l'histoire littéraire et à la critique génétique.

L'objectif de Sartre n'est pas le temps ralenti mais la précipitation. « Flaubert représente, pour moi, l'opposé exact de ma propre conception de la littérature : un désengagement total et la recherche d'un idéal formel qui n'est pas du tout le mien », déclare-t-il en janvier 1970. Flaubert « est » l'imaginaire. Il convient donc de thématiser ce choix et de lui donner un contenu philosophique, « parce qu'au fond, le sens de la philosophie, tel que je le comprends – qui n'est ni celui de l'anthropologie, ni celui de deux types de connaissance de l'homme, ni même celui de l'Histoire – c'est de rejoindre le plus possible, par approximation rationnelle, le niveau d'universel concret qui nous est donné dans la prose »[2]. Or, ce niveau passe par une « approche de l'image ». Dans le livre de 1940, Sartre a recours à un

1. *Trois générations. Entretiens sur le phénomène culturel tchécoslovaque,* par Antonin Liehm, Gallimard, 1970.

2. *« Situations IX »,* Guillot, décembre 1965 ; Gallimard, 1992.

vocabulaire on ne peut plus pathologique pour nommer la fatigue de l'Image irréelle ; elle demande, écrit-il, une « dépense nerveuse considérable ». Je puis m'amuser à produire un cortège d'images mais il n'aura jamais la continuité d'un acte, « il y aura forcément des trous »[1]. L'image mentale est une synthèse d'intériorité, nous l'avons vu, la chute de Pont-l'Évêque réussit également une totalisation en intériorité, elle est le choix de l'Imaginaire qui est un univers fatal irréversible, ce qui ne l'empêche pas d'avoir tous les avantages d'un *acting out*. Le réel n'est jamais beau et à trop s'y frotter on finit par s'y embourber. L'image mentale me déçoit quand je la quitte et le réel m'étouffe si je m'y attarde trop. Mais le tourniquet chez Flaubert bouche les trous, il est la structure profonde du choix de l'Irréel.

Mais que dire de l'agent pratique, du pour-soi affirmatif ? Pour lui, il y a passage constant de l'attitude imageante à l'attitude réalisante, à la fin de *L'Imaginaire* Sartre écoute la VIIe Symphonie de Beethoven : je l'écoute, écrit-il, mais elle est absente, l'exécution est *analogon*, mais la musique, elle, est hors de l'existence, c'est un « rêve provoqué » et le retour au réel « authentique réveil »[2]. L'exemple ne convainc guère mais il est la preuve que l'*Irréel* est toujours le *double néant* : « néant de soi-même par rapport au monde, néant du monde par rapport à soi »[3]. Écrasé par nos préoccupations quotidiennes, l'imaginaire représente à « *chaque instant* le sens implicite du Réel », il vient nous renforcer ou nous abriter, il sait s'imposer, vide et puissant, pour nous soustraire du poids écrasant de nos responsabilités, il est un attribut du cogito comme pouvoir de douter et force libératrice de notre libre arbitre.

Hors du monde, il y a des degrés d'irréalité qu'on ne saurait nier. L'objet esthétique peut décevoir, il gardera toutefois un peu de cette forme pure, hors du temps, qui nous a comblé. Mais si je m'épuise à faire revivre un objet irréel, un amour absent et oublié par exemple, je

1. *Ibid.*, p. 260.
2. *Ibid.*, p. 371.
3. *Ibid.*, p. 357.

serai ému par défaut, il manquera à cette image-souvenir la « part de *passivité* qui fait la richesse des sentiments qui constituent le réel »[1]. L'image ne me dira jamais : emporte-moi, emmène-moi, ou fais de moi tout ce que tu voudras.

Ici, le réel s'invente, sous mes yeux, par excès ; précédemment, je m'emplissais d'une forme vide.

Le Réel n'est jamais beau mais il surprend. On le voit, le dosage n'est pas évident. Vivre dans l'Imaginaire, c'est se mettre à l'écart des imprévus, « avoir peur de la vie » (Flaubert) ; vivre dans le réel, c'est être incapable de douter du monde, telle une conscience bornée, enlisée, stupide. Vivre dans l'Imaginaire *et* dans le Réel, c'est se conformer à l'ordre du monde, savoir glisser de l'un à l'autre, sans pour autant les confondre ; en relisant la page finale de *L'Imaginaire*, nous vérifierons en quoi ce livre est bien le début de *L'Idiot de la famille* :

« De ces quelques remarques, on peut déjà conclure que le réel n'est jamais beau. La beauté est une valeur qui ne saurait jamais s'appliquer qu'à l'imaginaire et qui comporte la néantisation du monde dans sa structure essentielle. *C'est pourquoi il est stupide de confondre la morale et l'esthétique.* Les valeurs du Bien supposent l'être-dans-le-monde, elles visent les conduites dans le réel et sont soumises d'abord à l'absurdité essentielle de l'existence. *Dire que l'on "prend" devant la vie une attitude esthétique, c'est confondre constamment le réel et l'imaginaire.* Il arrive cependant que nous prenions l'attitude de contemplation esthétique en face d'événements ou d'objets réels. En ce cas, chacun peut constater en soi une sorte de recul par rapport à l'objet contemplé qui glisse lui-même dans le néant. C'est que, à partir de ce moment, il n'est plus PERÇU ; il fonctionne comme *analogon* de lui-même, c'est-à-dire qu'une image irréelle de ce qu'il est se manifeste pour nous à travers sa présence actuelle. Cette image peut être purement et simplement l'objet "lui-même" neutralisé, néantisé, comme lorsque je contemple une belle femme ou la mise à mort dans une course de taureaux ;

1. *Ibid.*, p. 270.

elle peut être aussi l'apparition imparfaite et brouillée de ce qu'il pourrait être à travers ce qu'il est, comme lorsque le peintre saisit l'harmonie de deux couleurs plus violentes, plus vives, à travers les tâches réelles qu'il rencontre sur un mur. Du même coup, l'objet se donnant comme derrière lui-même, devient intouchable, il est hors de notre portée ; de là une sorte de désintérêt douloureux par rapport à lui. c'est en ce sens que l'on peut dire : l'extrême beauté d'une femme tue le désir qu'on a d'elle. En effet, nous ne pouvons à la fois nous placer sur le plan esthétique où paraît cet "elle-même" irréel que nous admirons et sur le plan réalisant de la possession physique. Pour la désirer, il faudra oublier qu'elle est belle, car le désir est une plongée au cœur de l'existence dans ce qu'elle a de plus contingent et de plus absurde. La contemplation esthétique des objets réels est de même structure que la paramnésie dans laquelle l'objet réel fonctionne comme *analogon* de lui-même au passé. Mais, dans l'un des cas, il y a néantisation, et dans l'autre, passéification ? La paramnésie diffère de l'attitude esthétique comme la mémoire diffère de l'imagination. »

Flaubert est cette confusion. Face au texte de l'écrivain, nous nous sentons maigrelet, nous sentons bien que ce que nous avons dit du *privilège de la vue* est bien rapide, mais nous devons nous tenir à notre plan et au choix volontaire de ses éclipses. Dans ce sens, ce qu'il importe à Sartre de montrer, c'est qu'à partir de 1844 Flaubert ne changera plus ; aussi, lorsque le revers de fortune viendra, et que déjà il se survit après la capitulation de Sedan, l'imaginaire est broyé et l'écrivain se heurte au *souci*. Le 22 septembre 1875, dans sa chambre d'hôtel, à Concarneau, Flaubert se remet à écrire et travaille au plan de la *Légende de saint Julien* qu'il achève en une dizaine de jours. A la mi-février, l'œuvre est achevée. Son exécution aura demandé quatre mois. C'est alors que, *« réel, il contemple le rêve qu'il fut du point de vue de la réalité »*. En 1844, ce qu'il cherche, c'est un abri pour écrire. En 1875, « c'est sa vie qu'il raconte ».

A présent, écrit Sartre, Flaubert vaut ce qu'il vaut, tentative maladroite pour s'aimer, le baiser au lépreux, à la fin du conte, et le « J'ai tant travaillé ! » dans une lettre de la même époque ; c'est Flaubert embarrassé de lui-même s'affaissant lentement vers la mort.

Flaubert-Célinien rêve d'achever *D'un château l'autre* revu et corrigé par l'auteur de *La Plaisanterie* : « On vivait, je le répète, sous le règne d'une félicité grave... »[1] On vivait, je le répète, sous le règne d'une « irrépressible gaieté » ; trois mois sur douze, à Paris, on se délectait de ce rêve éveillé et de cette noblesse bidon : « La vie est en soi quelque chose de si triste qu'elle n'est pas supportable *sans de grands allégements,* que sera-ce donc quand elle va être froide et dénudée ! *Ce Paris que nous avons aimé n'existera plus* » (28 octobre 1870)[2]. Il pense alors à un scénario : « Sous Napoléon III », il en parle à Zola ; pour la première fois de sa vie, il veut écrire un livre qui soit « le réveil du langage »[3], un authentique bilan, et partir avec lui...

Journal d'Edmond de Goncourt, 31 janvier 1876 : Flaubert et Zola :

« — Mais vous, Flaubert, pourquoi ne faites-vous pas quelque chose sur le temps ?...

« — Pourquoi ? Parce qu'il faudrait avoir trouvé la forme et la manière de s'en servir... Et puis, maintenant, je suis une bedolle !... »[4]

« La vérité, c'est qu'il se *sent mourir...* »[5]

Se servir de son temps ? Exhaler quelque chose de son dégoût ? Il faut être deux :

« Le contraire de M. Teste, qui serait à *Bouvard* et *Pécuchet* ce qu'est l'*Hérodiade* de Mallarmé à *Salammbô.* »[6] Après l'honorable critique des *Trois contes* (1877), Flaubert se remet aussitôt à *Bouvard* et *Pécuchet* ; le 7 avril 1880, il écrit : « Il est temps que la fin de mon livre arrive, sinon ce sera la mienne » ; son dernier

1. Kundera, *La Plaisanterie*, NRF, 1968-1969, puis « Folio ».
2. Cité par Sartre, t. III, p. 521 ; cf. également, p. 532 : chez Mathilde, « Flaubert venait jouer le rôle d'un grand écrivain recruté par la noblesse ».
3. *Ibid.*, t. III, p. 648.
4. *Ibid.*, p. 657.
5. *Ibid.*, p. 661.
6. A. Thibaudet, p. 215.

chapitre *« roule »* mais « pas de drame, pas d'intrigue, *pas de milieu* intéressant », précise-t-il à Mme Roger des Genettes, le 18 avril 1880. Trois semaines plus tard, il s'écroule brusquement dans sa bibliothèque de Croisset.

Les deux copistes le regardent et, sans le voir, se remettent à la tâche ; sur la page qu'ils recopient, on peut lire ceci :

« Oui, c'est bien lui, le cher vivant, mais c'est tout de même plus que lui, il est plus beau, plus imposant, déjà monumental et si absolument lui-même qu'il est comme *doublé* par soi, uni à la solennelle impersonnalité de soi, par la ressemblance et par l'image...

« Mais à quoi ressemble-t-il ? A rien... Tout homme, aux rares instants où il montre une similitude avec lui-même, nous semble seulement plus lointain, proche d'une dangereuse région neutre, *égaré en soi*, et comme son propre revenant, n'ayant déjà plus d'autre vie que celle du retour. »[1]

Oui, c'est bien lui, le cher vivant, menacé de permanence dans l'étroit goulet de son immortalité. Étroit, si l'on professe que le style de la mort et les frissons de l'Artiste ne sont que des « humiliations ruminées »[2] pour s'assurer une gloire posthume où se rassemble l'oraison du livre. Étroit, si la mort qui n'est rien pour nous vient se nommer en exergue d'une gloire immortelle pour accomplir, sous nos yeux, la nécessité de la vie contre la mort et pour la mort, dans un même mouvement de réappropriation de ce qui de la vie s'est dégradé par la mort dans l'étroitesse d'une survie, qui s'ajoute à la mort afin de faire venir la NON-VIE dans la vie, mais dont la mort ne tire aucun effet, sinon celui de la vie disparue dans la vie. Chez Sartre, cela est impossible, jamais la vie ne se hausse et ne se mesure à l'au-delà de la mort, puisque la mort ne se découvre jamais à la vie, sinon sous la forme d'une sauvegarde ou limite impensable de mes possibilités.

1. M. Blanchot, *L'Espace littéraire,* p. 351.

2. J.-P. Sartre, *Préface au traître de Gorz*, p. 11. Cette page est une allusion directe à Flaubert.

Ainsi le pouvoir de Flaubert de continuer son Bouvard *et* son Pécuchet n'est-il pas pour Sartre que le versant final de sa survie, laquelle, en abolissant la contrainte de l'œuvre, nous entraîne au seuil de la mort vécue dans les couloirs de la vie qui se révèlent être la vie enfin retrouvée, la vraie vie démasquée, saisie en extériorité mais sans aucune éventualité de salut ? La finitude arrête le mouvement et légitime la supériorité inéluctable des vivants sur les morts qui certes reconnaissent leur part de responsabilité sur ces derniers mais complètent à leur façon le programme de chaque vie finie en conclusion d'une mort inévitable, et ce, *incognito*.

On peut dire alors, avec P. Verstraeten, que la notion de *programme de vie*, telle qu'elle est exposée dans le tome III de *L'Idiot de la famille,* anime, conjointement à l'étude de la mort sociale de Flaubert, la réflexion de Sartre sur sa propre survie[1].

Que chaque époque se fasse en fonction d'un continuum historique dont les générations perpétuent – justement – des solutions de continuité, ne signifie pas pour autant que le problème des générations puisse être pensable. Car, écrit Sartre, « l'humanité n'est pas et ne répond diachroniquement à aucun concept », seule existe une série infinie dont la loi « est la récurrence définie précisément par ces termes : *l'homme est le fils de l'homme* »[2]. L'histoire est pourtant finie parce que ses agents « la font dans la perspective de sa finitude et de la leur », en sorte, conclut Sartre, « que l'entreprise d'une vie se définit contre la mort et par elle ». Étant entendu qu'il y a une irréductibilité idiosyncrasique au niveau du régime de chaque individu (durée, rythme), cette irréductibilité « ne peut cependant se produire dans le cadre d'une unité d'orientation des deux séquences, la séquence historique de la temporalité et la micro-temporalisation individuelle »[3]. Le problème est de

1. P. Verstraeten, *Rapport à la névrose objective,* in *Autour de J.-P. Sartre,* NRF, 1981, p. 48.
2. *L'Idiot de la famille,* t. III, p. 437.
3. P. Verstraeten, *op. cit.,* NRF, 1981, p. 48.

savoir dans quelle mesure l'Esprit objectif doit « forcément trouver son esprit subjectif, c'est-à-dire son individualité adéquate »[1].

Le sens de l'irréductibilité est donc d'introduire par-delà la succession des générations « un principe de contradiction dans l'unité séquentielle du Tout, contradiction qui, tout en appartenant au Tout, en constitue un principe d'extase éclatée, à la fois même et autre »[2]. On dira que chaque vie résume l'époque dans son programme, dans la mesure même où ce dernier possède son propre régime temporel, sa durée qui sécrètent ses propres dispositions à « répondre à sa manière aux transformations du débit historique »[3].

De Flaubert, et dans cette perspective, Sartre dit que sa révolution de Février a eu lieu en janvier 1844, au moment où l'écrivain réclame prophétiquement la société du Second Empire et réalise avant elle l'imaginaire d'une société qui sera le « rêve éveillé de la bourgeoisie de 1850 ». L'Empire terminé, Flaubert se survit et contemple héroïquement les reliquats d'une finitude qu'il sait forcément double : la sienne et celle de l'Époque.

Qu'une personne puisse se survivre, voilà bien pour Sartre le non-sens qui rutile en chaque programme de vie. Il est évident, dit Sartre, qu'on meurt trop tôt ou trop tard. Le trop tard « marque la finitude de l'entreprise, ce qui ne signifie pas la date de son achèvement, mais bien plutôt le moment où l'époque cessera de la soutenir »[4].

Ces phrases surprennent par leur calme assurance. Nous y retrouvons le ton de la « Prière pour le bon usage de Genet ». On se souvient de cette phrase célèbre : vous serez le Boukharine ou le Genet, « Boukharine ou notre volonté d'être ensemble poussée jusqu'au martyr, Genet ou notre solitude poussée jusqu'à la passion ». Derrière l'orgueil des mots, Sartre avait pres-

1. *Ibid.*
2. *Ibid.*, p. 42.
3. *L'Idiot de la famille*, t. III, p. 442.
4. *Ibid.*, p. 435.

senti la froide torture de l'être-avec, et sans le vouloir, mais en l'affirmant hautement, il prophétisait, à son tour, une part de son destin : toujours libre mais jamais seul. Ce n'est pas son moindre mérite que de n'avoir jamais voulu refermer la boucle, et ce jusque dans l'illusion sereine d'une vie qui ne finirait pas trop tôt, à l'exclusion d'une vie qui s'en irait dans l'au-delà, telle la mort rêvée de Julien :

« Alors le lépreux l'étreignit ; et ses yeux tout à coup prirent une clarté d'étoiles ; ses cheveux s'allongèrent comme les rais du soleil, le souffle de ses narines avait la douceur des roses ; un nuage d'encens s'éleva du foyer, les flots chantaient. Cependant, une abondance de délices, une joie surhumaine descendait comme une inondation dans l'âme de Julien pâmée..., etc. » (Flaubert).

Chapitre III

Adieu

« Comment expliquer que l'idée, commune à tous, de *l'Art pur*, ait produit chez lui *ces œuvres* ? C'est ce que nous tenterons de décider en relisant *Madame Bovary*[1].

Par ces mots, s'achève le tome III de *L'Idiot de la famille*. Livre ambitieux dont nous avons essayé de rendre compte et qui répond scrupuleusement au projet que s'était fixé Sartre : ramener le style marmoréen, colossal, pur, spectaculaire de Flaubert sur le terrain de la répétition, des accumulations et des significations faites, montrer que la contrainte du style, bien loin de s'aiguiser dans le sommeil lent de la patience, est une invention fautive, destructrice, inutile.

Inutile, car la *destruction imaginaire* que Sartre met en relief à la fin de son étude impose sa terminaison au ROMAN de l'imagination en apportant une solution définitive au rapport tendu et manifeste de Flaubert au réel-Bourgeois. La bourgeoisie pourfendue, c'est l'Artiste tirant la couverture à son profit et faisant feu de tout bois pour refiler à l'Autre « l'image pour son inefficacité », des phrases qui « s'effritent en mots », des mots moignons, sans membres, des périodes à la lecture desquelles le lecteur s'englue. Et pourtant, nous le savons, nous n'aurons pas d'étude détaillée, appliquée, telle celle de Thibaudet, à propos du style de Flaubert. Ce que nous lisons dans *L'Idiot de la famille*, c'est un affaissement de la crise du langage, une vision qui a son poids, et dont on pourrait dire, en gros, qu'elle stipule *a priori* que

1. *L'Idiot de la famille*, t. III, p. 665.

Flaubert s'est fourvoyé dans l'Inarticulable, puisque chez lui les significations, au lieu d'être le produit d'une histoire et d'un désir, « le lien où les transcendances communiquent »[1], sont devenues « accumulation », ferveur gratuite, discipline sans lendemain.

Ce procès, celui d'un sot, dont le jeune Sartre[2] n'a de cesse de disqualifier le projet, est un double procès : celui de l'Être, celui de la littérature. Pour le premier, entaché d'équivoque ontologique et de surimpression phénoménologique, le mot est trop fréquent chez Sartre pour lui donner une assise autre que celle d'une surabondance sémantique, dont il ressort, de toute évidence, que l'être et les pouvoirs de l'être sont une seule et même chose, tant il est vrai qu'au-delà de l'être il n'y a rien. Car, comme l'a écrit justement E. Lévinas, « le verbe "être" *a* toujours un complément direct : je suis ma douleur, etc. », et c'est le complément qui, en produisant une transitivité constante, assure un remplissement phénoménologique exemplaire : alors que rien ne vient arracher le mal-aimé à l'immanence, on ne peut que retranscrire ce manque par le truchement de l'image qui, au lieu de s'absorber dans le double effet de la néantisation, se dénonce en tant qu'image avant que l'être n'ait pris sur lui de s'essayer au Réel, à la situation.

Sans retour sur soi, l'Ego flaubertien est disqualification permanente de l'être, celui-ci est alors constamment pensé comme un parasite de l'image dont la fonction est de prolonger ce décrochage permanent du vécu par quoi le réel ne se donne jamais pour ce qu'il est. On voit déjà, à ce niveau, que si l'être est ce qui délimite le Réel, le Réel pas plus que *l'Irréel* ne sont formulables une fois pour toutes, et qu'il n'y a aucune raison de penser que l'Irréel flaubertien n'est pas un réel parmi d'autres. Le problème de l'analyse sartrienne, de sa lecture de Flaubert, ne peut alors se résoudre que s'il y a une parfaite concordance entre ce premier procès et le second : celui de la littérature.

1. *Critique*, mars 1983, J.-F. Lyotard.
2. Cf. *Carnets de la drôle de guerre*.

Flaubert, réaliste malgré lui, est dans sa prose un artiste qui a charge de faire revivre des significations engourdies, des idées reçues, des personnages prévisibles, c'est ce qui le rend coupable, selon Sartre, puisque cette attitude rend impossible la lecture de ses romans (surtout *L'Éducation*) et que, au lieu de pénétrer dans un temps qui nous fait oublier le nôtre, nous entrons dans un temps irréversible, cyclique, synchronique.

« Présenter des passions et des actes imprévisibles », voilà ce que Mauriac et Flaubert ne savent pas faire. Pour bien saisir les déboires du romanesque et pour qualifier ce qu'Hollier nomme la *politique de la prose* chez Sartre, il faut, au-delà de la présence, et de sa critique – Roquentin écrivant : « Je suis au café Marly, je mange un sandwich, tout est à peu près normal... A peu près, le sandwich dans une main, le stylo dans l'autre ? »[1] –, remonter au personnage, à l'aversion déclarée de Sartre pour les personnages de Flaubert.

Car, mine de rien, ce que Sartre cherche à sauver dans son essai, c'est ce qu'il appelle dans *L'Imaginaire* la richesse des sentiments qui constituent le réel, cette part de *passivité,* qu'il n'a jamais vraiment pu atteindre dans ses romans puisqu'il visait la réconciliation du prévisible et de l'imprévisible sous la forme inavouée de la liberté qui se met à l'école de la liberté. La question pour Sartre devint alors celle-ci : Comment se fait-il que Flaubert ait usurpé Stendhal, et pourquoi ne pouvons-nous plus écrire ni comme l'un ni comme l'autre ; bref, en quoi la littérature est-elle viable ?

Or, en se posant cette question, ce n'est pas « la » littérature que Sartre interroge, mais la sienne : ses personnages. Stendhal avait trouvé la formule et, dans *L'Abbesse de Castro,* il sut palier les déboires de son époque et ranimer la leste passion des brigands du Moyen Age en se faisant l'agent des amours profanes. Sartre, quant à lui, dut renoncer à ce projet, et, comme pour lui – tradition très stendhalienne, très française –, les désirs d'écriture et de parvenir à soi (Valéry) sont une

1. Cité par J.-F. Lyotard, *Critique,* n° 430, mars 1983.

seule et même chose ; les seuls personnages viables, ceux qui préservaient un au-delà de la liberté, furent Genet, entouré d'enfants, et Flaubert, à demi-mort sur sa calèche ou dans les bordels du Caire. Car, en sauvant l'imprévisible, ce ne sont pas ses personnages réels que Sartre sauvait, mais lui-même, réconciliant ainsi l'épaisseur du temps humain et le temps des actions, le récit et son auteur; la poésie et la prose, et le tout dans une impureté malgré tout inconciliable où le langage s'acharnait à dévoiler l'existant...

La légèreté de Genet, la souffrance de Flaubert, c'était la poésie sentimentale, l'impossible mélancolie, l'impossible abandon, l'impossible passivité, le réel qui n'arrêtait pas de reculer, l'impossible littérature, et, de tous les personnages flaubertiens, parmi *ces* œuvres qui durent, un seul serait présent : le personnage de *Mémoires d'un fou* : l'auteur.

Volonté qui eût dû réconcilier le sens et les significations[1] et qui, redoublant la fiction vraie de *L'Idiot,* nous aurait mené au faux roman de la Bovary, à la destruction réelle de l'auteur, à l'impossible littérature.

Ayant écrit le roman d'une vie, Sartre projetait d'écrire l'histoire du récit d'Emma, à la place que Flaubert aurait dû occuper s'il ne s'était fourvoyé dans la poésie en voulant faire de la prose. Flaubert narrateur vampirise l'auteur et l'auteur vampirise ses personnages. Le récit, les sentiments, ne laissent aucune place à l'ignorance, à la passivité. L'immoralité de Bovary est une immoralité formelle, l'œuvre est un appel à sens unique : « Flaubert narre une histoire sans Dieu et donne au lecteur le point de vue de Dieu qui n'est pas celui de l'auteur, mais celui que Flaubert espère que Dieu prendra sur lui. »[2]

1. Cf., au début de *Qu'est-ce que la littérature ?,* la distinction, faite par Sartre, entre le sens et les significations ; voir également l'analyse proposée par B. Pingaud dans son article « Flaubert et le mythe de l'écriture » : « Il y a sens pour Sartre, quand ce que nous dit une œuvre est rigoureusement inséparable de sa forme. Le sens est à la fois global et confus... La prose, elle, a affaire aux significations... » (*L'expérience romanesque*, Gallimard, « Idées », 1983).

2. *L'Arc*, n° 79.

En voulant sauver les personnages – « rien n'arrive, tout est arrivé »[1] –, Sartre préparait *Les Chemins,* puis, dans un face à face exemplaire, voulant sauver l'auteur, il devint son propre instructeur, il invente, selon la formule de Bourdieu, l'intellectuel total, celui qui réunira l'auteur et ses personnages, l'auteur et le lecteur, l'artiste et son avenir, l'art et la métaphysique.

Était-ce préserver le sentiment qui pense contre nous, donner sa chance à la morale, au roman d'époque ? C'était en tout cas se décider à retrouver de vieilles questions qu'il était à peu près le seul à se poser et qui, relisant *Madame Bovary* de façon somme toute fort classique, rejoignait cette pensée de Ian Patochka, sur le sens de la littérature et les évidences du roman :

« Tandis que toute autre activité de l'esprit succombe de plus en plus à la loi de la spécialisation, subissant une fragmentation individuelle à laquelle on ne peut parer que par la division du travail dans la société et l'organisation d'une coopération spécialisée, l'écriture est toujours le gérant de la totalité individuelle, du sens non fragmenté, personnellement réalisable, de la vie, et elle représente par conséquent une instance spirituelle non négligeable qui met en évidence l'individualité de l'existence spirituelle de l'homme comme *ens realissimum* »[2].

Une question demeure toutefois en suspens : Qu'est-ce qui s'est passé ? Notre siècle s'achève et le roman nous abandonne. Sartre aurait-il vécu sa vie à l'envers qu'il ne s'y serait pas pris autrement. « Je ne suis à l'aise que dans la liberté, échappant à moi-même... Je suis un vrai néant ivre d'orgueil et translucide... Aussi est-ce le monde que je veux posséder », écrit-il dans *ses Carnets de la drôle de guerre.* Il aura fallu ce projet fou pour que Sartre pense à nouveaux frais le sens de l'homme. Il aura fallu cette promesse pour conjurer la bête monstrueuse que nous risquons de devenir à nos dépens.

1. A propos du *Bruit et la fureur* de Faulkner.
2. *L'écrivain, son objet,* Revue *Café,* n° 1, p. 78.

Mais, après coup, il faut se rendre à l'évidence. Le couple Flaubert-Sartre a fonctionné. Sartre a suivi sa ligne, comme il le déclare lui-même à Simone de Beauvoir en 1974. Il a suivi sa ligne de chance et s'est maintenu en vie. Le socialisme et la liberté, c'était lui, la philosophie et la littérature, c'est encore lui. Une décision n'est pas un programme et la conscience sartrienne ne renvoie à aucune identité constituée. La liberté est à prendre, mais elle ne renvoie à aucune subjectivité préétablie. « La philosophie de Sartre est une philosophie de la conscience qui n'est en rien supportée par une quelconque philosophie du sujet », remarque Michel Kail[1]. Là est l'essentiel. *L'Idiot de la famille* est une promesse. On peut en discuter les conclusions, mais on ne peut pas les ignorer. Chez Sartre, la littérature démonte l'humanisme, détrône les habiles, mais on ne transige pas sur l'indécidabilité qui la fonde et la conditionne. La décision d'écrire n'est possible que sur fond d'impossible. Le roman sartrien n'est pas séparable de la finitude. Toutefois, de *Roquentin* à *L'idiot,* il y a plus qu'une simple continuité de pensée. Il y a un retournement de situation dialectique. Le roman et la philosophie cessent de se regarder en chiens de faïence. Ils s'entrechoquent et sont redéfinis l'un par l'autre.

Il se trouve que Sartre, qui fut amené à se poser très sérieusement la question de savoir s'il aimerait – ou non – dîner aujourd'hui avec Flaubert, a douté du roman. Il a condamné l'histoire du roman à une mort brutale. Il a suspendu le choix de l'imaginaire comme révolte. Il a écrit le roman de la survie philosophique sur le dos de Flaubert. « Si le roman doit vraiment disparaître, pense Milan Kundera, ce n'est pas qu'il soit au bout de ses forces, mais c'est qu'il se trouve dans un monde qui n'est plus le sien. » La posture de Sartre est à l'opposé de ce verdict. Ce n'est pas le monde qui abandonne le roman, c'est le roman qui nous quitte. Ce n'est pas le monde qui est malade, le désir atteint, l'Histoire en bout de course, mais le roman qui est à bout de

1. Michel Kail, La conscience n'est pas sujet. Pour un matérialisme authentique, *Revue philosophique,* n° 3, 1996.

forces. Et c'est parce que le roman nous abandonne qu'il faut écrire le roman futur de cet abandon. Il faut contre-carrer Flaubert et sa suite infernale de clichés qui prennent place dans la littérature comme autant de figures familiales dans le grand salon des égarés. La différence entre les premiers sursauts de l'imagination sartrienne et les dernières phrases de *L'Idiot* est de taille. Flaubert a non seulement détruit la révolte imaginaire, il l'a carrément anéantie. Dans une lettre du 28 octobre 1872, il envie la mort de son ami Théophile Gautier , il le dit à Feydeau en ces termes :

« Ah ! celui-là, je ne le plains pas ; au contraire je l'envie profondément. Que ne suis-je à pourrir à sa place. Pour l'agrément qu'on a dans ce bas monde ("bas" est le mot exact) autant en foutre son camp le plus vite possible. Ce 4-Septembre a inauguré un état de choses qui ne nous regarde plus. Nous sommes de trop. On nous hait et on nous méprise, voilà le vrai. Donc, bonsoir ! »[1]

Gustave est déjà sous terre, et Sartre refuse de le suivre : « La colère qui a tué Théo, Gustave ne la ressent-il pas depuis l'enfance, n'est-ce pas lui qui a pris, le premier, la décision de mourir par la pensée »[2] ? Le roman flaubertien vient de là. La littérature extermine l'Histoire parce qu'elle se condamne à l'ironiser. Le désir refoulé de 1848 est son sujet. Mais, à l'inverse de ses contemporains, « Flaubert ne s'est pas laissé contaminer ni par l'enthousiasme de Février ni par l'indignation de Juin ou de Décembre. Les événements historiques dont il est le témoin, il les goûte en amateur du pittoresque et résume d'un mot laconique l'impression que lui firent les canonnades de Décembre : "C'était coquet" », souligne Dolf Oehler dans *Le Spleen contre l'Oubli*[3]. La révolution « kitschéisée » n'est déjà plus « la » révolution, elle est l'occasion d'une mise à distance artistique à laquelle Flaubert feint de croire pour se

1. Cité in *L'Idiot de la famille*, t. III, p. 660.
2. *Ibid.*, p. 661.
3. Dolf Oehlen, *Le Spleen contre l'Oubli, juin 1948, Baudelaire, Flaubert, Heine, Herzen*, Payot, 1996.

défendre des forces libérées par l'histoire. Ce qui fait dire à Oehler que « le roman qui fit en premier la gloire de Flaubert – d'abord parce qu'il donna lieu à un procès – peut se lire comme une préhistoire de la réaction de 1848 ». La vie est ailleurs comme programme de vie, cela ne peut être qu'une invention de romancier, mais l'homme imaginaire consolidé par cette invention, c'est une décision romanesque qui engage l'auteur. Sartre ne dit pas autre chose. Il n'y a aucun manichéisme dans cette proposition dès lors qu'on l'ordonne au projet d'ensemble de *L'Idiot*. Le roman vrai de Sartre est une réponse au roman qui nous abandonne sur le chemin du monde. Mais c'est une réponse philosophique. Ce qui fait dire à certains, dont Oehler, que Sartre ignorerait le fait que l'œuvre romanesque de Flaubert (...) « culmine dans une explication mémorable du traumatisme de juin 1848 ». Et que la réflexion de Flaubert « pénètre beaucoup plus profond dans la complexité de l'événement que la philosophie de l'existence ». C'est mal interpréter le propos sartrien. Car le roman vrai n'est pas une œuvre finie au sens où les romans de Flaubert le sont. C'est un roman futur dont le sujet est la philosophie de l'existence. C'est un roman philosophique qui démontre en quoi le roman est irrémédiablement lié à la philosophie.

Telle est la raison pour laquelle nous pouvons parler de philosophie du Roman. Et comme chacun sait, il n'y en a pas qu'une. Il y a la philosophie de Michel Guérin, théorie de la Figure, dite de la métaphore absolue. Il y a celle de Paul Ricœur qui repose sur l'axiome : « Le temps humain est un temps qui se raconte. » Il y a celle de Milan Kundera qui se demande pourquoi la philosophie est en retard sur le roman qui a le pouvoir d'explorer l'existence. On pourrait continuer l'inventaire. Contentons-nous de celle de Sartre. Chez lui, le roman est une fable, la fable de la vérité. Sartre ne prétend pas dire la vérité sur l'ego flaubertien. La recherche de la vérité est un jeu fictif dont il assume les conséquences : « Je l'avoue, écrit-il, à propos de *L'idiot*, c'est une fable. L'explication réelle je peux m'imaginer, sans le moindre dépit, qu'elle soit exactement le contraire de celle que j'invente... » Mais, de toute manière, renchérit-il, celui ou celle qui désirerait inventer un autre personnage que le mien, devrait de toute façon passer par les mêmes chemins. Ce qui veut dire : on ne peut jamais promettre la vérité sur son personnage. Et si on est dans le faux, on ne l'est jamais d'un seul bloc. La vérité est une fable et la littérature en général, le roman en particulier, dont le modèle dominant demeure celui de l'illusion ou de la croyance, est une manière de l'instituer. Car le personnage romanesque en dit plus long sur la philosophie spontanée de l'auteur que n'importe quelle explication philosophique ou démonstration disséminées ici et là dans un roman ou dans une étude consacrée au roman. La construction du personnage est ce par quoi le lecteur a accès à une identité narrative configurée par un auteur et refigurée par le lecteur. Loin de nous l'idée que toute littérature obéisse à un tel schéma herméneutique, mais le roman fait monde, et des personnages le hantent. Cela, Sartre ne se contente pas de l'expliquer, il le montre en nous montrant Flaubert à l'œuvre. Il ne va pas aussi loin que Charles Du Bos qui disait, à propos de Tolstoï, « c'est ainsi que la vie parlerait si elle pouvait parler » ; la vie chez lui ne parle pas, mais elle se révèle en ce qu'elle laisse voir la libre unification de la personne. Nous l'avons montré. Plus nos personnages vivent et moins ils nous sont soumis, disait Mauriac. Il faudrait rectifier la formule et dire : plus nos personnages meurent et plus ils nous sont soumis. Car la mort dont il s'agit ici n'est pas la mort primordiale, le « on meurt » qu'évoque Deleuze plus souterrain que le « je meurs » ; la mort de Flaubert, cette survie qu'il s'octroie est de l'ordre du bonsoir. Pirandello disait que celui qui a la chance de naître personnage peut se rire de la mort, mais il le disait de ses personnages. Or c'est de lui que parle Gustave. Les herméneutes qui pensent que toute vie racontée est une vie sauvée font fausse route. Le roman vrai arrive toujours trop tard. Le roman qui s'accomplit dans un espace séparé du monde est toujours à sa manière une démonstration. Et c'est en tant que telle qu'il est forcément limité par une décision philosophique qui ne recouvre, ni recoupe totalement la décision existentielle de l'auteur. Le roman est la preuve que les hommes qui vivent une vie prosaïque attendent de l'écrivain ou de l'artiste une fête, une vision, une renaissance, une croyance. A l'instar de la philosophie, selon le penseur François Laruelle, il est une corde à trois brins : parce qu'il y a l'expérience ordinaire à quitter, le mouvement de la quitter et le mouvement d'y retourner.

Ce qui fait la force du roman-vrai de Sartre n'est donc pas cet aspect, somme toute commun, à de nombreuses entreprises romanesques, mais la manière dont il prolonge le voisinage du Roman et de la Philosophie en les faisant cohabiter. On peut certes affirmer le contraire et dire que ce voisinage est par essence antiromanesque. On peut séparer le langage (instrument de la pensée) de l'amour de la langue ; penser que l'écrivain a de rapport à l'Être autant qu'il n'en énonce rien. On peut, comme le fait Natacha Michel dans son admirable *Giraudoux,* « appeler "œuvre" une prose, un travail de fiction, dans laquelle les idées, qui y président ou y résident, ne sont pas dans une dimension d'extériorité »[1]. Mais à condition de penser que la philosophie s'écrive autrement que le roman.

C'est ce que nous ne croyons pas. Le philosophe ne possède pas ses idées avant de les écrire. Il se doit de parcourir avec des yeux neufs (en posant des questions entièrement nouvelles, disait Nietzsche) « l'immense et lointain pays si secret de la morale – de celle qui a vraiment existé, qui fut effectivement vécue », comme s'il découvrait pour la première fois ce pays. Comment ne pas faire crédit à Sartre de cette découverte ? Lui qui disait en 1974 à ses amis gauchistes, l'année de ses entretiens *avec le « Castor »* :

« Si c'était à refaire à partir des mêmes circonstances et dans les mêmes conditions, je le referais. Si j'avais eu la même enfance, et le même grand-père, je ne conçois pas d'autre trajet. Je vous le dis en toute naïveté : je ne suis pas mécontent de moi. Simplement j'aurais voulu

1. Natacha Michel, *Giraudoux, le Roman essentiel,* Hachette Littératures, 1998.

– mais ça ne dépendait pas de moi – que ce trajet fût plus court, autrement dit que les événements de Mai 68 eussent lieu en 1955 ou en 1960. » Plus court ? Qui pouvait entendre cela à l'époque ? Guy Debord, peut-être. Mais il était déjà dans l'après de cette histoire et Benny Lévy était enfermé dans la sienne. « L'homme est le fils de l'homme », « l'histoire est perpétuellement finie », et cette note de Sartre, à la page 436 du tome III :

« Ce qui rend complexe le problème des générations c'est que pour de vrai, la notion de génération est une vue de l'esprit. Tout au plus peut on décider d'opposer, à vingt ans de distance, les fils et les pères. Mais il y a les frères aînés, les frères cadets et les cousins qui naissent, finalement, chaque jour de chaque année et qui rétablissent une continuité – c'est-à-dire une évolution insensible – au sein de la discontinuité. »

Les cousins ? « L'Humanité ne répond diachroniquement à aucun concept », « l'entreprise d'une vie se définit contre la mort et par elle ». Voilà ce que Flaubert n'a pas voulu voir. Il a oublié les cousins. Il s'est fourvoyé dans la Bêtise et le renoncement à soi. Il n'a pas voulu se tenir au croisement du singulier et de l'universel. Il a joué l'extériorité contre l'intériorité, la multiplicité contre l'unité, l'analyse contre la synthèse. Il a autopsié les cadavres de ses personnages. Il a offert leur corps à la société en échange de l'Art pour l'Art. Il a ramené les phénomènes humains (tel l'anatomie générale de Bichat) aux tissus de la nécrose sociale. Il a phatologisé la finitude. Comme le remarque Annie Cohen-Solal : « L'œuvre sartrienne s'achève avec *L'Idiot de la famille* ; tout à la fois une somme de toutes les œuvres, de toutes les méthodes, de tous les genres qui l'ont précédé, mais également un aboutissement inachevé de toutes les recherches qui vient donner à toutes les pages que Sartre écrivit, et malgré les apparences, une cohérence extrême. »[1]

Une somme ; et un adieu réussi...

1. Annie Cohen-Solal, *Sartre 1905-1980*, *op. cit.*, p. 779 (1re éd.).

Conclusion

Trop de positions de principe ne servent guère si elles ne sont pas accompagnées d'une maturation lente et sporadique de ce qu'il faut bien appeler l'expérience de la lecture. Or, celle-ci est imprévisible. Expérimenter une œuvre, c'est certainement, dans un premier temps, la parodier, la pasticher, la copier, s'abrutir aussi à vouloir la saisir, mais c'est surtout ne pas prévoir ce qu'elle façonne de rire – Sartre est souvent drôle –, d'ennui, de profondeur, de justesse, de naïveté, etc.

Notre faiblesse est donc la suivante : nous n'avions pas, avant de commencer ce travail, d'idées préconçues sur Sartre ; au sortir, nous ne pensons pas avoir trahi cette entrée, nous avons seulement cherché à cheminer, parfois maladroitement, là où il était possible de le faire. Sans vouloir jouer de cette métaphore très usée (celle du chemin !), nous pensons que la bataille – celle des idées, des intellectuels – n'est pas terminée ; non pas que la bataille d'aujourd'hui soit meilleure, plus libre, plus ouverte qu'il y a vingt ans, mais c'est *le sens de la conquête* qui n'est plus le même. Tant d'années pour entériner la guerre froide et si peu de temps pour réaliser l'autre lutte : celle qui nous fera *résister* à « l'abstraction démocratique » et nous aidera à crever l'écran de nos certitudes idéologiques.

Des ombres nous habitent, ni malheureuses, ni heureuses, ni dépressives, ni actives : bouleversantes uniquement car elles touchent certaines limites de la pensée du sujet ou de la maîtrise de soi. Résister n'est pas déconstruire, ni construire, ce n'est pas une postulation ou une persévérance, une manière d'être exemplaire, un tracas de l'Être pour qui tout est donné, y compris la possibilité de sa propre relève dans l'immédiat de sa « sociabilité », la résistance vient à nous comme une défaillance, là où commence « l'autrement – qu'être assuré-de-soi » (pour soi)[1], au bord de la peur et de la guerre : dans les limites d'une histoire déjà faite et d'une histoire à faire.

Soit *L'Idiot de la famille.* Notre travail a porté essentiellement sur ce texte. Nous sommes allés à rebours, redescendus au lieu de monter, non pour confirmer que ce que nous lisions dans les premiers textes de Sartre se retrouvait dans les derniers, mais pour établir ce qui ressort d'une obsession primordiale : la Conscience, l'Ego, l'Imaginaire, l'Histoire, l'Époque, etc. Flaubert se jetant à corps perdu dans ce qu'on a fait de lui : un sujet d'étude et, pour finir, une œuvre s'achevant en lui. Nous avons donc imaginé Flaubert refusant d'être un réceptacle phénoménologique. Nous avons parfois pris son parti contre Sartre. Nous l'avons vu se rebiffer pour y regarder de plus près : était-ce bien cela mon hystérie, mes absences, mon style, etc. ? De quelle compréhension s'agit-il ? Ai-je laissé tant de traces pour me prêter si bien à l'interprétation de mon Ego ? Ai-je si bien rempli mon temps pour que rien ne s'y efface ?

Nous n'avons pas cherché à faire un commentaire de *L'Idiot,* mais plutôt un recensement parcimonieux de certaines notions clés de l'ouvrage, de façon à les rendre tangibles ; ce qui signifiait de ne pas jeter Sartre dans les couloirs de la philosophie du sujet-conscience-de-l'histoire derechef, mais nous imposait de dessiner l'allure que prend le texte sartrien quand il se donne pour ce qu'il est : un rationalisme intelligent doublé d'un réalisme intransigeant.

L'allure qu'un écrivain laisse de lui au travers de sa pensée, de son œuvre, appartient aux discours d'une époque, sans pour autant se réduire à elle tant il est vrai que l'œuvre, une fois déposée, retrouve la pluralité de ses discours existants, tout en continuant d'exister

1. F. Laruelle emploie cette notion dans *Le principe de minorité,* Aubier, 1981.

comme incidence propre. Partir du *Flaubert,* en prenant soin de donner à ce sujet d'étude toute son ampleur critique, c'était établir des résonances qui ne se trouvent ni chez Flaubert, ni chez Sartre en tant qu'homme, mais qui appartiennent aux auteurs dès lors que nous pensons à eux comme écrivains.

Pour Flaubert, il ne pouvait être question de réinterpréter sa correspondance, mais de lui donner ou de lui rendre son caractère énigmatique, insensé, à partir de ses hésitations, là où s'exerce une demande à la littérature qui ne reçoit peut-être que trop peu, s'il est vrai que chez lui l'exigence de l'Art absolu s'accompagne d'une rupture affective dont l'origine se trouve dans l'impossibilité d'affirmer ce qu'il sent. Inversement, il fallait rendre au texte de *L'Idiot* sa dysharmonie foncière, considérant que nous ne saurions penser la constitution du personnage flaubertien, nous qui le lisons, comme entièrement réductible à son traitement phénoménologique.

Mais, comme *L'Idiot* opérait un remplissement (de la conscience à l'ego), qui concerne tous les aspects de la personne de Flaubert, il fallait bien faire écho à l'œuvre de Sartre en y cherchant également ses hésitations et ses affirmations ; il fallut bien circuler là où il restait de la place afin de dessiner l'allure, le style, la démarche des écrits de Sartre, au-delà de son œuvre déposée et inachevée.

Cette étude, s'il fallait absolument la désigner, se rapproche donc davantage de la typologie que de l'analyse, elle préfère la critique positive à la louange ou la condamnation sans recours.

Le mot de « typologie » – le mot peut paraître excessivement ambitieux –, s'il ne répondait à un désir personnel et en partie fabriqué, de rétablir, à partir de Sartre, le profil d'une démarche qui n'est pas seulement la sienne, mais celle de la philosophie en général quand elle se penche sur la littérature ; en effet, partant de l'idée que la critique littéraire eût pu se laisser complètement absorber par les sciences humaines, nous avons entrepris notre travail dans l'optique de retrouver un ton, pour une critique libre, capable de renouer avec un sentiment qui nous avait quitté et que nous pensions indispensable, et de rétablir ainsi une conception de la littérature entendue comme sens global de l'existence. Idée qui ne soit pas uniquement un coup de force philosophique. Rien de plus déplaisant, en effet, que de troquer son éblouissement pour certaines œuvres contre des partis pris d'analyse qui, sous couvert de s'adresser aux textes, et aux écrivains du passé, sacralisent la littérature et la transforment en mausolée.

Qu'est-ce qu'un écrivain ? Quel écart existe-t-il entre ce dont il parle et la manière dont il vit, entre l'écriture et sa réception ? Peut-on réduire la fonction sociale d'un écrivain à la place qu'il s'assigne, ou bien l'écrivain n'est-il toujours pas plus ou moins partagé entre la reconnaissance immédiate de son œuvre et le retrait plus ou moins justifiable de sa vie pour une œuvre à venir qui, en devant tout à son temps, n'a rien à lui envier ?

Être de son temps, ce peut être tout aussi bien, comme le suggère Proust, refuser l'idée que « l'art d'une époque serait bref, comme ceux qui prédisaient avant la guerre qu'elle serait courte », que de refuser ses conditions de vie (Kafka) en leur imputant ses conditions d'écriture, c'est-à-dire, en fait, en les faisant passer dans son écriture : « Compris une fois de plus que tout ce qui est écrit par bouts et non d'affilée au cours d'une grande partie de la nuit (voire de la nuit entière) est médiocre et que je suis condamné à cette médiocrité par mes conditions de vie » (Kafka, *Journal*, 8 décembre 1914).

Si l'on veut bien admettre avec Proust qu' « une heure n'est pas une heure, [que] c'est un vase rempli de parfums, de sons, de projets et de climats », le rôle de l'écrivain, s'il choisit d'en avoir un, est de remplir ce vase au milieu des deux extrêmes de sa vie. Mais, s'il n'y parvient pas, ce qui peut arriver, ce ne sont pas les climats et les ombres que l'on écoutera mais l'unité factice d'écrivains trop habiles qui « se donnent l'apparence d'avoir poursuivi un seul et transcendant dessein ».

Car, si l'écrivain est toujours menacé – même ceux qui en apparence n'eurent pas à vivre, dans leur vie la précarité de cette menace –, c'est que ses conditions de vie, qu'elles soient difficiles ou confortables, sont toujours le réceptacle d'une sensibilité inhérente à la conjoncture qui est la sienne. Valéry ne s'y est pas trompé, qui, dans son admirable *Discours au collège de Sète*, sut traduire jusque dans ses intimes convictions, ce le 13 juillet 1935, que « l'État se fait ses hommes », et ce justement dans un espace que l'on appelle « libertés », et qui n'est autre qu'un immense laboratoire où chacun s'essaye :

« Nous ne voyons, de toutes parts, sur cette terre, que tentatives, expériences, plans et tâtonnements précipités dans tous les ordres. »[1]

C'est pourquoi Valéry, qui croyait aux vertus du piquet[2] et à l'intransigeance de l'enseignement – de même que Nietzsche croyait au dressage –, anticipe déjà sur tous les Rimbaud de province dont parle Pasolini ; ceux pour qui la littérature n'est qu'abandon à l'époque, à la jouissance de l'époque, expérimentation éphémère qui, au lieu de nous enseigner la *durée*, nous établit dans le courant d'un grand dessein, ramené et réduit aux nécessités du jour...

La « durée » désigne la force intemporelle résidant dans la merveille de l'apparition : les heures proustiennes, la représentation statique et illuminante du mouvement lui-même (Broch), la stupeur flaubertienne, l'allégorie baudelairienne... Or, la littérature-abandon, au lieu de nous enseigner la durée, ne s'éprend du moment *que* pour mieux le convertir immédiatement en avenir. Elle fait l'exact contraire de ce qui, dans l'absolu littéraire, retient le décor et les êtres à n'être qu'une partie du mouvement qui entraîne la part de *finitude* qui les contient mais aussi les abrite dans l'horizon d'un monde qu'ils n'ont pas requis.

Pour revenir sur le point de départ de notre étude, nous dirons que Sartre, posant la question de savoir (après Thibaudet) ce qui s'était passé entre la première *Tentation de saint Antoine* (1849) et *Madame Bovary* (1856), posait la

1. *Variété IV*, NRF, 1938.

2. « "Se taire, quelle leçon !" Contenir les mouvements et les bonds qui naissent d'une jeune énergie et qu'il faut que l'esprit oblige à se résorber, quelle notion plus immédiate de la durée ! »

seule question vraiment intéressante – celle qui recoupe tout le programme de vie et de travail de l'écrivain : Quelle durée choisit-il et pourquoi celle-ci plutôt que celle-là ? Que fait-il de son choix une fois que cette durée s'impose au milieu de ses conditions de vie et de la conjecture qui le feront écrivain d'une époque pour avoir refusé certains de ses traits ?

Il a donc fallu se donner une *vision*, un « stimulus heuristico-méthodologique » (selon le mot de Arendt à propos de Benjamin) par quoi le monde entre en scène et dont l'horizon, « comme horizon du *sens*, précède et déborde à la fois » l'être fini que nous sommes. « Cet être n'est ce qu'il est qu'en étant ouvert à *ce* monde... mais justement parce qu'il y a empiétement permanent de l'acquis sur la visée, de la visée sur l'acquis, de l'autre sur le propre (et que) la condition de cet être est intrinsèquement *ambiguë* »[1].

L'être que la littérature cherche à cerner n'est pas rempli des mêmes mots que ceux de la parole philosophique. Ce que Benjamin nomme « les déchets de l'expérience » et que Flaubert désigne comme la « lumière » qui doit frapper sur un point de la boule, le romancier choisit d'en traduire l'écoulement, lequel revient toujours à s'appuyer sur des éléments du monde, de façon à les amplifier par métaphores, agencements ou tableaux, en illuminant, à l'aide de son style, l'humanité qui habite sa prose. Ces éléments apparaissent ainsi comme les suppôts de l'être. Splendeur ou ineptie morale, par la langue, le romancier recrée en tout cas un récit humain (l'atmosphère d'une vie) en épousant le monde, en le dépliant dans des scènes sans cesse à retoucher (Jean Santeuil). Ces scènes appartiennent toujours à un certain monde, qui n'est pas ou n'est plus le monde qu'il vit mais celui qu'il prétend revivre en le faisant ressurgir, avec tact, du vide qui est le sien.

Selon que le romancier penche peu ou prou vers le daguerréotype littéraire et que sa vertu, dans le cas où il

1. Jacques Taminiaux, *Recoupements,* Ousia, 1982.

refuse ce procédé, consiste à donner à l'humanité qu'il propose un air révolu (James : *L'Autel des morts*) bien que pleinement présent, alors le romancier qui construit sur une démolition nous fera écouter pourquoi nous ne sommes pas encore nés, nous pour qui l'infini de la jouissance, ou du désir, n'ont jamais rempli et ne rempliront jamais une vie. La puissance du roman et de la nouvelle (Tchékov), c'est le monde réduit à la perfection d'une apparition que l'on peut choisir de présenter du point de vue de la mort (Flaubert), de la vie (Proust) ou du devenir, mais qui, dans tous les cas, revient à combler l'être qui loge dans cet espace d'une sorte d'absolu pratique qui nous montre l'histoire non point comme un acte en train de se faire, mais comme l'acte tel qu'il aurait pu se faire s'il n'avait pas été cet acte-ci. Ce que nous lisons n'est jamais que la chair de l'acte, tel que l'avenir nous la donnera jamais, mais que le passé fait apparaître.

Par *la puissance abstraite du roman*, des êtres qui prennent un visage et des visages qui peuvent être des masques parce qu'ils traduisent, du fond de leur apparition, le laconique espoir éprouvé par l'écrivain : celui de voir annuler la disparition première du monde qu'il cherche à recréer. Il détache la visibilité première de sa visée temporelle et la renverse en une invisibilité intemporelle. Le phénomène de sa vision se traduit par une nécessité de survision qui rend à la vision le pouvoir de durer malgré elle.

Cela rend illusoire toute conciliation de la littérature et de l'histoire. L'histoire, quand bien même elle se récite d'une combinatoire infinie de récits ou de séries divergentes, est toujours amenée à suivre la marche de l'incarnation des hommes dans leur course, tandis que la littérature choisit d'incarner une vision qui n'est vision que par comblement d'une survision, comme le pensait Broch. Cette survision transforme le temps en espace, elle procède à la *suppression du temps qui se hâte vers la mort*, elle nous donne à voir la vérité de l'intemporel dans le temporel et qui nous indique que, si l'espace littéraire contient une vérité du temps, ce n'est nullement pour se l'approprier mais pour refuser son entraînement.

Le romancier échange la succession d'instants fragmentés pour une continuité simultanée d'apparitions qui, comme les morts qui nous entourent, remplissent notre vie d'une incommensurabilité impalpable. Il n'y a pas que le langage qui soit injuste, il y a aussi nous, les heureux vivants, au milieu de nos mille volontés et qu'aucune ne peut arrêter...

Ce sentiment et ce retournement du temps ne suffisent pas en soi et le désir d'écriture ne saurait prévoir ses futurs garde-fous. Il faut trouver son temps. La « merveille de l'indubitable », est un « art qui trouve son commencement là seulement où il n'y a plus d'art et où ses conditions manquent » (Blanchot). C'est à force de recoupements, de passages, de mobilité, de dégoût parfois, que l'on parvient à entrevoir la capacité métaphorique de l'homme (Stendhal) mais aussi la montée passive de tout ce qui se répand en soi quand on se sent obligé de dire « je, nous, il y a, voilà, il a dit cela »...

Ainsi monte le flot, la somme idéale de toutes nos faiblesses : non, tout n'est pas permis, non la rancœur et le tourment ne se conjuguent pas ; par-delà le oui et le non, il y a le nerf d'une vie, sans aucun mérite.

C'est à la faveur de ce mythe explicatif que nous avons mené notre lecture de *L'Idiot* ; l'imaginaire valait pour la durée et l'histoire pour le temps. Le sacerdoce littéraire, la gloire posthume de Flaubert, le décor de l'Hôtel-Dieu, Rouen, le Collège, la phrase nerveuse et répétitive de Sartre, le Second Empire, les Goncourt, il était possible de les lire et, comme Sartre se dépêchait et qu'il fallait conclure, nous choisîmes de ralentir. Tout un pan de l'écran s'effondrait, les discontinuités rêvées, les sauts, les avancées, devenaient des planètes emportées, des énergies retenues ; pour une fois, ce n'était pas nous qui regardions le monde, mais lui qui nous regardait, et l'aventure, comme une rafale de vent, nous apprit qu'aujourd'hui notre temps n'avait plus rien à raconter, mais à inventer de nouveaux récits que les enfants, déjà, nous réclament, mais que nous sommes incapables de formuler. Comme une condensation inscrite sur aucune trajectoire. Un vulgaire pari mais qui, sans la culture de l'éphémère et la tempête de l'amour, revient, comme au beffroi des villes, tel un son inquiétant que l'on guette sans savoir d'où il vient.

Ces rumeurs entendues dans les couloirs de l'après-Sartre sont à mettre sur le compte d'une incompréhension volontaire et involontaire de la « cause de Sartre ». Elles représentent la version médiatique de sa postérité et de ses recouvrements idéologiques. Elles correspondent à une lecture « positionnelle » des écrits de Sartre et sont le résultat d'une analyse partielle reposant sur un découpage arbitraire de son œuvre entre ses différents versants, littéraire, philosophique, pratique et politique.

Or, le *Flaubert,* inachevé comme la *Critique*, nous a paru réunir trois composantes. Il parvient non pas à trancher sur la finitude historique et individuelle de l'auteur de *Madame Bovary,* mais il réussit à nous offrir sa part d'ombre et son indéniable mensonge comme une durée pure, non convertible en projet historique déterminé, pouvant nous aider à mieux comprendre les déterminations en cours. C'est ce que Sartre appelait la générosité, laquelle n'est pas séparable de la transmission, mais c'est surtout ce qui, méthodiquement parlant, traduit le mieux ce que signifie l'expression « universel singulier ».

De fait, le *Flaubert* de Sartre représente l'une de ses tentatives les plus abouties pour donner corps à cette notion. Mais, dans la mesure où il en est le négatif absolu. « Être libre, disait Sartre, ce n'est point pouvoir faire ce que l'on veut, mais c'est vouloir ce que l'on peut. » Nul doute que Flaubert ait voulu ce pouvoir, mais il l'a voulu en considérant le style comme une « manière absolue de voir les choses », c'est-à-dire en soumettant le projet réel d'écriture à sa propre « finité ». Il a fait du fini la négation de l'infini et a refusé de faire de l'infini la négation du fini. Il s'est enfermé dans le rêve illusoire et tenace d'une guérison qui le délivrerait de la nécessité d'être homme. Il a décliné la libre fatalité de l'homme au profit d'un destin qu'il s'est préfabriqué. Il a fait le choix de l'imaginaire.

Certes, chez Sartre, comme nous l'avons expliqué, l'imaginaire n'est pas un simple adjuvant puisqu'il est « la possibilité et la réalité aliénante de tout dépassement », mais il est soumis, malgré tout, à la nécessité de la finitude qui « oblige » à chercher un au-delà de l'imaginaire, ou de l'œuvre, « qui n'est plus accessible à la philosophie, mais seulement à l'existence » et nous force à re-penser le Roman, au travers du roman vrai.

Il y a des textes volontairement inachevés, les *Cahiers pour une morale*, notamment, comme le rappelle Arlette Elkaïm-Sartre, puis ceux, plus connus, qui tentent de repenser le marxisme à la lumière de l'existentialisme. Nous avons montré dans notre préface comment le groupe, la société, l'histoire constituent la réponse nécessaire à l'objectivation de la conscience et à son horizon irréductible de concrétude. La force de *L'Idiot* est non pas d'épuiser l'antagonisme des consciences, mais de faire sentir un au-delà possible de l'expérience qui, sans se satisfaire exclusivement de l'imaginaire, puisse thématiser ce qui, dans la *Critique de la raison dialectique,* ne pouvait plus se penser, mais – seulement – se montrer. En cherchant à rendre intelligible la rareté, Sartre, on le sait, dévoile la possibilité de ce statut pour le pour-autrui. Il nous révèle que *Questions de méthode* n'est pas une œuvre de circonstance répondant à la crise du marxisme, mais le début de ce qui devait aboutir au *Flaubert* : l'étude de la concrétude d'un homme. Il fallait donc tenir ce moment pratique pour ce qu'il est : la mise en forme du concret de l'activité humaine dans son opposition dialectique à l'abstraction de la pensée. La philosophie de Sartre engageant le combat pour le dépassement du déterminisme historico-social retrouve, dans la *Critique*, l'homme concret, comme plus tard, dans *L'Idiot*, l'homme réel, pour sortir de l'objectivité aliénante et de la rationalité abstraite de nos sociétés, pour isoler un au-delà de l'imaginaire et se préparer à la double Finitude individuelle et historique qui rétablit la concrétude de la conscience et le libre choix de l'imaginaire dans leur dimension ontologique et historique annonçant, ainsi, ce personnage vrai : Flaubert.

En axant notre recherche sur la finitude chez Sartre, nous avons tenté de nous placer au cœur des interrogations contemporaines concernant les rapports de la philosophie et de la littérature. Si la finitude est ce qui prolonge le voisinage du roman et de la philosophie, comment est-il concevable que cette re-conduction soit autre chose que la mise en œuvre d'une expérience thétique et légiférante du Réel ? Bref, le roman peut-il s'échapper de la philosophie, ou bien n'est-il condamné, comme le laissait entrevoir Sartre, qu'à devenir un roman vrai, c'est-à-dire un roman qui pense et montre en même temps ce que ni la philosophie (Heidegger) ni le roman moderne, à ses yeux, ne peuvent faire puisqu'ils oblitèrent la relation à l'Être préexistant et s'interdisent de dévoiler la libre fatalité humaine.

Nous ne prétendons pas avoir répondu à cette question. Nous avons simplement tenté de l'éclaircir et de la soulever. Car, si penser veut dire, par exemple, penser l'événement, comment penser Flaubert ? Peut-il devenir un événement ? Il nous paraît que Sartre a répondu, quant à lui, à cette interrogation.

Qu'est-ce que l'art du roman ? C'est l'art qui donne à voir la double finitude de l'homme et de l'œuvre. En quoi cet art s'est-il affranchi de l'autorité du principe de Philosophie suffisante ? En rien. Le roman n'est-il pas, alors, l'apparence que se donnent les Autorités pour nous apprendre à jouer la vie, son orgie, comme le disait Pasolini, et à nous refuser l'humaine et orpheline condition afin de nous engendrer par le Père, le Fils, la Mère et l'Histoire ?

Bibliographie

ŒUVRES DE JEAN-PAUL SARTRE

La Transcendance de l'ego, Paris, Librairie philosophique J. Vrin, 1978.
L'Imagination, Paris, PUF, 1969.
L'Imaginaire, Paris, Gallimard, « Idées », 1981.
L'Être et le Néant, Paris, Gallimard, 1968.
Saint Genet, comédien et martyr, Paris, 1969.
Questions de méthode, Paris, Gallimard, « Idées », 1976.
Critique de la raison dialectique, Paris, Gallimard, 1961.
Situations I, Paris, Gallimard, 1947.
Situations II, Paris, Gallimard, 1965.
Situations III, Paris, Gallimard, 1949.
Situations IV, Paris, Gallimard, 1964.
Situations V, Paris, Gallimard, 1978.
Situations VI, Paris, Gallimard, 1975.
Situations VII, Paris, Gallimard, 1965.
Situations VIII, Paris, Gallimard, 1972.
Situations IX, Paris, Gallimard, 1972.
Situations X, Paris, Gallimard, 1976.
On a raison de se révolter. La France sauvage, Paris, Gallimard, 1974.
L'Idiot de la famille, t. I, Paris, Gallimard, 1971.
L'Idiot de la famille, t. II, Paris, Gallimard, 1971.
L'Idiot de la famille, t. III, Paris, Gallimard, 1972.
Œuvres romanesques, Paris, Gallimard, « Bibliothèque de la Pléiade », 1981.
Les Mots, Gallimard, 1964.
Critique de la raison dialectique, t. I, Paris, Gallimard, 1985.
Critique de la raison dialectique, t. II, Paris, Gallimard, 1985.
La reine allemande, Paris, Gallimard, 1991.
Carnets de la drôle de guerre, Paris, Gallimard, 1983.

ŒUVRES DE GUSTAVE FLAUBERT

G. Flaubert, *Œuvres complètes,* t. I et t. II, Paris, Le Seuil, « L'Intégrale », 1980, 1re éd. en 1964.
G. Flaubert, *Correspondance I, 1830-1851,* Paris, Gallimard, « Bibliothèque de la Pléiade », 1973.
G. Flaubert, *Correspondance II, 1851-1858,* Paris, Gallimard, « Bibliothèque de la Pléiade », 1980.
Œuvres complètes de G. Flaubert, Correspondance III, 1854-1869, Paris, Louis Conard, 1910.
Œuvres complètes de G. Flaubert, Correspondance IV, 1869-1880, Paris, Louis Conard, 1910.
G. Flaubert, *Bouvard et Pécuchet,* Claudine Gothot-Mersch (éd.), Paris, Gallimard, « Folio », 1979.
G. Flaubert, *Madame Bovary,* préface de Maurice Nadeau, Paris, Gallimard, « Folio », 1972.
G. Flaubert, *Trois Contes,* Paris, Bordas, « Univers des lettres », 1975.

OUVRAGES GÉNÉRAUX DE PHILOSOPHIE

H. Birault, *Heidegger et l'expérience de la pensée,* Paris, Gallimard, 1978.
H. Birault, Heidegger et la pensée de la finitude, *Revue internationale de philosophie,* n° 52, 14e année, 1960, fasc. n° 2.
G. Deleuze, *Différence et répétition,* Paris, PUF, 1968.
G. Deleuze, *Nietzsche et la philosophie,* Paris, PUF, 1977.
J. Derrida, *La voix et le phénomène,* Paris, PUF, 1967.
J. Derrida, *Marges,* Paris, Éditions de Minuit,1972.
J. Derrida, *Glas,* Paris, Galilée, 1974.
M. Dufrenne, *Le Poétique,* Paris, PUF, 1973.
M. Foucault, *Naissance de la clinique,* Paris, PUF, 1978.
M. Foucault, *Les mots et des choses,* Paris, Gallimard.
J. Granier, *Le problème de la vérité dans la philosophie de Nietzsche,* Paris, Le Seuil, 1966.
Heidegger, *Questions I,* Paris, Gallimard, 1968.
J. Hyppolite, *Figures de la pensée philosophique,* Paris, PUF, 1971.
Ph. Lacoue-Labarthe et J.-L. Nancy, *L'absolu littéraire,* Paris, Le Seuil, 1978.
F. Laruelle, *Le principe de minorité,* Aubier-Montaigne, Paris, 1981.
E. Lévinas, *En découvrant l'existence avec Husserl et Heidegger,* Paris, Vrin, 1974.
E. Lévinas, *Humanisme de l'Autre homme,* Montpellier, Fata Morgana, 1972.

E. Lévinas, *Le Visible et l'Invisible,* Paris, Gallimard, « Tel », 1979.

E. Morot-Sir, *La métaphysique de Pascal,* Paris, PUF, 1973.

Nietzsche, *Le Crépuscule des idoles,* Paris, Gallimard, « Idées », 1977.

B. Sichère, *Merleau-Ponty ou le corps de la philosophie,* Grasset, 1982.

P. Thévenaz, *De Husserl à Merleau-Ponty, qu'est-ce que la phénoménologie ?,* Neuchâtel, Éditions de la Baconnière, « Être et penser », 1966.

A. de Waelhens, De la phénoménologie à l'existentialisme, in *Cahiers du Collège philosophique,* Le choix, le monde, l'existence, Paris, Arthaud, 1947.

Maurice Blanchot, *Les intellectuels en question,* Fourbis, 1996.

OUVRAGES SUR JEAN-PAUL SARTRE

Autour de Jean-Paul Sartre, Paris, Gallimard, « Idées », 1981.

Jean-Gabriel Adloff, *Sartre. Index du corpus philosophique : « L'Être et le Néant », « Critique de la raison dialectique »,* Paris, Klincksieck, 1981.

M. Contat, M. Rybalka, *Les écrits de Sartre. Chronologie, bibliographie commentée,* Paris, Gallimard, 1970.

F. Georges, *Sur Sartre,* Paris, Christian Bourgois, 1976.

D. Hollier, *Politique de la prose,* Paris, Gallimard, « Le Chemin », 1982.

F. Jeanson, *Le problème moral et la pensée de Sartre,* Paris, Le Seuil, 1982.

T. Schwarz, *Jean-Paul Sartre et le marxisme,* L'Age d'homme, 1976.

J. Theau, *La philosophie de Jean-Paul Sartre,* Éditions de l'Université d'Ottawa, Canada, 1977.

P. Verstraeten, *Violence et éthique,* Paris, Gallimard, 1972.

Gérard Seel, *La dialectique de Sartre,* L'Age d'homme, 1995.

Jean-François Louette, *Silences de Sartre,* Cribles, 1995.

Alain Renaut, *Sartre, le dernier philosophe,* Grasset, 1993.

Études sartriennes, Centre de recherches interdisciplinaires sur les textes modernes, Université de Paris X.

Annie Cohen-Solal, *Sartre 1905-1980,* nouvelle édition, Paris, Gallimard, « Folio », 1999.

John Serassi, *Sartre, conscience haïe de son siècle,* Monaco, Éditions du Rocher, 1989.

Jean-François Sirinelli, *Deux intellectuels dans le siècle : Sartre et Aron,* Paris, Fayard, 1995.

Le nom de l'hommme. Dialogue avec Sartre, Benny Lévy, Verdier, 1984.

CRITIQUE LITTÉRAIRE

H. Arendt, *Vies politiques,* Paris, Gallimard, 1974, pour la traduction française.

R. Barthes, *Le plaisir du texte,* Paris, Le Seuil, 1973.

R. Barthes, *La Chambre claire,* Paris, Éditions de l'Étoile, Gallimard, Le Seuil, 1980.

R. Barthes, *L'obvie et l'obtus,* Paris, Le Seuil, 1982.

W. Benjamin, *Charles Baudelaire, un poète lyrique à l'apogée du capitalisme,* Paris, Petite Bibliothèque Payot, « Critique de la politique », 1982.

M. Blanchot, *La part du feu,* Paris, Gallimard, 1949.

M. Blanchot, *L'Entretien infini,* Paris, Gallimard, 1969.

H. Broch, *Création littéraire et connaissance,* Paris, Gallimard, 1966.

G. Deleuze, *Présentation de Sacher Masoch,* Paris, Éditions de Minuit, 1967.

G. Deleuze, *Postface à « Vendredi ou les limbes du Pacifique » de M. Tournier,* Paris, Gallimard, « Folio », 1972.

René Girard, *Mensonge romantique et vérité romanesque,* Paris, Le Livre de poche, « Pluriel », 1978.

A. Liehm, *Trois générations. Entretiens sur le phénomène culturel tchécoslovaque,* Paris, Gallimard, 1970.

M. Proust, *Contre Sainte-Beuve,* Paris, Gallimard, « Bibliothèque de la Pléiade », 1978.

M. Robert, *En haine du roman,* Paris, Balland, 1982.

V. Segalen, *Les cliniciens ès lettres,* Montpellier, Fata Morgana, 1980.

L. Spitzer, *Études de style,* Paris, Gallimard, « Tel », 1980.

A. Thibaudet, *Gustave Flaubert,* Paris, Gallimard, 1973.

Langue, discours, société, pour É. Benveniste, Paris, Le Seuil, 1975.

OUVRAGES LITTÉRAIRES

Charles Baudelaire, *Œuvres complètes,* Paris, Gallimard, « Bibliothèque de la Pléiade », 1968.

S. de Beauvoir, *La Cérémonie des adieux* suivi des *Entretiens avec Jean-Paul Sartre,* août-septembre 1974, Paris, Gallimard, 1981.

S. Beckett, *Molloy,* Christian Bourgois, « 10/18 », Paris, 1959.

Chateaubriand, *La vie de Rancé,* préface de Roland Barthes, Paris, UGE, « 10/18 », 1980.

Edmond et Jules de Goncourt, *Journal. Mémoires de la vie littéraire, 1862-1865,* Laffont, 1994.

F. Kafka, *Journal,* Paris, Grasset, 1954.

F. Kafka, Gustav Janouch, *Conversations avec Kafka,* Maurice Nadeau (éd.), Paris, Les Lettres nouvelles, 1978.

H. von Kleist, *Correspondance complète, 1793-1811,* Paris, Gallimard, 1976.

M. Kundera, *La Plaisanterie,* Paris, Gallimard, « Folio », 1980.

S. Mallarmé, *Œuvres complètes,* Paris, Gallimard, « Bibliothèque de La Pléiade », 1965.

M. Proust, *A la recherche du temps perdu,* Paris, Gallimard, « Bibliothèque de la Pléiade », 1966.

E. Renan, *La réforme intellectuelle et morale,* Paris, UGE, « 10/18 », 1967.

A. Stifter, *L'homme sans postérité,* Paris, Phébus, 1978.

Langue, discours, société, pour É. Benveniste, Paris, Le Seuil, 1975.

REVUES

Esprit, Merleau-Ponty, juin 1982.

Obliques, numéro spécial Sartre, Paris, 1979.

Obliques, Sartre et les arts, Paris, 1981.

Revue d'esthétique, Sartre/Barthes, nouvelle série n° 2, 1981.

Critique, août-septembre 1982, n° 423-424.

Critique, mars 1983, n° 430.

Les Temps modernes, Témoins de Sartre, octobre à décembre 1990, n°s 531 à 533.

Les Temps modernes, Cinquante ans, mars-avril-mai 1996, n° 587.

JOURNAUX-MAGAZINES

Art Press, spécial audiovisuel, été 1982.

Magazine littéraire, Sartre dans son histoire, n° 103-104, septembre 1975.

Libération, 18 novembre 1982.

Libération, 11 septembre 1982.

Table des matières

Imprimé en France
Imprimerie des Presses Universitaires de France
73, avenue Ronsard, 41100 Vendôme
Janvier 2000 — N° 47 012